SÃO PAULO
uma interpretação

Dados Internacionais de Catalogação na Publicação (CIP)
(Câmara Brasileira do Livro, SP, Brasil)

Wilheim, Jorge
    São Paulo : uma interpretação / Jorge Wilheim. – São Paulo : Editora Senac São Paulo, 2011.

    Bibliografia
    ISBN 978-85-396-0053-3

    1. Planejamento urbano – São Paulo (SP) 2. Política urbana – São Paulo (SP) 3. Reurbanização – São Paulo (SP) 4. Urbanismo – São Paulo (SP) I. Título.

10-12654   CDD-307.1216098161

Índice para catálogo sistemático:
1. São Paulo : Planejamento urbano : Sociologia
307.1216098161

JORGE WILHEIM

SÃO PAULO
uma interpretação

ADMINISTRAÇÃO REGIONAL DO SENAC NO ESTADO DE SÃO PAULO
Presidente do Conselho Regional: Abram Szajman
Diretor do Departamento Regional: Luiz Francisco de A. Salgado
Superintendente Universitário e de Desenvolvimento: Luiz Carlos Dourado

EDITORA SENAC SÃO PAULO
Conselho Editorial: Luiz Francisco de A. Salgado
　　　　　　　　　　 Luiz Carlos Dourado
　　　　　　　　　　 Darcio Sayad Maia
　　　　　　　　　　 Lucila Mara Sbrana Sciotti
　　　　　　　　　　 Marcus Vinicius Barili Alves

Editor: Marcus Vinicius Barili Alves (vinicius@sp.senac.br)

Coordenação de Prospecção e Produção Editorial: Isabel M. M. Alexandre (ialexand@sp.senac.br)
Supervisão de Produção Editorial: Pedro Barros (pedro.barros@sp.senac.br)

Edição de Texto: Luiz Guasco
Preparação de Texto: Cristina Marques
Revisão de Texto: Daniel Viana, Denise de Almeida, Edna Viana, Maristela Nóbrega
Projeto Gráfico e Capa: Vera Severo
Editoração Eletrônica: Antonio Carlos De Angelis
Impressão e Acabamento: Cromosete Gráfica e Editora Ltda.

Gerência Comercial: Marcus Vinicius Barili Alves (vinicius@sp.senac.br)
Supervisão de Vendas: Rubens Gonçalves Folha (rfolha@sp.senac.br)
Coordenação Administrativa: Carlos Alberto Alves (calves@sp.senac.br)

Proibida a reprodução sem autorização expressa.
Todos os direitos desta edição reservados à
Editora Senac São Paulo
Rua Rui Barbosa, 377 – 1º andar – Bela Vista – CEP 01326-010
Caixa Postal 1120 – CEP 01032-970 – São Paulo – SP
Tel. (11) 2187-4450 – Fax (11) 2187-4486
E-mail: editora@sp.senac.br
Home page: http://www.editorasenacsp.com.br

© Jorge Wilheim, 2011

Sumário

Nota do Editor, 7

Prefácio, 13

Introdução: A cidade como palco de vida, 17

O palco urbano e suas transformações, 29
    O sítio natural, 30
    Os palcos construídos, 33
    Os palcos planejados (1930-1960), 45
    Os palcos planejados (1960-2010), 51
    Espaços e lugares no palco atual, 54
    A paisagem urbana: o cenário do palco, 57
    A atual escala do palco urbano, 59

Os protagonistas, 67
    Índios, negros, brancos: miscigenação como estratégia, 69
    Os migrantes: a mobilidade espacial, 74
    Os emergentes: a "porosidade" social, 79
    O Visitador do Santo Ofício da Inquisição, 84
    Os jesuítas, educadores para a fé, 86
    Abolicionistas e republicanos após a chegada de D. João VI, 88
    Os imigrantes e a explosão do palco de São Paulo, 94
    A fermentação social e ideológica, 99
    Os negócios de terra e o mercado imobiliário, 102
    Corruptos e corruptores: o patrimonialismo, 106
    Os políticos: uma relação muito pessoal, 111
    Os paulistanos, hoje, 113

O desafio dos dramas atuais, 119
    Desigualdades e insegurança, 123
    Os desafios da moradia, 145

O desafio do meio ambiente urbano, 151

Os desafios da mobilidade, 156

A questão da qualidade de vida, 161

Planejamento e gestão, 164

Propostas gerais que respondam aos desafios, 171

Ampliar e acelerar as políticas de transferência de renda e de correção da desigualdade, 173

Construir o novo pacto social, 176

Proceder a uma reforma política, 179

Garantir a sustentabilidade ambiental do desenvolvimento, 181

Rever as propostas sobre segurança feitas em 1982, 183

Substituir o medo e a violência pela solidariedade, 187

Propostas pontuais para São Paulo, 191

Propostas para uma cidade onde todos possam habitar de forma justa, solidária e segura, 202

Propostas para uma cidade produtiva, onde ideias, pessoas e mercadorias possam circular sem constrangimentos, 208

Propostas para uma cidade com saúde para todas as pessoas, famílias e o meio ambiente, 215

Propostas para uma cidade onde todos aprendam, uma capital do conhecimento, 220

Propostas para uma cidade cuja gestão seja eficiente, moderna e participativa, 224

Bibliografia, 229

Nota do editor

Se a cidade é um palco e seus habitantes, os atores, isso faz de Jorge Wilheim um espectador privilegiado. Autor de *Projeto São Paulo*, livro de tema similar publicado em 1982, Wilheim pôde acompanhar trinta anos de avanços e retrocessos, conquistas e derrotas, inclusões e exclusões na maior das metrópoles brasileiras.

Em *São Paulo: uma interpretação*, o autor analisa a cidade como um organismo vivo, buscando "enxergar e interpretar o que se passa com a vida urbana, com as pessoas, identificar desafios e buscar soluções para os problemas que, ao serem coletivos, são chamados urbanos". Ao se debruçar sobre o passado paulistano – e, por consequência, brasileiro –, Wilheim sente-se à vontade para apresentar constâncias e anomalias, mensurar influências internas e externas, diagnosticar os principais problemas da metrópole e os maiores anseios de seus cidadãos. Esse profundo conhecimento lhe permite vislumbrar e propor caminhos para a São Paulo do século XXI.

São Paulo: uma interpretação é mais uma contribuição do Senac São Paulo para a construção de uma cidade mais justa e sustentável. De leitura agradável, é um importante instrumento para urbanistas, sociólogos, arquitetos, historiadores, leitores envolvidos em projetos sociais e legisladores.

Dedico este livro a minha mais que centenária tia, Margarida Brentani, guardiã da memória familiar e que, sempre curiosa, após viver todo o século XX, me pedia agora para explicar-lhe o que vem a ser a globalização.

"A VIDA SÓ PODE SER ENTENDIDA
OLHANDO-SE PARA TRÁS; MAS SÓ PODE SER
VIVIDA OLHANDO-SE PARA A FRENTE,
ISTO É PARA ALGO QUE NÃO EXISTE"
Soren Kierkegaard (1813-1855)

"UMA CIDADE É FEITA DE PEDRAS E PESSOAS."
Sócrates (469-399 a.C.)

"UMA COISA É POR IDEIAS ARRANJADAS;
OUTRA É LIDAR COM PAÍS DE CARNE E DE
SANGUE, DE MIL E TANTAS MISÉRIAS...
DE SORTE QUE CARECE DE SE ESCOLHER..."
Guimarães Rosa (1908-1967)

"ADORO ESTA CIDADE
SÃO PAULO DO MEU CORAÇÃO
AQUI NENHUMA TRADIÇÃO
NENHUM PRECONCEITO
ANTIGO OU MODERNO
SÓ CONTAM ESTE APETITE FURIOSO ESTA
CONFIANÇA ABSOLUTA ESTE OTIMISMO
ESTA AUDÁCIA"
Blaise Cendrars (1887-1961), escrito em 1924

Prefácio

Prefácios costumam ser escritos ao fim, após a conclusão do texto principal. E têm por objetivo preparar o leitor – por vezes pedindo sua indulgência – e explicar qual o motivo que levou o autor a empreendê-lo. O presente prefácio não foge à regra. A tarefa iniciou quando um editor me propôs a reedição de *Projeto São Paulo,* livro esgotado, publicado em 1982. Tratava-se de um texto em que apresentava um bom número de propostas destinadas a melhorar a qualidade da vida urbana nesta cidade. Perguntei ao editor por que desejava relançá-lo.

Olhou-me espantado: "A cidade está parcialmente alagada, o congestionamento faz com que trabalhadores gastem mais de quatro horas por dia em desconfortáveis veículos, a classe média vive apavorada, o mercado imobiliário gera condomínios cercados por imensos muros que pretendem dar segurança a esses guetos, dois terços das construções da cidade são irregulares, São Paulo se expande incessantemente e nem sabemos onde ela termina! E você me pergunta por que desejo publicar um livro com propostas concretas para a melhoria da vida dos cidadãos ?!"

Perfeito, já entendi...

Li autocriticamente o livro que se pretendia reeditar e suas propostas. Algumas já haviam sido implantadas, outras não. Diversas atendiam a circunstâncias daqueles anos em que o único partido de oposição ao governo militar, o PMDB, havia estrondosamente ganhado todas as eleições estaduais no país e preparava-se para nomear (nas capitais) e eleger novos prefeitos. Em 1982, meu livro pretendia ser uma contribuição para quem fosse nomeado prefeito de São Paulo.

Eram, e continuam sendo, contribuições de um profissional liberal e não de um acadêmico nem de um intelectual *stricto sensu*. Circunstâncias políticas – o golpe militar de 1964 – impediram-me não só de avançar no campo acadêmico, perdendo ao mesmo tempo uma oportunidade para prosseguir lecionando no Mackenzie (havia dado uma única aula!), assim como de colaborar na montagem da primeira universidade federal de São Paulo, oportunidade gerada pela visão do então diretor da Escola Paulista de Medicina, Marcos Lindenberg: em 1963 havia trabalhado na montagem do que poderia vir a ser o Instituto de Criatividade da nova universidade, que reunia urbanismo, arquitetura, *design*, música, dança, teatro, cinema e televisão. Os dois outros Institutos agrupariam disciplinas dedicadas a ciências exatas e a ciências humanas. Atendendo a pedidos de alguns professores da Paulista, a nova universidade foi extinta pelo governo quatro dias após o golpe de abril.

A vida me levou para outros eixos de interesse profissional e não me queixo do resultado, pois produzi e aprendi. Na faina de projetar, isto é, como cabe ao arquiteto, ocupado em propor espaços e situações futuras, inventando o que não existe, não deixei, contudo, de refletir e escrever sobre o sentido do que projetava. Tenho enorme respeito pela palavra escrita, por seu valor pleno ao registrar e transmitir pensamentos e sentimentos criados e elaborados pelo autor, e um genuíno sentimento de gratidão para com autores cujos livros ampliaram o meu conhecimento, me entretendo e emocionando. Por outro lado, escrevo porque "preciso" escrever. Compulsão. Assim, registrei reflexões, mormente sobre vida urbana e "viajei" em futuros, através de sucessivos livros e muitos artigos. Porém, assim como não sou acadêmico, tampouco posso me arvorar escritor, como intelectual *stricto sensu*...

Pelo jeito, estou admitindo que nada sou no *stricto sensu*... Vivo no *lato sensu*, buscando abarcar a interdisciplinaridade humanista, a lição renascentista – com o risco da superficialidade, porém com a convicção de que, para compreender o fenômeno urbano, é necessário dar amplitude ao pensamento, aceitar e refletir sobre a percepção intuitiva, usar a imaginação que abre perspectivas ousadas e jogar, neste caldo, os dados que dão precisão. Talvez seja por isso que Manuel Castells, no prefácio para *50 anos de obra pública,* me denomina, com a generosidade do amigo, de "um renascentista na metrópole em desenvolvimento"…

O presente livro pretende registrar um olhar sobre a vida da cidade, usando e interpretando São Paulo como caso em análise. Shakespeare escreveu "What is a city but its people…". A interpretação não se cinge a aspectos físicos. Aqui procuro enxergar e interpretar o que se passa com a vida urbana, com as pessoas, identificar desafios e buscar soluções para os problemas que, ao serem coletivos, são chamados urbanos. Arrisco ser pragmático, pois, ao final, listo propostas; porém, antes, investigo o passado, para identificar raízes, buscar consistência com os tempos de hoje. E, naturalmente, para não fugir à prerrogativa de quem "projeta", lanço hipóteses e propostas para o tempo futuro, isto é, para o restante do século XXI – que, em outro livro, considerei, com otimismo e esperança que alguns julgam desmesurados, o possível século de um novo humanismo renascentista.

* * *

A tempo, agradeço aqui ao pessoal de meu escritório, Márcia Grosbaum, Ligia Rocha Rodrigues, Isabel Fleury Azevedo Costa, Gabriel Negri Nilson, Regina Célia Barros, por sua dedicação à pesquisa e seu apoio. E agradeço, de modo especial, a Vera Severo, que, além de produzir uma cuidadosa revisão de texto e desenhar livro e capa, ofereceu valiosas sugestões à sua estrutura.

Introdução:
A cidade como palco de vida

A condição de profissional, mencionada no Prefácio, fez com que me aproximasse de realidades urbanas, quando chamado para "resolver problemas", para propor soluções a questões que, em maior ou menor grau, infelicitavam a população ou preocupavam seu governante. Os "problemas" são frequentemente pontas de *icebergs*, como o evidenciei em 1976, ao analisar os problemas emergentes no estado de São Paulo propondo uma estratégia de governo que "liquefizesse" tais *icebergs* problemáticos, ou, pelo menos, diminuísse a periculosidade de suas agudas pontas salientes.

De qualquer modo, é preciso conhecer o que está sob a superfície da água: massa, volume e composição do *iceberg*... É frequente um mesmo *iceberg* ter múltiplas pontas; às vezes, é preciso evitar que a manutenção da baixa temperatura da água o faça crescer em volume... É preciso obter dados e relacioná-los, mas também é preciso compreendê-los... Situa-se aí a diferença, e a relação, entre *informação* e *conhecimento*. A primeira é obtida pelo inter-relacionamento de *dados* e sua colocação em perspectiva. Para alcançar o segundo – o conhecimento como compreensão de um fenômeno –, é necessário que o autor do pensamento, com sua reflexão, intuição e escolhas, corra o "risco" de posicionar-se diante do problema em análise.

Na prática profissional sempre me aproximei da cidade em análise buscando identificar as *estruturas físicas* que a caracterizam, e os *sistemas de vida* predominantes, isto é, o "jeitão" da vida que se desenrola sobre a estrutura física, seja submetendo-se a suas condicionantes, seja tentando superar as dificuldades que essas apresentam. Voltarei a esse tema em capítulos posteriores.

Da diferenciação entre base física e ações humanas, e de sua inter-relação, surge a ideia de assemelhar a vida urbana a um teatro em que as estruturas físicas constituem o palco, e as ações, assim como a trama, revelam atores (protagonistas) que também são autores, iluminadores e cenógrafos, de comédias, tragédias, dramas. A analogia com o teatro já foi usada por outros autores, entre eles Richard Sennett. Contudo, suas reflexões e as pertinentes citações referem-se ao debate ideológico do Iluminismo (século XVIII), século da Enciclopédia, quando D'Alembert (1717-1783), Diderot (1713-1784) e Rousseau (1712-1778) se debruçaram, de forma antagônica, sobre a perda de singularidade do homem ao viver em cidades grandes (como Paris). Essa discussão ocupou os intelectuais da época, como o atesta Fielding (1707-1754), autor de *Tom Jones,* mencionado por Sennett:

> O mundo tem sido frequentemente comparado ao teatro [...] esse pensamento tem sido levado tão longe, e se tornou tão generalizado, que algumas palavras que eram apropriadas ao teatro, e que só eram, a princípio, aplicadas ao mundo metaforicamente, são agora indiscriminada e literalmente ditas a ambos; desse modo, palco e cena se nos tornaram, pelo uso comum, expressões familiares, tanto ao falarmos da vida em geral quanto ao nos restringirmos a representações dramáticas (Fielding, *apud* Sennett, 1998).

Sennett, após comentar que "costumes" constituem um cruzamento de etiqueta, moral e crença, destaca as posições contraditórias de Rousseau em diversas de suas obras; porém não há dúvida de que o filósofo via, na cidade grande e no espírito cosmopolita, o risco de perda da singularidade do indivíduo. A perversão causada dar-se-ia pelo fato de que, em sociedade, o indivíduo deve "representar" um papel.

Em vista disso, não posso deixar de pensar no susto que Rousseau e outros iluministas teriam se vivenciassem, no Brasil, o processo de miscigenação e aculturação que caracterizou a formação dos brasileiros. Contudo, a analogia entre cidade e teatro, embora constitua fio condutor útil ao presente texto, não deve ser tomada literalmente: os cidadãos não estão "representando" papéis e sim "vivendo" tais papéis...

O palco e a paisagem urbana são fatos físicos, e o aspecto dramático dos espaços públicos foi assinalado por diversos autores, como Baudelaire, como assinala Olivier Mongin ao escrever: "É porque o espaço público é percebido como um teatro que a teatralização pública pode dar lugar a uma comédia das aparências, onde as máscaras se trocam infinitamente, como mostra a sociologia da Escola de Chicago no início do século XX" (Mongin, 2009). Os espaços urbanos são povoados por indivíduos que, na condição de atores, não só são sensíveis a uma paisagem-cenário, como também são agentes socialmente vinculados, constantemente interagindo e transformando seu palco-cidade, seja em sua própria realidade física, através da reciclagem de uso de um mesmo espaço, seja nos sistemas de vida que justificam suas existências, reunidas nessa trama dramática incessantemente reescrita.

Em *Projeto São Paulo* (Wilheim, 1982), já imaginava, para efeito de argumentação, a cidade como se fora um palco. Dizia, inicialmente, que as definições mais usuais de cidade, de autores europeus, se baseiam no desenvolvimento histórico dos aglomerados humanos; partem da aldeia neolítica e passam obrigatoriamente pelo burgo medieval. Em outros termos, a cidade moderna seria o resultado longínquo da função de autodefesa da tribo e do ritmo cotidiano de ida ao campo e de volta à aldeia ao entardecer, características das primeiras fixações sedentárias neolíticas. Seria, ainda, herdeira da estrutura dos burgos fortificados da Idade Média, cujas formas e organicidade resultaram não só da defesa ocasional dos burgueses e dos camponeses que a ela acorriam em momentos de perigo mas também da criação de espaços correspondentes a funções e hierarquias sociais típicas da Europa medieval: a praça do Palácio, a praça da Igreja e a praça do mercado.

Ora, as cidades brasileiras têm para com esses antepassados uma relação apenas formal e idealizada, na medida em que o colonizador português guardava, em sua memória ou em suas ordenanças, um modelo formal de cidade europeia, que aplicava sem muito rigor para as novas cidades, mas com outra função: a de fornecer uma base para a conquista de territórios e a de manter, na era do mercantilismo, seu poder na colônia, contra a cupidez dos demais poderes nacionais europeus. A função, a razão de ser da cidade brasileira nunca correspondeu às funções da aldeia europeia nem à função medieval do burgo.

Com efeito, o Brasil não conheceu uma "vida de aldeia"... A imensidão do espaço, as distâncias e a rarefação da população levaram a uma clara dicotomia: quem trabalhava no campo vivia em fazendas; quem vivia na cidade tinha apenas funções urbanas; desconhecia-se o ritmo cotidiano campo-aldeia, tão típico das pequenas cidades europeias ou, mesmo, dos primeiros aglomerados da Nova Inglaterra. O latifúndio e a autossuficiência das grandes fazendas tornaram desnecessária a existência da aldeia. A rigor, mesmo a aldeia indígena era diferente das neolíticas europeias: em sua cultura extrativista de coletores, ante uma natureza tropical, a sua aldeia, de construção precária, permanecia apenas enquanto o território circundante fornecesse alimento suficiente, após o que, os indígenas mudavam-se, criando novo aldeamento. De permanente, apenas o local simbólico de seus antepassados, para onde voltavam nas festas de homenagem.

A cidade brasileira nasceu como um núcleo administrativo e político ou como um aglomerado prestador de serviços, mesmo quando sua pequena população reduzia essa organização ao que se convencionou chamar "vila". No primeiro caso, típico das implantações do período colonial, a cidade era menos a fortificação contra os inimigos externos – embora tenham existido fortes ataques – do que a sede simbólica, que sinalizava o poder da Coroa portuguesa contra outras potências mercantilistas e contra os eventuais inimigos internos, isto é, contra brasileiros que ousassem se opor aos interesses do colonizador.

Desse caráter decorre que, na cidade administrativa e política da época colonial, em que pese a pobreza de recursos materiais, enalteceram-se os espaços destinados às cerimônias em comemoração à dominação portuguesa e aos valores da Cruz e da Coroa: a praça do Palácio, a Alfândega, a Igreja Matriz, a praça do Pelourinho, a Casa de Câmara e Cadeia. Talvez em virtude dessa função política, simbólica do poder, tenha dialeticamente surgido, desde cedo, um espírito autônomo, um orgulho municipalista, como a afirmar que cada cidade pudesse vir a ser a sede de um real poder.

Em época mais recente, após a Independência e, especialmente, com a explosão urbanizadora do século XX, a cidade brasileira revelou sua função de suporte à conquista de terras novas na franja pioneira. Cidades de serviços, "patrimônios" imprescindíveis para a vida nos parcelamentos de fazendas, nasciam na ponta dos trilhos ou nas bocas de sertão, ou, ainda, pontuando a cada 10 km as penetrações das estradas de ferro e, posteriormente, as precárias rodovias (Monbeig, 1952).[1] Cabe assinalar ser o Brasil um dos poucos países que ainda possuem uma fronteira agrícola para desbravar, uma franja pioneira a conquistar, onde, pontilhando as vias de penetração, grande número de cidades novas e espontâneas é gerado à beira da floresta, no cerrado e, por vezes, nas reservas indígenas. Vasto campo para a experimentação urbanística. Para o bem e para o mal...

Por outro lado, essa história exige, para sua compreensão, conhecer e entender quem eram e como agiam as pessoas que viviam nesse vastíssimo território. Pois as cidades não constituem fenômeno natural, e sim atos de cultura, *lato sensu*. A cidade transforma o sítio natural. Essa transformação revela um vínculo entre espaço e cultura, a meu ver ainda insuficientemente estudado por aqueles que se debruçam sobre a história das cidades brasileiras. É oportuno, por exemplo, apontar para o papel da imensidão do espaço e da baixa densidade que certamente influenciaram os nossos hábitos culturais. Antonio Candido, ao descrever o caipira sujeito à pressão da miséria, diz que: "para sobreviver a esta condição aviltante, ele se desloca no espaço" (Candido, 1964). País sem cordilheiras intransponíveis nem mares interiores, no Brasil, sempre há, para deslocar-se, um espaço disponível ao lado – em lugar das dificuldades em superar obstáculos ou dos riscos de lutar contra a opressão, advém a migração, a mobilidade física da sociedade. Essa é uma característica dominante no ritmo, na forma do crescimento urbano e no próprio caráter da vida urbana das principais cidades brasileiras.

Quando escrevi *Projeto São Paulo*, no início da década de 1980 – um período de estagnação e início da ruptura da estrutura de emprego –, ainda não era óbvia a globalização, embora, em 1978, o assunto tenha

---

[1] As paradas a cada 10 km eram necessárias para o abastecimento das locomotivas.

reunido jovens e promissores economistas para discutir a transnacionalidade empresarial. E, na época, escrevi:

> Finalmente, embora não ignore nem empreste importância menor aos fatores econômicos, à forma de produção, seja no caso dos motivos da migração, seja no que se convencionou chamar a produção do espaço urbano, considero insuficiente interpretar a cidade brasileira apenas a partir de valores e conceitos econômicos, limitando os parâmetros de análise, por exemplo, à mecânica aplicação de teses sobre localização industrial ou a conceitos que reduzem os processos de reprodução de mão de obra a uma caricata teoria da conspiração (Wilheim, 1982).

Hoje, tendo aprendido a lição dos efeitos da conectividade global, da instantaneidade da informação, das novas tecnologias, assim como dos desastres acarretados pelo desemprego e pela prevalência do financeiro sobre o econômico, revelados na crise de 2008 – e de seu correlato político –, outra é a visão sobre a relação entre economia e desenvolvimento urbano.

Os quase trinta anos que separam o *Projeto São Paulo* do presente texto correspondem ao período da conscientização da diferença entre crescimento e desenvolvimento, mormente quando se cresce à custa do esgotamento dos recursos não renováveis e muda-se o clima à custa de emissões nocivas de gases. Tais riscos já eram pesquisados e anunciados por alguns cientistas e intelectuais desde a década de 1960; e me lembro de reuniões internacionais, durante toda a década de 1970, em que discutíamos "um outro desenvolvimento", mais cauteloso e humano.[2] Foi, possivelmente, o movimento *hippie* e outros movimentos sociais de caráter ambientalista que deram corpo àqueles avisos isolados; e, quando a movimentação adquiriu real importância política, os governos alemão, britânico, francês e norte-americano decidiram assumir a bandeira ambientalista, até então apenas desfraldada por organizações da sociedade, transformando a Conferência do Rio de Janeiro (1992) em um marco consagrado, que determinou a criação de órgãos públicos com programas e orçamentos para o meio ambiente.

---

[2] O suíço Marc Nerfin foi o principal inspirador da Conferência de Estocolmo, em 1972, e criou a Fundação Internacional para Desenvolvimento Alternativo.

Por que menciono tal fato? Porque a questão ambiental, assim como a da paisagem, fará parte de capítulos posteriores, e com uma ênfase que não existia em meu livro de 1982. No entanto, ainda caberia mencionar algo que escrevera a respeito dos protagonistas que se movem sobre o palco físico das cidades:

> Há um conjunto de atores, cenários e dramas para a vida de cada indivíduo e de cada família, isto é, a vida de cada um pode ser entendida como um subsistema do qual participam as pessoas, as coisas, as paisagens, as ideias e os sentimentos que são significativos para o dia a dia. Cada subsistema individual superpõe-se ao de outros e geram-se assim pontos de empatia e pontos de conflito. Esta superposição explica por que há pessoas importantes para a vida de muitas outras, ou ideias que mobilizam grupos, ou ainda esquinas e praças que são tão mais frequentadas que outras. A vida de uma cidade revela a integração desses subsistemas pessoais por vezes induzidos, quando não conduzidos, por fatores econômicos; e podemos afirmar que uma cidade será melhor e sua vida mais rica na medida em que for capaz de acolher um número mais variado de subsistemas, pois, neste caso, aumentará o grau de liberdade dos cidadãos (Wilheim, 1982).

Entre os vértices disponíveis de observação da cidade, tenho optado pelo vértice da vida cotidiana em suas relações com os espaços: os atores e os seus palcos; os protagonistas e os cenários criados; a infraestrutura física e os sistemas de vida mais significativos. A estrutura urbana revela-se ao habitante da cidade como um suceder de espaços: a casa em que mora, a rua em que seus filhos brincam, os corredores pelos quais transita a pé ou em veículos, alguns edifícios especiais onde exerce funções de trabalho ou de estudo, outros edifícios ou espaços abertos em que se encontra com pessoas para funções formais ou informais. São palcos servindo de abrigo, de base, para o desenrolar da ação individual, tendo ao fundo os cenários que compõem a paisagem urbana. A cidade, em sua componente física, é um encadeamento de espaços a serem ocupados e possivelmente fruídos pelos cidadãos. É por isso que o cidadão vê sua cidade, antes de tudo, como uma paisagem. Paisagem nitidamente cultural e construída, constituída por superfícies (planas, inclinadas, curvas), por volumes (grandes, pequenos, verticais, horizontais), por cores, por movimento e ritmo (volumes, texturas), por signos (comunicação midiática, sinalização, referências), por elementos fixos ou animados (veículos, água, nuvens, a própria topografia), por arquiteturas (evocativas, significativas, funcionais) e por elementos vivos (árvores, flores, águas e, o mais importante, as pessoas). A paisagem é um suceder de referências e de surpresas. Ela pode ser tranquilizadora ou excitante, orientadora ou confusa, bonita ou feia. E ela também tem significado e conteúdo, informando-nos e dando margem a associações de ideias.

A essas observações que, em linhas gerais, já constavam de meu antigo livro, acrescento que a simultaneidade da informação que nos é trazida pelos fluxos informativos cibernéticos gerou uma espécie de fantasma, de sombra que nos acompanha constantemente: estamos conectados globalmente. Por outro lado, além dos percursos individuais de cada subsistema de vida, *sabemos* da existência dos demais, assim como estamos conscientes de que tal percurso está inserido em um conjunto maior: a cidade e a vida urbana. O conhecimento subjacente da "cidade grande", também tornado óbvio pela mídia, revela, no caso de São Paulo, que nosso pessoal subsistema de vida pertence a uma cidade de grande dinamismo e tensão, e nela se desenvolve: uma cidade contendo riscos, porém cheia de oportunidades.

Até que ponto os cidadãos se servem (e são servidos) da estrutura física à disposição de seus anseios? Em que medida essa estrutura acolhe, sustenta e alimenta os múltiplos e pessoais sistemas de vida que constituem a vida urbana desta cidade? Quais as carências, e onde estão? E, finalmente, o que se pode fazer para adequar estruturas e sistemas para melhorar a vida urbana em uma cidade como São Paulo?

Ao "teatralizar" a cidade, é importante lembrar que também nas recônditas coxias há muita atividade e interesses inconfessos, que podem alterar ou competir com a trama que se desenrola no palco, resultando também em mudanças de cenário...

São Paulo é bom exemplo da cidade definida por H. Lefèbvre – "um sítio de consumo e um consumo do sítio". Mas a cidade é também simplesmente o lugar em que os paulistanos vivem, enquanto cidadãos urbanos. Todo ser é condicionado pelo ambiente, nele descobre o seu abrigo, a melhor forma de usá-lo e não se compreende vida sem um ambiente propício. O homem constrói seu ambiente. Mas, com eficiência calamitosa, é também capaz de destruí-lo. De que modo poderia ser melhorado o ambiente em que vive o paulistano? Que transformações podem ser produzidas nos espaços em que ele vive: sua habitação, suas ruas e praças, sua estrutura urbana? Como sistematizar serviços, de modo que tornem a vida urbana mais digna, mais humana, mais bonita? Como garantir que a cidade de São Paulo seja apropriada de maneira mais justa e mais democrática? Em que medida, e de que forma, podem os cidadãos participar dos processos decisórios que a transformam, substituindo a insegurança, resultante da transitoriedade dos valores de nossa era, pela esperança de um futuro de cuja construção participem?

Os capítulos adiante pretendem compreender as raízes, descrever os desafios e sugerir as propostas para obter transformações, segundo vetores indicados pelas indagações que acabo de elaborar. Não vai haver preocupações com o aprofundamento da argumentação, nem exagerada extensão de diagnósticos setoriais. No final do livro, faço propostas de uma pauta para a discussão do "que fazer". Tenho a convicção de que algo possa e deva ser feito com urgência, pois hoje os palcos são mesquinhos e inadequados, o cenário da paisagem pouco legível e confuso; e, especialmente, os sistemas de vida urbana, ainda injustos, quando não desumanos.

Para o encadeamento das propostas, no último capítulo, evitei adotar rigidamente o critério da separação por setores de intervenção governamental: educação, habitação, transporte, etc. Essa separação setorial corresponde à atual divisão do poder, à distribuição dos recursos orçamentários e à divisão em feudos de atuação administrativa, adequando-se a programas governamentais. Não constituem, no entanto, a forma mais adequada para descrever a vida urbana, pois, em cada atividade significativa, ela integra elementos de natureza distinta, pertencentes a setores diversos. Assim, a descrição de questões urbanas, isolando os setores, nem sempre proporcionaria o enfoque mais objetivo do ponto de vista do cidadão e apenas se justificaria se o presente texto se dirigisse exclusivamente a técnicos, a estudiosos ou a funcionários habituados ou interessados em resolver problemas setoriais. Preferi agrupar propostas como respostas aos desafios.

Retrocedamos agora no tempo e subamos, então, ao palco da cidade de São Paulo...

Mar | Trilha dos Tupiniquins | serra do Morrão | porto de Piaçaguera | Vale do rio Moji | planalto

O PALCO URBANO E SUAS TRANSFORMAÇÕES 1

O palco urbano e suas transformações

O sítio natural

Em uma manhã de janeiro de 1554, as canoas que avançavam lentamente pelas águas turvas do rio Tamanduateí levavam a bordo o padre jesuíta Manuel da Nóbrega, acompanhado por outros padres. Esse grupo também incluía João Ramalho, misterioso personagem de nossa história, aqui aportado entre 1508 e 1512, que se tornou amigo do cacique Tibiriçá, a ponto de este lhe entregar a filha Bartira como esposa.

Por um capricho da topografia, as águas dos mananciais do rio Tietê, assim como as de seu afluente Tamanduateí, no alto da Serra do Mar, em lugar de se derramarem serra abaixo, na direção do mar, correm para o interior do continente. Os meandros do Tamanduateí, por onde o grupo navegava, eram resultado da baixa declividade dos campos de Piratininga (cerca de 3%) – uma ampla várzea com lagoas, rios sinuosos de leito variável e uma mata ciliar por vezes pantanosa.

Não se sabe por que João Ramalho apoiara a iniciativa dos jesuítas de, conduzidos por indígenas, subirem ao planalto pela difícil trilha dos tupiniquins, para aí construir um colégio destinado à catequese de indígenas, pois Ramalho, contrariando os objetivos dos jesuítas, vai tornar-se o primeiro traficante de escravos indígenas dessa região, ao convencer o cacique Tibiriçá a lhe entregar os inimigos derrotados, reduzidos, como era de praxe, a escravos.

Campos de Piratininga, por Vallandro Keating.

Aldeia de Tibiriçá, por Vallandro Keating.

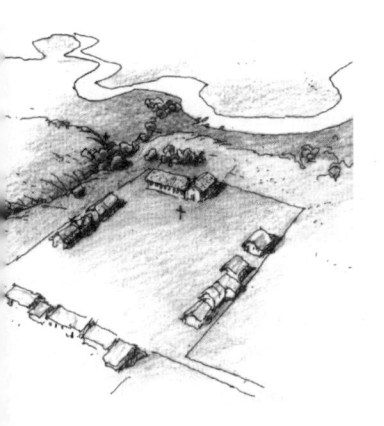

Nas décadas seguintes à fundação de São Paulo, as primeiras casas deram início à formação urbana da futura cidade. Desenho de Vallandro Keating.

Depois de passar pela aldeia indígena que Martim Afonso de Sousa (igualmente acompanhado por Ramalho) oficializara com o nome de Santo André da Borda do Campo, Nóbrega embarcara nas canoas que desciam pelo Tamanduateí, buscando um sítio que fosse mais próximo da aldeia de Tibiriçá, cacique aliado, localizada perto do rio Anhembi (atual Tietê), nas cercanias de onde hoje se localiza a ponte das Bandeiras.

Ao chegar à mencionada várzea (hoje denominada do Glicério), vislumbrou na margem esquerda um outeiro com um local bom para aportar, em frente a uma íngreme ladeira (hoje a ladeira Porto Geral). Preferiu subir ao outeiro por rampa mais suave, logo à esquerda (a atual General Carneiro) alcançando uma plataforma. E, desse ponto, voltando-se para o norte pôde avistar amplo panorama: aos pés da colina, o Tamanduateí e o primeiro "porto"; em frente, a vasta planície e a várzea que poderia fornecer água abundante; ao longe, a mata ciliar e os meandros de um grande rio, então chamado Anhembi; no horizonte longínquo, uma serra (a Cantareira) estendendo-se de nascente a poente. Investigando o outeiro plano, descobriu que, ao sul, ele terminava abruptamente sobre o vale de outro rio, o Anhangabaú, formado por dois córregos, o Bexiga (hoje sob a avenida Nove de Julho) e o Saracura (hoje sob a 23 de Maio). O sítio, portanto, era propício para a implantação de uma vila na colina, fácil de defender, restando em aberto apenas o lado leste (onde hoje está o bairro da Liberdade), contudo na direção da aldeia de índios amistosos.

Escolhido o sítio, ergueu um crucifixo e rezou a primeira missa. Nesse mesmo local, construiu uma sala de colégio e uma capela com seu campanário. Forte símbolo, o atual Pátio do Colégio, várias vezes reconstruído no mesmo outeiro da fundação – tendo-se lá construído e depois demolido os edifícios que abrigavam a sede do governo provincial –, ainda mantém hoje, em sua singeleza e austeridade, a memória da razão de ser da fundação da cidade de São Paulo, revelando o "espírito do lugar".

O palco natural da cidade de São Paulo, no entanto, como hoje sabemos, ultrapassa o sítio da vila e cidade que, durante mais de três séculos, permaneceu limitada ao outeiro de sua fundação. Além da sequência de várzeas e rios meândricos ao norte, havia vastas áreas ao sul e a leste. Sua característica natural revelava uma sequência de morros, separados por vales por onde corriam águas rápidas de córregos. Esse "mar de morros", como hoje o denominam os geógrafos, subia até um espigão elevado, divisor de águas entre a vertente que desce para o Tamanduateí e o Tietê, e a vertente que desce para o rio Pinheiros. Esse espigão era recoberto por densa mata, donde o nome que os índios lhe davam: *caaguaçu*, mata grande. Nele hoje se situam as avenidas Dr. Arnaldo, Paulista, Domingos de Morais e Jabaquara.

Por baixo de todo o palco construído nos séculos que se seguiram, esse sitio físico, inobservado, permanece, com suas exigências naturais: as várzeas que os rios nas cheias tendem a reocupar; a rede de drenagem natural formada pelos vales dos córregos, cujas águas descem rápidas para os rios meândricos de águas lentas; o espigão central dividindo a drenagem; e a natureza geológica do solo, frágil e com espessura pequena, recobrindo os matacões em que se transformou a massa granítica geologicamente original. Por baixo dessa crosta superficial, uma diversidade de solos e de ocos, com ou sem água. Que palcos se construíram sobre esse sítio natural?

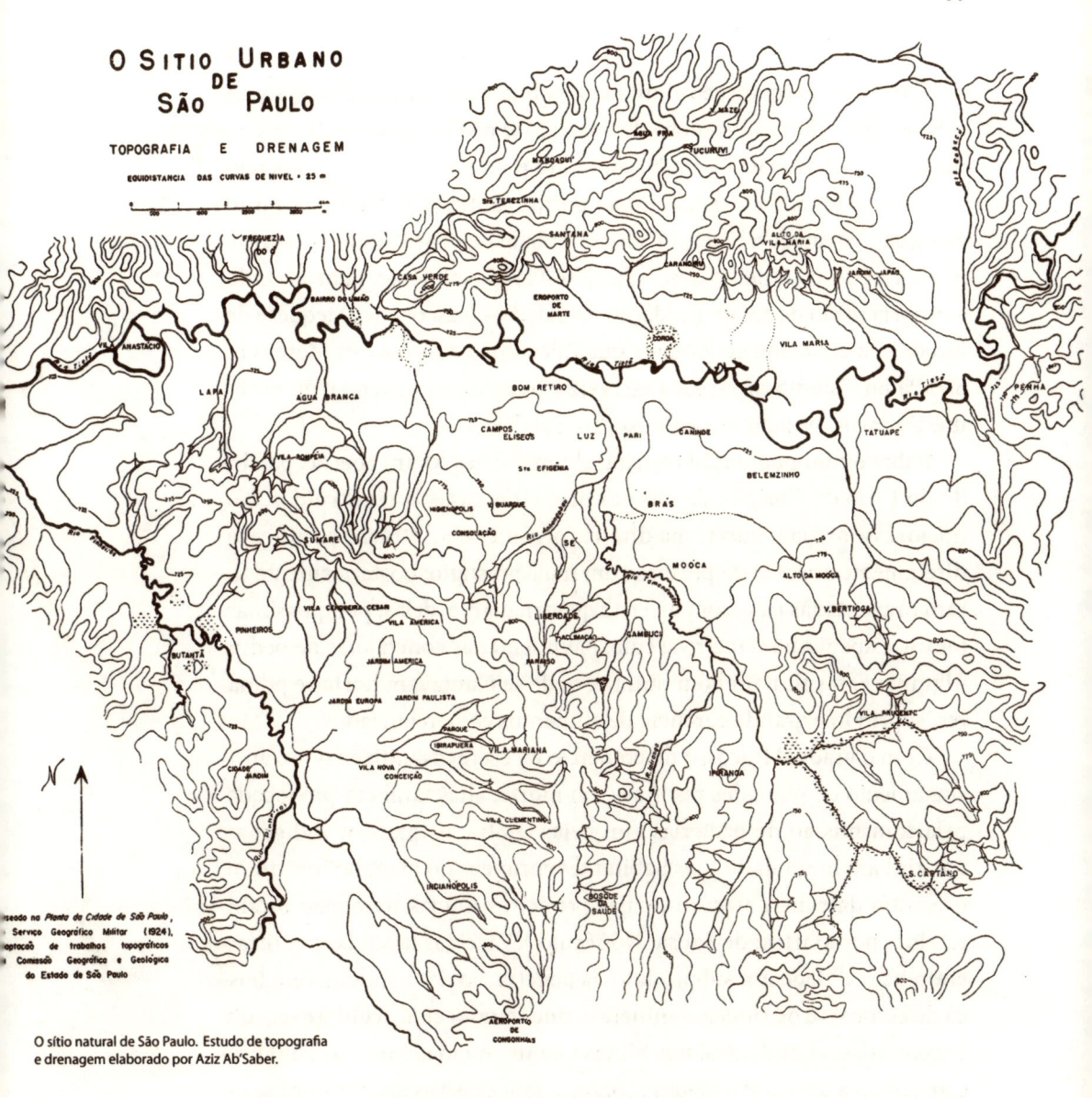

O sítio natural de São Paulo. Estudo de topografia e drenagem elaborado por Aziz Ab'Saber.

Os palcos construídos

As mulas pastavam e bebiam no Piques, local no vale do Anhangabaú aos pés da vila, antes de iniciar a longa jornada pelo caminho da Consolação até alcançar o aldeamento de Pinheiros, do outro lado da mata do espigão.

São Paulo permaneceu limitada à colina original durante mais de três séculos... Pouco produzia. Em seu redor não havia agricultura a exportar para Portugal, a população, muito pobre, não atraía o comércio, e a grande dificuldade de acesso ao porto mantinha isolado esse posto avançado de catequese e ensino, mas também de penetração e conquista territorial do continente desconhecido. Paradoxalmente, contrariando a própria razão de ser da fundação da cidade – a escola de catequese de índios –, a atividade econômica que inicialmente os colonizadores em São Paulo vislumbraram foi a escravização deles; e sua venda, no porto dos Escravos, situado serra abaixo, em São Vicente.

Pobre e com população restrita, algumas ruas foram abertas partindo do Pátio do Colégio, depois das primeiras casas lá construídas. No início, esse arruamento tinha diretriz orgânica e arbitrária, pois ligava diretamente as casas de pessoas com mais prestígio; posteriormente foram implantadas ruas com diretriz quadricular; e, delas, pouquíssimas foram, e apenas no terceiro século, pavimentadas com lajotas de pedra. Algumas casas tinham bom quintal, onde se plantavam hortas e pomares, suprindo a grande carência de alimentos comercializados.

Com o gradual fracasso do comércio de escravos indígenas – o aprisionamento de nômades resultava em morte, aliás também provocada pela transmissão de bactérias europeias contra as quais os indígenas não tinham imunidade –, os habitantes europeus do planalto iniciaram o plantio da cana-de-açúcar, cujas primeiras mudas na região foram trazidas por Martim de Sousa. No século XVI, essas fazendas paulistas eram na realidade um subproduto da penetração das bandeiras em busca de escravos e de riquezas minerais, que só no século seguinte seriam encontradas, abundantes, em Minas Gerais. A cidade de São Paulo recebia os ecos dessas atividades econômicas sucessivas apenas porque os principais produtos passavam por ela, a caminho do porto de ligação com a Corte em Lisboa.

Embora a água fosse abundante nas várzeas e nos córregos, para obtê-la na colina foi necessário escavar poços e construir chafarizes, dos quais o mais popular era o do largo da Misericórdia. A igreja desse largo e o chafariz – para onde afluíam os escravos "de casa" com seus cântaros – eram os locais para os proclamas e os anúncios públicos. Sem falar

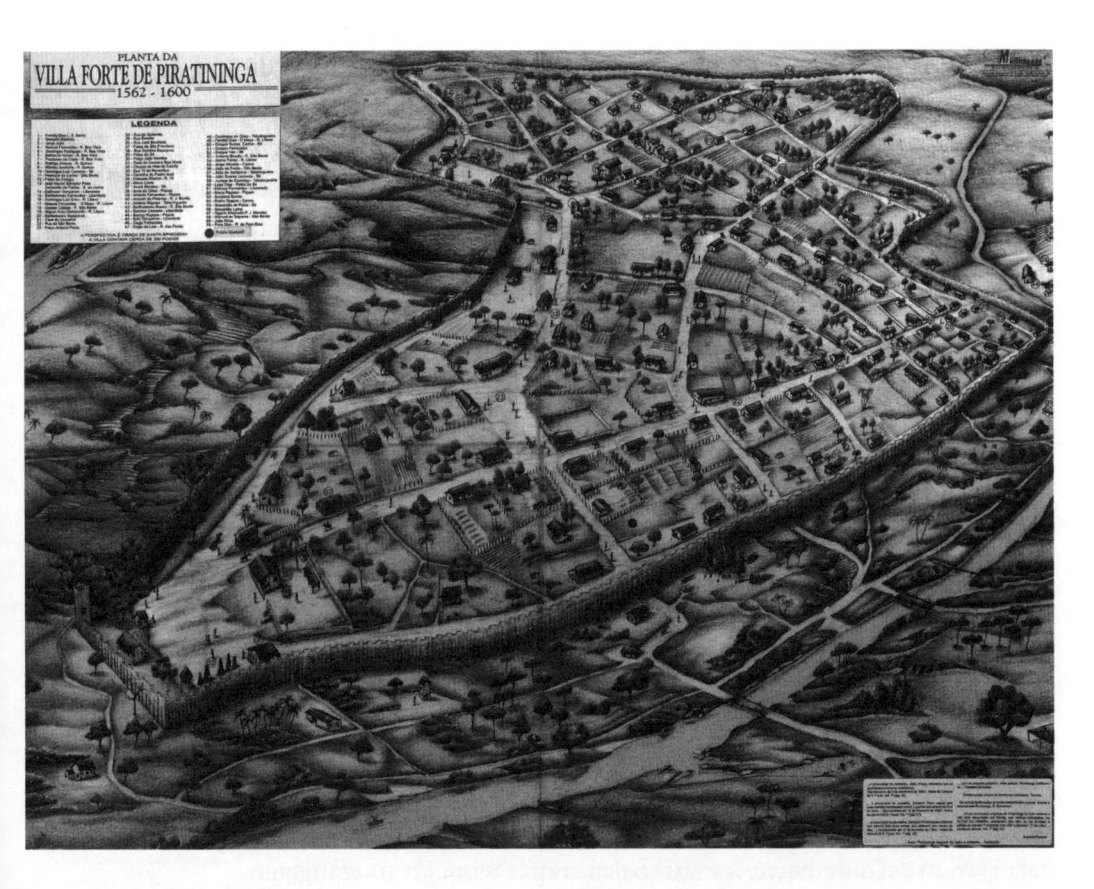

Planta da Vila Forte de Piratininga. Perspectiva tomada a partir de Santa Ifigênia. O atual Edifício Martinelli foi erguido em terreno situado quase ao centro desse traçado.

que eram, também, onde circulavam boatos e informações da "pequena história", a que não consta dos livros educativos.

No século XVII, a relativa riqueza dos senhores – oriunda da comercialização de escravos, do financiamento de bandeiras, e da mineração distante e ocasional, além do pequeno produto da lavoura – não podia ser evidenciada a não ser comparando-a com a riqueza de outros. O efeito de demonstração e o poder daí decorrente eram exercidos na capital regional, em São Paulo. As ordens religiosas, nesse século e no seguinte, haviam construído igrejas, realizavam festas religiosas e procissões que, ao irem de uma igreja a outra, percorriam um triângulo constituído pelas ruas da Imperatriz (depois 15 de Novembro), São Bento e Direita (o nome original dessa era "rua direita a Santo Antônio"...). O "triângulo" foi, durante séculos, a denominação dada ao núcleo central da vila e da cidade na colina.

Como era, então, o palco urbano, digamos em 1822, ano da Independência? A cidade continuava limitada à colina original, embora existissem algumas aglomerações distantes, mas vinculadas à cidade, ao longo de caminhos que ligavam esse posto avançado do planalto com outras regiões do país. Assim, São Miguel, Pinheiros, Penha de França serviam de postos de parada e troca de animais de carga para as caravanas que demandavam outros territórios de conquista.

A região imediata em redor da cidade, mormente ao sul, até o meândrico rio Pinheiros, estava ocupada por numerosas chácaras que produziam algum alimento para os citadinos e serviam de pasto para as mulas e os cavalos que já não encontravam espaço disponível para pastar na colina original. Essas chácaras, ocupando morros e vales, mantinham ainda intacta a rede de drenagem natural do sítio. Quanto à drenagem da cidade na colina, ela meramente fazia escorrer as águas pluviais para os dois vales que a limitavam, provocando ocasionais deslizamentos das encostas. O esgoto não existia, e os escravos "de casa" carregavam caixas e baldes de excrementos para fora da colina, jogando-os nos vales e córregos circundantes.

Em meados do século XIX, surge um fato novo a modificar radicalmente o palco: a exportação da crescente safra de café exigia um meio de transporte, e os ingleses se encarregaram de implantá-lo: *constroem uma ferrovia*. Descobre-se, então, que o trem não conseguiria subir à colina onde a cidade se situava! Em consequência, constroem-se estações fora dela: na Luz, próxima a um mosteiro, na Barra Funda e no Brás. Como ocorreu em todos os países, surgiu, em torno de cada estação, um aglomerado constituído por hotéis, estabelecimentos para refeições, pequeno comércio, residências, bordéis, oficinas de implementos agrícolas, caça e pesca, e comércio atacadista relacionado com as atividades rurais.

Ao evitar a colina, a estrada de ferro desenvolveu-se pelos vales do rio Paraíba (na direção do Rio de Janeiro) e do rio Tamanduateí (na direção de Santos), acarretando a canalização parcial deste último, para

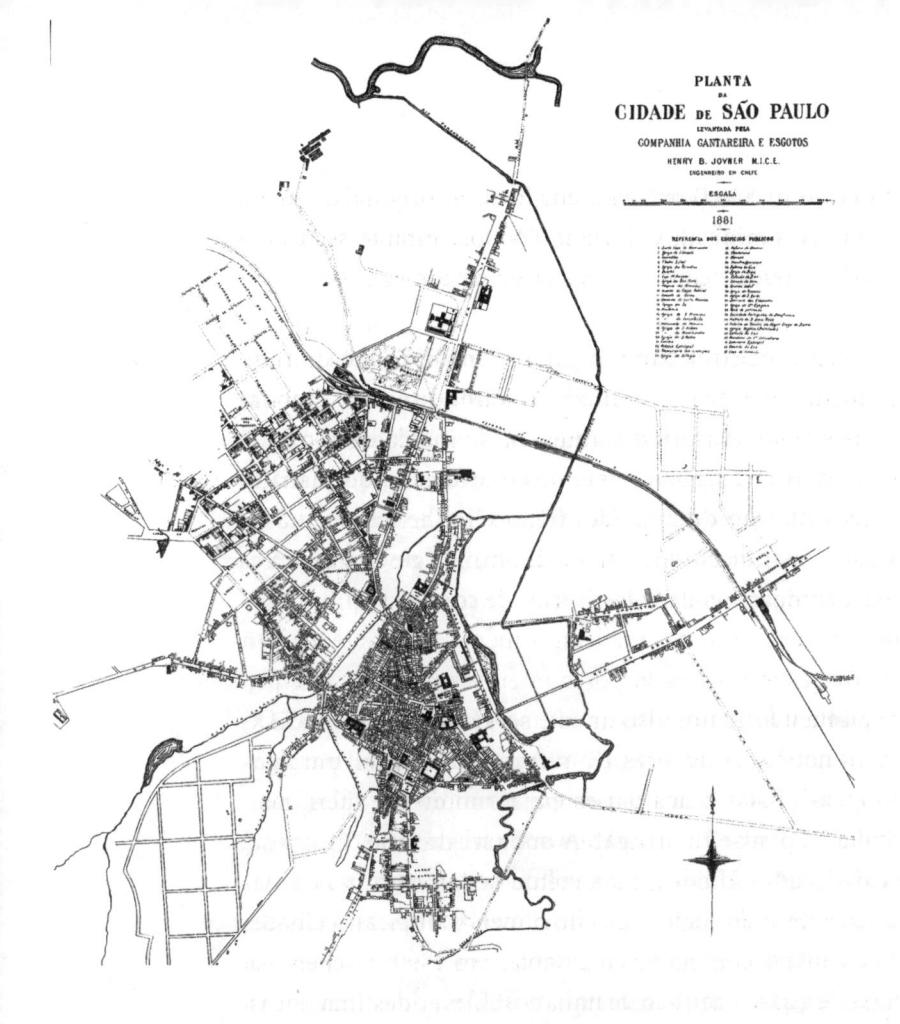

O "triângulo" urbano e as estações de trem. Planta da Cidade de São Paulo de Henry B. Joyner, 1881.

que não cruzasse o traçado retilíneo da ferrovia. As regiões da Barra Funda e da Luz eram ocasionalmente alcançadas pelas cheias da várzea do Tietê. Os aterros que permitiram a construção ferroviária empurraram para longe a expansão periódica das águas do rio, cujo volume passou a extravasar para as demais regiões baixas. O progresso começava a alterar, de forma grave, o sítio natural... O palco urbano começou a sofrer com as enchentes das cheias.

A segunda alteração dramática do palco urbano iria dar-se na última década desse século: *a grande imigração* mediterrânea de 1890. A tardia abolição da escravidão (1888) – resistida tenazmente pelos fazendeiros e por seu Partido Conservador, a quem D. Pedro II atendia – fizera com que o país, ao contrário dos Estados Unidos, deixasse de ingressar na era da industrialização, constituindo uma classe trabalhadora industrial. As tentativas de implantação de um regime econômico moderno – no caminho seguido pela Inglaterra –, empreendidas pelo barão de Mauá e por outros empresários pioneiros, não obtiveram o apoio governamental e acabaram sendo tímidas ou mesmo frustradas. No campo, depois dos derradeiros negócios de tráfico de escravos do Nordeste para o Sudeste, acabou o regime escravocrata, que muitos fazendeiros já apresentavam dificuldades financeiras em manter. Surgiu o problema da substituição do braço escravo, e o governo empreendeu, na Europa, campanhas de colonização, buscando famílias que decidissem emigrar.

A imigração recebeu forte impulso na última década do século XIX, quando fatores climáticos e quebras de safras produziram um êxodo da população trabalhadora nos países em torno do Mediterrâneo, mormente na Itália, Espanha e Portugal. A onda migratória dirigiu-se sobretudo para os Estados Unidos, mas voltou-se também para a Argentina e o Brasil. Preferindo regiões de clima menos tropical, a cidade de São Paulo, que contava com 65 mil habitantes em 1890, recebeu, na década, uma onda de quase 1 milhão de italianos! Eles se destinavam às já famosas fazendas de café. Muitas famílias, porém, ficaram na cidade de São Paulo, ou para ela regressaram, após experiências frustrantes com seus empregadores, que não sabiam como relacionar-se com trabalhadores livres.

Como consequência, São Paulo contava, no final da década, com 265 mil habitantes... e produziu-se um grande crescimento da demanda por habitações e locais de trabalho. Como resposta a essa necessidade, proprietários de toda a área envoltória da cidade (hoje correspondendo ao Centro Expandido, entre os rios Tietê e Pinheiros canalizados) passaram a lotear suas chácaras.

A população imigrante tinha exigências próprias e demandava a prestação de novos serviços na cidade da colina. Os ricos fazendeiros passaram a preferir morar em São Paulo, e as antigas casas secundárias, na rua Direita, passaram a ser substituídas por mansões em novos loteamentos. O proprietário da gleba no lado oeste do vale do Anhangabaú, tão próxima da cidade, estava iniciando um loteamento que demandava uma ponte que o ligasse à colina urbanizada. Dois empreendedores alemães, Victor Nothman e Frederico Glette, transformaram a grande chácara Mauá, a nordeste da cidade, em um loteamento chamado Campos Elísios. Também construíram importante hotel no Triângulo, coração da Cidade, e implantaram uma linha de bondes com tração animal para ligá-lo à estação da Luz. E a Prefeitura foi instada a proceder às primeiras iniciativas de planejamento e obras públicas.

Atendendo à demanda, brusca e crescente, por habitações, surgiram e cresceram os bairros do distrito de Santa Ifigênia – que compreendia o Bom Retiro, os Campos Elísios e o Brás, motivados pelo surgimento das estações de estrada de ferro – e os do outro lado do vale do Anhangabaú, nas terras do barão de Itapetininga e nas do major Arouche, além de outros mais distantes, como Penha, Santo Amaro e Pinheiros. Frutos, sem dúvida, da inegável demanda, esses bairros também nasceram da hábil "invenção da oferta", pois os futuros proprietários não tinham muitas opções, mas, sim, muita pressa em resolver seu problema de moradia. O Brasil do navegante português, da Coroa colonizadora, começara com o "loteamento" de seu território em sesmarias e capitanias hereditárias. Quatro séculos depois, a cidade de São Paulo reinventava o loteamento, e dinamizavam-se os negócios de terra urbana.

Qual foi o mecanismo, o padrão da ocupação daquele palco que caracterizou o fim do século XIX e a primeira metade do século XX? A iniciativa partia sempre de algum proprietário de gleba retida como lastro de patrimônio, ou mesmo cultivada como pasto ou sítio de fim de semana. A propriedade podia estar na Penha, em Itaquera, em Pinheiros, na Lapa ou outro lugar qualquer. O proprietário vislumbrava que, com a melhoria, por parte da Prefeitura, do caminho existente que ligava sua gleba à cidade, um loteamento poderia constituir um sucesso comercial. E, mais tarde, caso pudesse combinar com o proprietário de alguma linha de ônibus a operação de um transporte regular, o sucesso seria maior e mais rápido!

Tal mecanismo não partia de qualquer planejamento urbano, nem levava em consideração a topografia do sítio, o mar de morros que o caracterizava. O resultado só podia ser o de um cenário caótico: as ruas implantadas raramente obedeciam a curvas de nível, e o quadriculado geralmente se impunha sobre os morros e vales que constituíam a gleba. E, somado a isso, ladeiras íngremes, que dificultariam a implantação de futuras redes de esgoto; total despreocupação com as belas perspectivas que a topografia ensejava; nenhum cálculo que contribuísse para o transporte público e o tráfego; rara preocupação pelos córregos que passavam pelas glebas a lotear, a não ser a de afastá-los ou escondê-los em canalizações, pois não eram bem vistos pelos eventuais compradores de lotes.

E o palco urbano expandiu-se por cima de morros e vales, impermeabilizando o solo, exigindo a extensão de redes de água e de eletricidade: subitamente, havia carência de todos os serviços, pois no sítio estava se formando um palco atabalhoado, sem uma diretriz, ao sabor da iniciativa de múltiplos proprietários de pequenas glebas rurais.

Ao contrário dos ora libertos ex-escravos do campo, os imigrantes detinham saberes artesanais, pois, mesmo tendo trabalhando no campo em seus países de origem, estavam habituados com tarefas manuais em suas aldeias, durante a estação invernal. Por isso não é de estranhar que, nas primeiras indústrias instaladas em São Paulo, 90% dos trabalhadores fossem imigrantes e que, desses, 90% fossem italianos, refletindo a origem da maior parte dessa imigração. Os métodos construtivos incorporaram inovações trazidas pelos mestres de obra italianos, assim como as estruturas de madeira dos mestres alemães e o saber construtivo de mestres portugueses e espanhóis. O gosto edilício evocava a cultura mediterrânea. A primeira fábrica de tijolos fora inaugurada em 1859. Até então, durante três séculos, e mesmo depois, as paredes eram de pau a pique ou de taipa, cuja argila era bastante vulnerável à ação das intempéries, donde a importância dos vastos beirais protetores. Assim, não era apenas o palco que se expandia: o cenário construído mudava de aspecto...

Com o início da industrialização, e a ampliação e diversificação dos serviços, São Paulo passou a atrair população de outras regiões e do interior do estado, continuando, no século XX, a crescer a taxas extremamente altas. A expansão territorial foi tão considerável, que poderíamos afirmar ter sido a São Paulo de hoje totalmente construída no século XX, existindo pouquíssimas construções a testemunhar sua existência nos quatro séculos precedentes! Ao contrário do Rio de Janeiro...

Com o aumento e a diversificação dos serviços, e o surgimento de novas demandas por parte da população migrante, multiplicaram-se as oportunidades de trabalho. E tornou-se incessante o fluxo de migrações domésticas para São Paulo (mas também para o Rio de Janeiro, ainda capital da República). Para as populações mal servidas do interior do estado e de outros estados (mormente o de Minas Gerais e os do Nordeste), Rio de Janeiro e São Paulo representavam também o lugar em que o ensino e o atendimento à saúde eram possíveis. A população cresceu e, com isso, além da demanda por solo urbano habitável e moradia, também crescia a demanda por serviços públicos.

Já em 1875, o presidente da Província João Teodoro (gestão 1872-1875) conduzira algumas obras importantes, viárias e de saneamento, atendendo a tais demandas: ligou a região da Luz à do Brás, pela via que hoje tem seu nome; cuidou do Jardim Público (da Luz), que ocupava uma gleba anteriormente reservada pelos jesuítas para um Jardim Botânico, anulando o privilégio anteriormente concedido a Joaquim Eugênio de Lima para nele construir e explorar, por quarenta anos, quiosques e serviços; ligou a região da Consolação à principal área pública do bairro do Arouche, na então chamada Cidade Nova, abrindo a atual rua Araújo, que desembocava no largo dos Curros (ou da Palha), atual praça da República. Além dessas obras viárias, a po-

POPULAÇÃO NOS ANOS DE LEVANTAMENTO CENSITÁRIO. MUNICÍPIO DE SÃO PAULO.

Anos	Município de São Paulo	
	População	Taxa de Crescimento (%) (1)
1872	31.385	
1890	64.934	4,1
1900	239.820	14,0
1920	579.033	4,5
1940	1.326.261	4,2
1950	2.198.096	5,2
1960	3.781.446	5,6
1970	5.924.615	4,6
1980	8.493.226	3,7
1991	9.646.185	1,2
2000	10.434.250	0,9

Fonte: IBGE, Censos Demográficos
(1) Taxa de Crescimento Geométrico Anual

luição por lixo e esgoto, bem como a erosão das encostas da cidade, exigiu diversas intervenções de consolidação e saneamento, mediante retificação de córregos na várzea do Carmo (do Glicério) e no resto do entorno da colina. JoãoTeodoro preocupava-se em "civilizar", dar "urbanidade" e embelezar a capital da Província, principal palco de vida urbana. Donde o destaque dado, na época, para a criação da "Ilha dos Amores", recanto aprazível na várzea do Glicério.

Apesar da timidez dessas intervenções urbanísticas e do mecanismo de transformação do palco ter sido caótico, devem ser apontados alguns bons exemplos de urbanização. Em 1891, por iniciativa de Eugênio de Lima, uruguaio radicado em São Paulo, projeta-se e inaugura-se a avenida Paulista, *boulevard* que, com seus 30 metros de largura e "dotado de bonde, luz e água", pretendia ser a *Champs Elysées* paulistana. Essa ocupação urbana longe da Cidade propriamente dita, ao longo de seu espigão divisor de águas, ampliava a imagem que se tinha de São Paulo e abria a perspectiva de ultrapassar o espigão e avançar sobre a sua vertente sul, na direção do rio Pinheiros. Para a elite paulistana e seu imaginário, tratava-se da incorporação de um prestígio "parisiense" e, certamente, ninguém de importância social faltou à recepção oferecida por Vicente Rosatti, proprietário do Trianon, em 15 de junho de 1916. No belo salão de festas, sob vasta esplanada (onde hoje se situa o Masp), Rosatti recebeu seus convidados no local onde, após muitos bailes carnavalescos, vai realizar-se, em 1951, a primeira Bienal Internacional de Arte...

Horácio Belfort Sabino (1869-1950), bacharel e taquígrafo da Assembleia, era proprietário da encosta entre a alameda Santos e a rua Estados Unidos, onde implantou um loteamento pouco inspirado, denominado Vila América – quadrângulo convencional, sobreposto a um terreno bastante inclinado, gerando ruas de grande aclive. Na esteira do sucesso de vendas da avenida Paulista, associou-se a Cincinato Braga, Júlio Mesquita, Cesário Bastos e Sampaio Vidal, para adquirir 12 milhões de m² mais ao sul, assim como glebas no vale do Pacaembu, para fins de atividades imobiliárias.

A magnitude da empreitada fez com que procurassem colaboração técnica e financeira em Londres, onde, em 1915, se constituiu a City of São Paulo Improvements & Freehold Land Co. Ltd., que acabou sendo conhecida como Companhia City. Os urbanistas que elaboraram projetos para essas glebas foram inicialmente Raymond Unwin e depois Barry Parker (Jardim América e Alto da Lapa), e George Dodd (Pacaembu). Eram todos contratados pela City e seguiam os conceitos das cidades-jardim propostas na Inglaterra por Ebenezer Howard. Na sequência, o Jardim Europa, implantado pela mesma empresa, foi projetado por Hyppolito Pujol, seguindo os mesmos critérios urbanísticos que a City empregara para implantar o adjacente Jardim América.

Esses loteamentos caracterizavam-se pelas ruas curvas, bem arborizadas, e a regra contratual de ocupar apenas um terço de cada lote. Previam também grandes áreas ajardinadas no miolo de cada quadra, destinadas ao lazer dos moradores. (O Clube Harmonia e o jardim da mansão Prado, hoje Museu da Casa Brasileira, são dois remanescentes, de uso alterado, dessas áreas internas das quadras.) Já o loteamento do Pacaembu, elaborado por Dodd na mesma City, revela outro sábio princípio: a obediência à topografia, com vias de declividade suave e em curva, e a preservação do grande fundo de vale, a fim de permitir a drenagem natural: lá foi construído o estádio do Pacaembu com sua ampla praça, onde termina a extensa avenida de fundo de vale.

Desses bons exemplos do "que fazer, e como" urbanístico, houve escasso aprendizado. A ideia de chamar um loteamento de "jardim" foi logo adotada, mesmo quando aplicada a situações grotescamente diferentes e sem qualidade. De resto, são raros os loteamentos do início do século XX a preservar áreas verdes, criar novas áreas públicas ou respeitar a topografia do mar de morros.

O consumo do lugar não pode ser visto apenas como mero atendimento de demanda. Ele deve ser analisado também pelo prisma da frequente ignorância técnica dos empreendedores, da voracidade dos negócios de curto prazo, do atraso e inoperância do setor público. Em Paris, em 1881, já se iniciavam as obras do metrô...

Em 1892, aqui, a Câmara Municipal criou uma Intendência de Obras Municipais, que por sua vez gerou, em 1896, após diversas modificações de seu escopo, uma "Comissão Técnica de Melhoramentos da Cidade". Esta última, no dizer de José Geraldo Simões, "é um marco importante no setor de Obras Municipais na cidade de São Paulo, porque ela será a primeira instância administrativa criada com a finalidade urbanística, ou seja, visando a elaboração e organização do plano geral da cidade" (Simões, *apud* Toledo, 1996, p. 66).

Com a consolidação da Constituição da nova República brasileira, criara-se, em 1889, a figura do prefeito. Em São Paulo, Antônio da Silva Prado foi o primeiro e permaneceu no cargo por... 22 anos (1889-1911)! Como se alterou, após sua gestão, o palco paulistano? Atendendo à crescente pressão de empreendedores privados, loteando glebas na expansão da cidade nova (ao sul do Anhangabaú), foi criado o bairro de Higienópolis, que incluiu o loteamento das glebas pertencentes à família de Angélica de Barros e a da família Prado, assim como a chácara utilizada como pastagem do barão de Ramalho, adquirida por Martinho Burchard para implantar o loteamento, então considerado "periférico porém elevado e com ar privilegiado". Duas grandes residências, do conde Penteado e de d. Veridiana Prado, de ambos os lados da avenida que levaria o nome do loteamento, garantiam o sucesso comercial do empreendimento. Em consequência da implantação desse loteamento, o vazio urbano da Vila Buarque acabou loteado, ligando o empreendimento periférico à cidade nova (Barão de Itapetininga) que havia se consolidado ao sul do vale do Anhangabaú. A expansão do palco urbano realizava-se com grande rapidez, porém sempre referenciado à cidade da colina histórica central, onde permaneciam as instituições, o governo, o comércio e os serviços.

O geógrafo Pasquale Petrone sintetiza assim essa primeira década do século XX:

> Dentro ainda da primeira década do século XX, registrou-se o que poderíamos denominar a terceira fundação da cidade [...] Na verdade, ao mesmo tempo em que Francisco Pereira Passos e Oswaldo Cruz faziam aparecer um novo Rio de Janeiro, com amplas vias públicas e livre de en-

demias, um fato idêntico se verificava na Pauliceia: executaram-se vastas e custosas obras de saneamento, sobretudo na várzea do Tamanduateí; canalizavam-se os rios e ribeirões da cidade; garantiu-se, para a população, melhor e maior quantidade de água potável; rasgaram-se novas ruas e avenidas; ajardinaram-se as praças e pavimentaram-se, da melhor maneira possível, as ruas da parte principal da cidade. Disso tudo resultou uma nova cidade de São Paulo, bem diversa daquela que nos havia legado o século XIX (Petrone, *apud* Campos, Gama & Sacchetta, 2004).

Esta São Paulo – "refundada", no dizer de Petrone – era não só fruto do crescimento de demanda, quantitativa e qualitativa, gerada pela grande imigração europeia como também resultado da indução das estações das estradas de ferro e, ocasionalmente, da visão e capacidade empreendedora de capitalistas incipientes que implantavam indústrias, serviços e loteamentos, no lugar das chácaras que haviam retalhado todo o entorno da cidade.

E a Prefeitura? Após as primeiras obras de saneamento e embelezamento em torno da colina, como se encarava o futuro dessa cidade cujos limites explodiam?

Os palcos planejados (1930-1960)

À medida que a cidade explodia para além da colina que a acolhera durante mais de três séculos, não faltou quem propusesse saltos de qualidade. O litógrafo e urbanista amador Jules Martin (1845-1935) propusera a criação de uma galeria, coberta com vidro, unindo os diversos setores da cidade na colina. Não sendo aceita tal ideia, claramente inspirada nas passagens cobertas parisienses, propôs a construção de um viaduto sobre o vale do Anhangabaú, a fim de ligar a cidade às propriedades do barão de Itapetininga. Essa foi aceita pela Câmara, o propositor recebeu a exclusividade, e a obra foi construída por empreendedores privados: o viaduto do Chá, de estrutura metálica importada da Alemanha, foi inaugurado em 1892 e, até a Prefeitura desapropriá-lo (1896), seu uso exigiu, durante quatro anos, um pedágio (três vinténs por transeunte), a fim de reembolsar os investidores.

Mais pragmáticos, e cedendo à pressão de demandas urgentes e localizadas, os responsáveis governamentais ainda relutavam em aceitar as propostas generosas e visionárias de pioneiros. Após a gestão de Pires do Rio (1926-1930) e de Fábio Prado (1934-1938), quando se inicia o planejamento da canalização dos rios Tietê e Pinheiros (o primeiro pela Prefeitura, e o segundo, pela Light) e elabora-se o primeiro mapa topográfico completo (Sara Brasil S. A.) além de um Código de Obras (Saboya, 1929), o cenário urbano recebe algumas melhorias, embora ainda sem visão urbanística de conjunto: o Parque da Água Branca; os projetos de novo viaduto do Chá, em concreto; o túnel da avenida Nove de Julho; o estádio do Pacaembu; e a abertura da avenida Rebouças e das ruas Marconi e Martins Fontes. O sistema viário "destravava-se" à medida que prosseguia o anárquico processo privado de loteamento de chácaras e glebas.

Na administração, crescia o prestígio de alguns engenheiros politécnicos, entre eles, Francisco Prestes Maia e João Florence de Ulhoa Cintra. Em 1930, eles elaboraram quatro artigos expondo sua visão de planejamento da cidade. Esses artigos repercutiram na Prefeitura e culminaram com projetos de um esquema de vias estruturais, composto de radiais e anéis, seguido por sua implantação inicial.

As alterações de cenário decorrentes das concepções de Prestes Maia e Ulhoa Cintra exigem uma compreensão de seu pensamento, bem exposto por Benedito Lima de Toledo (Toledo, 1996). Eles se apoiavam na experiência de Bunham, urbanista de Chicago, e nas teorias e esquemas propostos por Stubben e por Hénard, que haviam analisado diversas cidades europeias e proposto um desenho urbano universal: anéis periféricos e avenidas radiais referindo-se a um centro histórico.

Convencidos do acerto dessas teorias, Prestes Maia e Ulhoa Cintra buscaram, na cidade de São Paulo, sua comprovação e a consequente implementação de melhorias no sistema de circulação. Como era claramente impossível a convergência de avenidas radiais para um único ponto, propuseram a abertura de uma *Avenida de Irradiação* (que mais tarde se denominou rótula), para acolher as vias estruturais radiais. Essa avenida de irradiação seria um anel em torno de uma região central que já ultrapassara a colina histórica. Depois de muitos anos de estudos, projetos alternativos e obras – e o reconhecimento de que o anel teórico

São Paulo

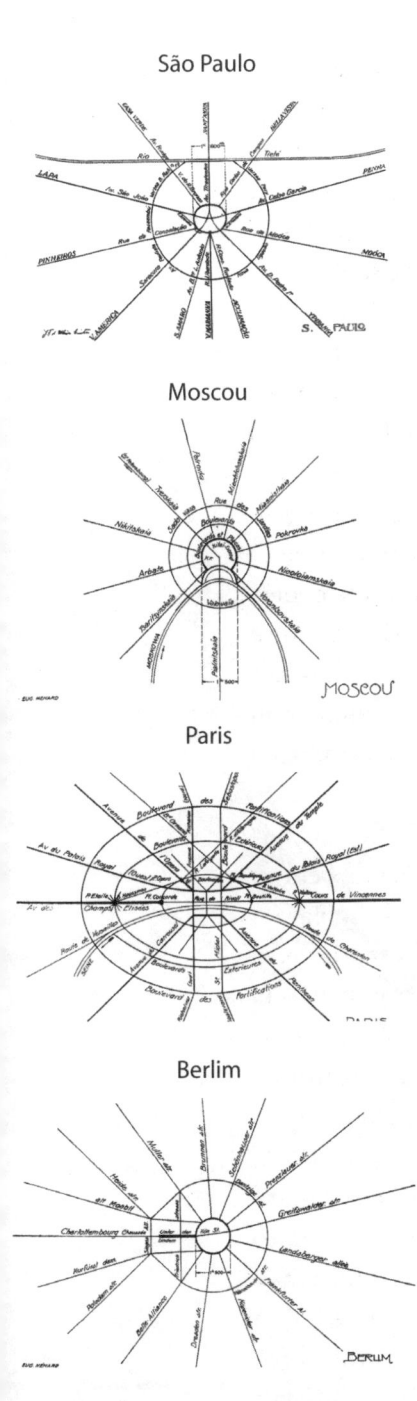

Moscou

Paris

Berlim

Esquemas de Stubben para diversas cidades. São Paulo, Moscou, Paris e Berlim.

de Hénard era incompatível com um sítio que era um mar de morros –, o anel de irradiação acabaria sendo concluído apenas em 1960, compondo-se das seguintes vias e viadutos: avenida São Luís, viaduto Nove de Julho, viaduto Jacareí, viaduto dona Paulina, praça João Mendes, praça Clóvis Bevilacqua, ladeira do Carmo, rua Figueira, avenida Mercúrio, avenida Senador Queirós e avenida Ipiranga. O Plano de Avenidas (1930), elaborado pelos dois engenheiros (e que Prestes Maia, na condição de prefeito, parcialmente implantaria), não levava em consideração que o sistema viário proposto comprometia a drenagem natural dos fundos de vale, para onde fatalmente desceriam as águas de chuva. Infelizmente, a topografia e outros fatores não os demoveram de realizar o seu sonhado esquema de radiais e anéis viários.

Prestes Maia, prefeito municipal dedicado e trabalhador por dois períodos (1938-1945 e 1961-1965), era teimoso e prendia-se a algumas teorias urbanísticas que já estavam sendo superadas pelos Ciam (Congressos Internacionais de Arquitetura Moderna), em que novos conceitos eram expostos pelos arquitetos Le Corbusier, Gropius e outros. O prefeito valorizava a cenografia urbana de espírito neoclássico e propôs uma avenida monumental entre a nova Catedral da Sé e um Palácio do Governo a ser construído no Pátio do Colégio. Afortunadamente, essa concepção neoclássica não se realizou e hoje é possível desfrutar a singeleza e o simbolismo das edificações reconstruídas do Colégio e de sua Igreja, que, embora refeitos, são lugar de memória do nascimento da cidade, de seu espírito e sua razão de ser.

É inegável que a lenta e gradual realização dessa estrutura viária significou uma mudança no palco da região da cidade, organizando o trânsito motorizado, mas sem estender ou alterar as linhas de bonde elétrico,

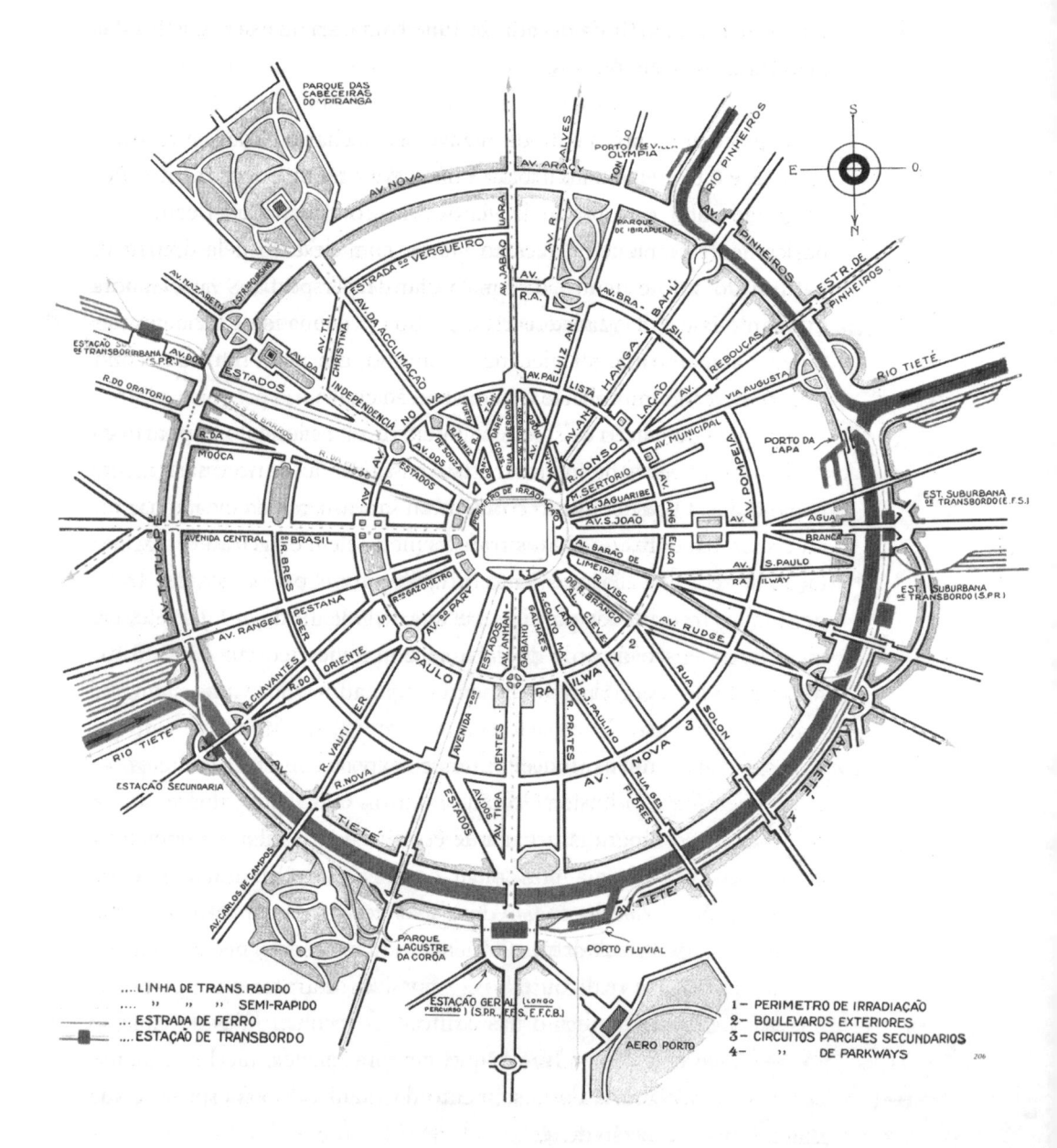

Esquema teórico de São Paulo (esquema radial-perimetral) proposto por Prestes Maia e Ulhoa Cintra.

que somente a partir da década de 1950 começariam a ser substituídas pelo transporte em ônibus.

O palco aumentava e modernizava-se, o cenário variava e verticalizava-se, e o planejamento urbano começava a ter lugar nas instituições de gestão pública e a produzir efeitos. Mas continuava a ser concebido basicamente como uma questão viária, com descaso pela drenagem natural do sítio e dentro de uma visão de perspectivas neoclássicas. Enquanto isso... a cidade crescia e o sítio era ocupado de forma espontânea e atabalhoada, fortalecendo, contudo, um novo setor da economia: o mercado imobiliário e a construção civil.

Além da ocupação de solo e do início de planejamento por parte da Prefeitura, as redes de infraestrutura passaram a ser necessariamente expandidas. O que era visto como mero saneamento da cidade na colina e seus arredores imediatos transformou-se em exigência de implantação de redes de abastecimento de água potável e de coleta de esgoto, de drenagem de águas pluviais, de abastecimento de gás, de telefone, além da extensão da rede de iluminação pública e domiciliar, do fornecimento de energia para a indústria, e, finalmente, de um sistema de transporte público.

Esse conjunto de infraestruturas constituía um crescente negócio para as empresas estrangeiras que estavam apostando no crescimento urbano nas Américas: a Light & Power, a San Paulo Gas Company, controlada pela Shell, a Telephone Company of Brazil. Essas empresas continuaram a estender suas redes e a aperfeiçoar a prestação de serviços até meados da década de 1950. O crescimento vertiginoso da cidade passou, então, a exigir investimentos pesados, a fim de cobrir as novas e crescentes dimensões da infraestrutura.

Seja pelo vulto dos novos investimentos, seja pelo receio de que os serviços públicos viessem a ser nacionalizados compulsoriamente, as companhias estrangeiras deixaram de investir e levaram os serviços a um impasse, facilitando a realização de seu último bom negócio: a venda das redes, na década de 1960, para o município, o estado e a União! O setor público viu-se, assim, confrontado com uma enorme pressão de demanda, com o dever de superar a deterioração das redes, e obrigado a mudanças tecnológicas para fazer face às necessidades de uma cidade cuja população já era de milhões. Como hoje sabemos, após décadas capengando, o setor público acabou privatizando-as novamente, na década de 2000, quase sempre, porém, criando antes agências reguladoras públicas.

Convém estabelecer a relação entre o planejamento viário que caracterizou o urbanismo local até 1960 e a demanda para implantação das redes e serviços. Embora o transporte coletivo sempre estivesse, nas cuidadas perspectivas aquareladas de Prestes Maia, bem representado por bondes elétricos, o início da fabricação nacional de automóveis, caminhões e ônibus, na década de 1950, acarretou uma alteração nos conceitos e prioridades viárias, a favor dos veículos sobre rodas e, especialmente, do automóvel privado como fator determinante. Em 1971, o prefeito Figueiredo Ferraz chegou a projetar vasta malha de vias expressas (das quais apenas a avenida Sumaré foi parcialmente implantada), um grande quadriculado influindo no próprio zoneamento aprovado naquele ano. Inicia-se, assim, uma tendência perversa ao uso excessivo do sistema viário pelos veículos privados, fatalmente resultando na ineficácia do transporte público na cidade. Em capítulo posterior, trato dos aspectos psicológicos e políticos do automóvel. Retenho aqui o fato de que, nas décadas de 1950 e 1960, o transporte público passou a ser disfuncional, carente, pressionado por demandas quantitativas e qualitativas, ao mesmo tempo que sua gestão passava para o setor público, a partir da criação, em 1946, da CMTC – Companhia Municipal de Transportes Coletivos –, extinta em 1995.

Boa parte da modificação do palco urbano, no entanto, passou despercebida do setor público, dos planos urbanísticos e da mídia: a migração se acelerara e a população carente ocupava espaços não urbanizados e não urbanizáveis, nas encostas íngremes e nas baixadas de várzea, geralmente em áreas de propriedade pública. Essas novas ocupações e usos de solo não eram atendidas nem consideradas pelas redes de infraestrutura, que se estendiam atendendo demandas de quem mais poder tinha. A população pobre era "invisível", e a ocupação irregular do solo não constava de plantas oficiais.

Em outros termos, o palco urbano tornara-se mais injusto, com espaços obscuros de cenários pobres e precários, em que protagonistas carentes ancoravam sua permanência na cidade paulista por meio da improvisação de barracos e casebres sem infraestrutura nem serviços.

A motorização baseada no grande aumento da frota de veículos passou a atulhar o sistema viário, mas o setor público perdeu a visão de conjunto da cidade e, sob forte pressão dos cidadãos motorizados e do mercado imobiliário, passou a realizar, com afã, obras viárias pontuais. Como a motorização se concentrava em áreas de classes média e média alta, as obras públicas passaram a desenvolver-se nas regiões correspondentes: a sudoeste e oeste do centro, e ao longo do espigão central.

Os palcos planejados (1960-2010)

Em 1964, assumia a Prefeitura o brigadeiro reformado Faria Lima, último a ser eleito após o golpe de Estado de 1964.[1] Em resposta a uma solicitação de José Meiches, seu secretário de obras, formulei uma série de sugestões e prioridades: (a) elaborar um Plano Diretor; (b) projetar e contratar com urgência a implantação de uma rede de metrô; (c) elaborar o projeto dos vales urbanos do Tietê e do Pinheiros; (d) abrir as gavetas de projetos e aproveitar a alteração fiscal recente para implantar uma série de melhoramentos tópicos.

Sabemos que essa sugestão foi aceita: uma licitação resultou na contratação e elaboração do primeiro Plano Diretor de São Paulo, de autoria do consórcio constituído pela Asplan, empresa dirigida por diversos profissionais formados pelo movimento Economia e Humanismo do Padre Lebret, e pelas empresas norte-americanas Leo Daly, Montor Montreal e Wilbur Smith.[2]

---

[1] José Vicente de Faria Lima (1909-1969) cuja gestão na Prefeitura de São Paulo foi de 1965 a 1968.
[2] Consórcio para elaboração do Plano Urbanístico Básico (PUB): Assessoria de Planejamento S. A. (Asplan); Leo Daly Company Planners-Architects & Engineers; Montor Montreal Organização Industrial e Economia S. A., e Wilbur Smith & Associates.

A partir do Plano de 1968, na gestão do prefeito Figueiredo Ferraz (1970-1972), elaborou-se a Lei de Uso do Solo, determinando o zoneamento de 1971, documento básico para compreender a forma legal de ocupação e uso do solo da cidade de São Paulo até 2002. Na realidade, entre o plano diretor da gestão Faria Lima e o da gestão de Marta Suplicy, foi aprovado outro plano diretor: em 1988, elegeu-se o prefeito Jânio Quadros, que se indispôs com a Câmara Municipal e, para legalizar as propostas que enviava ao Legislativo e aí não eram debatidas, adotou o mecanismo de "aprovação por decurso de prazo". Após assumir, ele retirara todos os projetos de lei acumulados na Câmara, entre eles o Plano Diretor enviado pelo antecessor, o prefeito Mário Covas (1983-1985), que não chegara a ser agendado para debate e aprovação. Na condição de Secretário Municipal de Planejamento, havia me dedicado com empenho na elaboração desse Plano, assim como nos planos de quatro administrações regionais. E lamentava que o Plano tivesse *morrido na praia*. Ousei perguntar a Jânio se não o devolveria para discussão e legislação. Em bilhete, Jânio comunicou a Marco Antonio Mastrobuono, secretário do Planejamento, "que o arquiteto Wilheim tinha razão e que fosse providenciado um novo Plano". A Sempla produziu, em 1988, um documento que adotava de forma sucinta alguns dos capítulos do Plano elaborado na gestão Covas e fez com que fosse aprovado, sem debate algum, por decurso de prazo, tornando-o a Lei nº 10.676.

Cumpre assinalar alguns aspectos da gestão de Olavo Setúbal (1975-1979), que interveio com consciência na qualidade do palco e do cenário da cidade: a implantação dos calçadões, isto é, das áreas centrais exclusivas para pedestres, bem projetadas e cuidadas. E a extraordinária recuperação do edifício Martinelli, então um vastíssimo e diversificado cortiço, em que um elevador era habitado por uma família, outros não funcionavam, quatro mulheres haviam sido estupradas em seus corredores, um hotel tornara-se praticamente um bordel, e toneladas de lixo se acumulavam em suas entranhas.

Acumulavam-se problemas, a cidade se adensava, as favelas cresciam e ocupavam as margens das represas, o transporte público tornara-se muito deficiente, estando o projeto e a implantação da rede de metrô muito atrasados, enquanto o mercado imobiliário se expandia sem que existisse uma regulação consistente. Havia falta de um novo olhar planejador que identificasse o que era *urgente* e o que era *importante*, colocando em perspectiva as prioridades.

Elaborou-se, na gestão da prefeita Marta Suplicy (2001-2004), o Plano Diretor Estratégico, aprovado pela Lei nº 13.430, de 2002, e, em decorrência, os planos de cada uma das 31 subprefeituras e o zoneamento, configurados na Lei nº 13.385, aprovada em 2004. Esse conjunto de leis apresentava algumas inovações: atentava-se para o problema da drenagem e protegiam-se os muitos córregos ainda não canalizados; determinava-se o adensamento das construções em função das vias coletoras do sistema viário; priorizavam-se, por meio de um Plano de Transporte, faixas privativas de ônibus nas vias coletoras e propunha-se a implantação de um sistema lógico de transporte troncal, com expansão nos terminais; distribuíam-se as novas Zonas Especiais de Interesse Social, privilegiando a habitação popular; criavam-se dois níveis de coeficiente básico para a construção: um, básico e gratuito; e outro, máximo e oneroso; os recursos dessa outorga onerosa destinavam-se ao Fundurb, um fundo que só poderia aplicar seus recursos para benefícios ambientais, para o transporte público e para habitação de interesse social; e determinavam-se diretrizes de longo prazo para educação, saneamento, saúde, etc.

O novo Plano também identificava um "vazio de oportunidade": o vale do Tamanduateí, entre o Ipiranga e o Pari, e o restante das faixas da estrada de ferro, da Barra Funda a Perus, denominadas pelo Plano como *Diagonal Sul* e *Diagonal Norte*. Essas diagonais, escassamente ocupadas, revelavam edifícios ociosos, quando não vazios, anteriormente ocupados por indústrias que haviam utilizado a estrada de ferro e que há muito tinham se deslocado. Tratava-se de uma rara oportunidade de adensamento e de aproximar do centro as habitações que pretendiam ser construídas na periferia.

A elaboração dos planos também se caracterizou pela amplitude do debate travado, na intenção de construir um pacto entre os diversos interesses conflitantes. Na condução desse debate, devo ter repetido uma centena de vezes a célebre frase de Jean-Jacques Rousseau: "O interesse público não é o mesmo que o interesse de todos".

Espaços e lugares no palco atual

Cidades são organismos vivos, dinamizados por inúmeros protagonistas que, agindo sobre o palco ou manobrando a partir das coxias, buscam seu lugar... Enquanto um *espaço* urbano é determinado por sua localização, suas dimensões, acessos e edificações que o limitam, um *lugar* na cidade é aquele espaço que cada um escolhe como seu, para determinada função. O sistema cotidiano de vida de cada habitante percorre um colar de lugares que compõem o que cada um poderia chamar de "minha" cidade e por ele se distribui. Na escolha e uso de cada lugar, integram-se espaço e tempo (Lynch, 1972). Por outro lado, assim como certos lugares implicam obrigatoriamente partilhá-lo com alguém (seja para namorar, seja para torcer em algum jogo esportivo), os circuitos ou o colar de lugares do sistema cotidiano de vida de cada cidadão vão se cruzando uns com os outros, emprestando importância e significado maior para alguns e privilegiando o uso de outros.

Se em uma cidade houver escassez de espaços, diminuem as opções para a adoção de lugares e piora a qualidade de vida oferecida por essa cidade. O mecanismo de crescimento de São Paulo não deu margem à abertura de suficientes espaços generosos, diferençados, bem distribuídos. Os sucessivos loteamentos tampouco contavam com a obrigatória previsão de praças, aberturas e respiros públicos, pontos de encontro naturais. As áreas verdes, impositivas, eram alocadas apenas onde vender e construir fosse impossível: pirambeiras ou grotões que, de fato, tampouco poderiam ser utilizados como pontos de encontro e lazer. Em consequência, São Paulo resultou pobre em lugares, e muitos geralmente são inventados e artificiais, como, por exemplo, o *shopping* ...

Na São Paulo deste início do século XXI, considere-se o *shopping center*. Em primeiro lugar, há de se notar o nome em inglês atribuído à edificação, fato comum, resultante de um *marketing* que coloca no estrangeiro, especialmente nos Estados Unidos, o paradigma da modernidade. Não se trata apenas da ainda existente noção de que "produto estrangeiro é melhor", mas, sim, do peso do valor de modernidade na cultura brasileira. Embora em parte isso corresponda à adesão a modas, comum a todas as culturas, na nossa, a presença de tal valor reflete a propensão a pensar no "futuro individual melhor", que caracteriza o otimismo, a esperança, a fé no sucesso e no desabrochar de potencialidades individuais. Trata-se de uma característica de cultura migrante.

Atualmente existem em São Paulo cinquenta *shoppings*, aos quais se acrescentam dezesseis na região metropolitana. Inegável sucesso comercial, parcialmente à custa do pequeno comércio das ruas adjacentes, são frequentados mensalmente por cerca de 30 milhões de pessoas. Apesar de sua denominação em inglês, nos Estados Unidos eles não existem dessa forma. Lá, os *malls*, gigantescos, constituem equipamento suburbano, não inserido na vida de um bairro nem servindo de ponto de encontro cotidiano. Embora sua função mercantil seja óbvia, e usualmente quem o frequenta acabe comprando ou consumindo alguma mercadoria ou serviço, o *shopping* brasileiro também entrou no sistema de vida de grande parte da crescente classe média urbana como um *lugar*. Qual o motivo de sua atratividade e de sua incorporação em tantos sistemas de vida? Em suas melhores soluções arquitetônicas, eles constituem uma espécie de conjunto de "ruas", ladeadas por vitrines bem iluminadas; seu piso é homogêneo, fácil de circular, horizontal e protegido das intempéries; acrescente-se o ar condicionado, conveniente em dias quentes... Lugar típico de classe média consumidora, seu acesso é geralmente por veículo particular, donde a importância da área de estacionamento ou a proximidade de uma estação de metrô. O *shopping* adaptou-se às expectativas de ser um ponto de encontro, notadamente da juventude de classe média, para ir ao cinema, comer e namorar, infelizmente em um ambiente de provocação consumista e sujeito à moda. Mas há a questão da segurança – paranoias à parte –, pois são "ruas" especialmente vigiadas, nunca desertas, com acessos controláveis, sem veículos que possam atropelar crianças e idosos. E lá dentro não chove...

São Paulo, no entanto, oferece outros lugares para o convívio. Entre os mais importantes da cidade, há numerosas *ruas especializadas*, como a 25 de Março (quinquilharias importadas ou não, armarinhos, produtos com preço baixo), a José Paulino (confecção), a Santa Ifigênia (eletrônicos e instrumentos musicais), a General Osório (acessórios para motociclistas), a dos Gusmões (instrumentos musicais), a Gabriel Monteiro da Silva (decoração), a São Caetano (vestidos de noiva), a Cantareira (depósitos de bebidas), a do Gasômetro (madeiras), a Almirante Barroso (tecidos), a Paula Sousa (equipamentos para cozinhas e restaurantes), a Teodoro Sampaio (móveis e instrumentos musicais), a do Seminário (chapéus). Além de sua função mercantil, essas ruas também são ponto de encontro dos usuários e dos comerciantes de cada especialidade. Há também *conjuntos de ruas especializadas*, como as do Bexiga (Bela Vista), com diversos teatros e muitos restaurantes, e as da Vila Madalena, com bares e pequeno comércio alternativo; e áreas de interesse cultural, em que salas de concerto, museus, galerias de arte e livrarias estão próximas. Raro, porém, é haver calçadas que estejam preparadas para acolher a multidão de usuários.

Em cada bairro há também os lugares mais frequentados – as *ruas centrais*, em que se localiza o comércio local, pois, para o sucesso de um estabelecimento comercial, convém que ele sempre esteja ao lado de outros, maximizando assim o número de clientes potenciais. O conjunto de lojas na rua principal do bairro tem sofrido a concorrência de *supermercados* pertencentes a cadeias que, graças à escala e à modernidade de gestão, conseguem oferecer melhor qualidade e preço. Ambos, ruas e supermercados, constituem lugares importantes, palcos de bairro a participar dos sistemas de vida cotidiana de muitos cidadãos.

Nos feriados e fins de semana e, para quem dispõe de tempo, durante os demais dias, os escassos *parques urbanos*, grandes e bem arborizados, constituem lugares privilegiados nos sistemas de vida de muitos cidadãos. Individualmente ou em família, parques como o do Carmo, o Ibirapuera, o Villa Lobos, os da Água Branca e da Aclimação, além do Horto Florestal e do Jardim Zoológico, são frequentados principalmente por pessoas de bairros adjacentes. O uso desses espaços, adotados como lugares habituais e periódicos, aumentou nas últimas décadas graças à ampliação do conhecimento sobre a relação entre exercício físico, saúde e o aumento da qualidade de vida. Por outro lado, essa consciência também acabou sendo atraída para outro lugar, de crescente presença: a academia de ginástica, um sucesso comercial.

Há equipamentos menores que, por sua função, acabam se tornando lugares em nosso cotidiano: o jornaleiro aberto dia e noite, o bar ou café com mesinhas na calçada, o mirante com vista atraente, a banca de pastéis em uma feira livre, o sebo de livros ou a feira de antiguidades, um pavilhão periférico de baladas, a principal esquina do bairro, um ponto de embarque ou a estação de trem, um monumento, um restaurante, o bar de um museu, uma escola pública, um telecentro, a praça sombreada, com bancos.

Embora existam em São Paulo esses lugares – pontos de estar e de encontro, vitais para os sistemas de vida de muitas pessoas –, são ainda poucos e geralmente pequenos, mal equipados e mal mantidos; e sua distribuição denuncia a injusta distribuição de renda, pois são mais voltados para consumidores, nos bairros em que esses se concentram.

A PAISAGEM URBANA: O CENÁRIO DO PALCO

"Uma casa é uma casa; já duas casas são paisagem urbana."
Gordon Cullen
(1914-1994)

A súbita ocupação, ao longo do século XX (mormente após 1970, quando começaram a escassear espaços urbanos), de todo o mar de morros situado entre as várzeas do Tietê e do Pinheiros, assim como a extensa ocupação a leste, caracterizada pela rapidez e voracidade com que se consumiu o espaço disponível, eliminou as potencialidades paisagísticas do sítio de São Paulo. O espigão central e os topos de diversos morros teriam permitido avistar horizontes amplos e a Serra da Cantareira ao norte. Mas a densidade de edifícios altos acabou criando muralhas visuais.

Já assinalei (Wilheim, 2000) que uma paisagem urbana constitui uma realidade física, composta de edificações e equipamentos, de elementos da natureza e de espaços entre construções: paisagem complexa, percebida, em conjunto ou em detalhe, pelos moradores e pelos usuários de uma cidade. Trata-se, portanto, do resultado perceptível de múltiplas ações humanas, que se somam e se modificam com o tempo. A paisagem urbana é a tradução concreta da vida de uma cidade, em termos de espaços construídos e mensagens percebidas pelas pessoas. Os espaços livres, criados e limitados por construções – ou mesmo pela topografia –, são parte integrante da paisagem, à semelhança das pausas sonoras de uma partitura, por sua vez parte integrante de uma música. Em outros termos, pode-se dizer que uma cidade se apresenta, fisicamente, como uma paisagem.

Na cidade, as atividades das pessoas e da sociedade como um todo movimentam e animam a paisagem urbana. São, ao mesmo tempo, fruidores da paisagem e protagonistas de sua criação e transformação. A relação entre pessoas e paisagem é inescapável: ela penetra na sensibilidade e no subconsciente, quando não na própria consciência. Para o bem ou para o mal. Pois uma paisagem pode ser percebida por sua harmonia e beleza, introjetando nas pessoas uma sensação de integração e prazer; ou pode ser percebida como caótica, desorientadora, confusa e feia, introjetando desassossego, ansiedade, medo e desprazer. Ela pode despertar o orgulho citadino, ou a vergonha e a baixa autoestima.

A qualidade de uma paisagem urbana é, por isso, elemento importante na qualidade de vida das pessoas. As políticas urbanas, a partir dos fins do século XIX, desrespeitaram, como já descrevi, a vocação do sítio natural, que indicava a preservação dos seus vales para garantir áreas de drenagem natural, o que teria permitido a São Paulo ser dotada de um extraordinário sistema de parques lineares. No entanto, os planos foram todos dirigidos para a instalação do sistema viário que ocupou os vales. Sem política de ocupação do solo, as áreas de várzeas, lindeiras a essas vias, vão contribuir para as grandes enchentes urbanas. Acrescentemos ainda o fato de os córregos e rios também terem sido utilizados como canais de recepção dos resíduos líquidos e de lixo, transformando-se em esgotos a céu aberto.

A topografia de São Paulo marca sua imagem. Mas, o valor originalmente dado às encostas íngremes aumentou bem rápido e, ocupadas pelo crescimento urbano, foram por ele impermeabilizadas. Antes recobertas de vegetação, foram ocupadas indiscriminadamente, sua cobertura verde eliminada, e tornaram-se áreas de risco, por sua vulnerabilidade à erosão.

A ATUAL ESCALA DO PALCO URBANO

POPULAÇÃO DAS REGIÕES METROPOLITANAS DE SÃO PAULO, CAMPINAS E BAIXADA SANTISTA.

RMs	POPULAÇÃO	%
RMSP	19.777.429	82%
RMC	2.755.120	11%
RMBS	1.662.814	7%
Total	24.195.363	100%

Fonte: JWCA sobre dados IBGE, 2009.

Há dias o professor Antonio Candido dizia-me que a São Paulo dele limita-se agora a um quadrilátero de poucos quarteirões, em torno de sua moradia, onde ele encontra todo o necessário para o sistema cotidiano de vida. "O resto é assustadoramente ilimitado..." De fato, a escala das metrópoles tende ao "ilimitado"! O crescimento da mancha urbana de São Paulo foi acompanhado pelo crescimento de cidades vizinhas e, a partir de 1970, houve a conurbação com Guarulhos, Osasco, Taboão da Serra, São Bernardo, Santo André, Mauá, São Caetano. Um fato inconteste: a cidade da colina havia se tornado uma região metropolitana conurbada.[3]

O palco urbano paulistano, contudo, tampouco se limitaria à sua região metropolitana, que, compreen-

---

[3] Apenas em 1973 o fato é reconhecido e torna-se a Lei Complementar nº 14, com a criação federal das nove Regiões Metropolitanas. Em São Paulo, isso ocorre em 1975, com a criação das correspondentes instituições: o Conselho Deliberativo (Codegran), o Conselho de Prefeitos (Consulti), a Empresa Paulista de Planejamento Metropolitano (Emplasa), o Fundo Metropolitano de Financiamento (Fumefi) e, posteriormente, a Empresa Metropolitana de Transporte Urbano (EMTU), todos criados e operando na gestão do governador Paulo Egydio Martins (1975-1979). Roberto Cerqueira César foi o secretário de Negócios Metropolitanos; Eurico Azevedo, o primeiro presidente da Emplasa; Mário Laranjeira, o primeiro diretor da EMTU; e Jorge Wilheim, o secretário Estadual de Economia e Planejamento.

dendo 39 municípios – dos quais 26 fisicamente conurbados –, alcançava em 2009, segundo o IBGE, 19.889.559 habitantes, cobrindo uma área de 7.944 km², dos quais 2.139 km² urbanizados.[4] Existe aí uma clara tendência de expansão e gradual criação de uma *região urbanizada* semelhante ao que ocorre entre Tóquio e Osaka, ou entre Boston e Filadélfia.

Essa tendência é paralela e relaciona-se às grandes inovações tecnológicas e à fase de rupturas que caracterizaram as últimas décadas do século XX – a invenção e desenvolvimento do computador pessoal (1949 e 1953, entrando em uso comercial em 1971), a do protocolo da internet (1981) e a da web (1992) –, fase essa que gerou uma conectividade global de enorme impacto nos sistemas de vida. Com a simultaneidade da geração de fluxos informativos, algumas cidades (as chamadas *cidades globais*) passaram a concentrar decisões econômicas e a disseminar padrões culturais de divulgação imediata. São Paulo parecia destinada a ser uma dessas cidades globais, configurada, no entanto, como uma vasta macrometrópole; assim a denominava, em 1994, no bojo do Plano Metropolitano elaborado pela Emplasa – infelizmente não considerado, naquela década, para efeito de traçar políticas públicas correspondentes. No capítulo sobre "A configuração da Macrometrópole de São Paulo" escrevi, então, que:

> No processo de desconcentração verificado no estado, deu-se uma significativa relocalização e uma intensa localização de atividades metropolitanas fora dos limites da Grande São Paulo. Esses processos locacionais, que tiraram partido da ampliação do acesso às áreas periféricas da Metrópole paulistana, foram sustentados, além da já citada expansão da rede de infraestrutura, em especial no campo das telecomunicações, pela presença de uma oferta relativamente ampla de facilidades de formação de mão de obra em geral e de nível superior em especial.
> Configurou-se, dessa forma, ao longo de um espaço de cerca de 150 km a 200 km de raio do centro metropolitano principal, um Complexo Metropolitano Expandido (CME), que denominei Macrometrópole, e que, hoje, efetivamente, forma o polo direcional, produtivo e de pesquisa/tecnologia mais destacado no conjunto do País.

---

[4] A população dos treze municípios não conurbados representa apenas 4,27% da população metropolitana.

Estudo recente realizado pela Emplasa, tendo como objeto a regionalização do território do estado como um todo, permitiu uma delimitação mais precisa do espaço macrometropolitano, bem como uma compreensão mais avançada dos processos de articulação internos ao mesmo.

Esse Complexo abriga: as atividades metropolitanas típicas de centro financeiro, centro administrativo, centro direcional de empresas e organizações econômicas em geral polarizadas na Grande São Paulo; centros de pesquisa e investigação científico-tecnológica, distribuídos pelo núcleo metropolitano, Campinas e São José dos Campos; centros universitários e tecnológicos de formação de mão de obra qualificada (ao lado da Grande São Paulo, Santos, Sorocaba, Campinas, São José dos Campos); refinarias de petróleo (Baixada Santista-Cubatão, Vale do Paraíba, regiões de Campinas-Paulínia, Grande São Paulo-Capuava); amplos setores da produção industrial distribuídos ao longo das regiões de influência direta dos polos caracterizadamente metropolitanos e dos que se conotam como capitais regionais; uma área portuária e retroportuária de grande capacidade, ainda que de implantação e organização administrativo-operacional antiquadas (Porto de Santos/Vicente de Carvalho-Guarujá).

Integrada a partir desses elementos estruturais, a região "macrometropolitana" vinculou áreas de características rurais e outras especiais, por suas amenidades naturais (costeiras, de montanha, de águas minerais), que passaram a formar um colar de espaços voltados para a produção primária e para atividades de veraneio e turismo dirigidas ao mercado urbano da Macrometrópole.

Projetos hidráulicos de grande porte, instalados na área para fins de abastecimento e controle de cheias, reforçaram as ofertas de irrigação, paisagísticas e de lazer, ao longo desse colar, favorecendo ainda mais a integração multifuncional da Macrometrópole.

O palco físico de São Paulo é hoje, portanto, muito maior do que a cidade que durante quase quatro séculos se concentrou na colina, maior do que o centro expandido que ocupou o mar de morros entre as duas várzeas (Tietê e Pinheiros), e maior do que a conurbação que centraliza a região metropolitana desde 1975. Para efeito de planejamento, a região urbanizada abrange o suporte a sistemas de vida cotidianos e vai de Campinas a Santos, de Sorocaba a São José dos Campos, com São Paulo em seu centro.

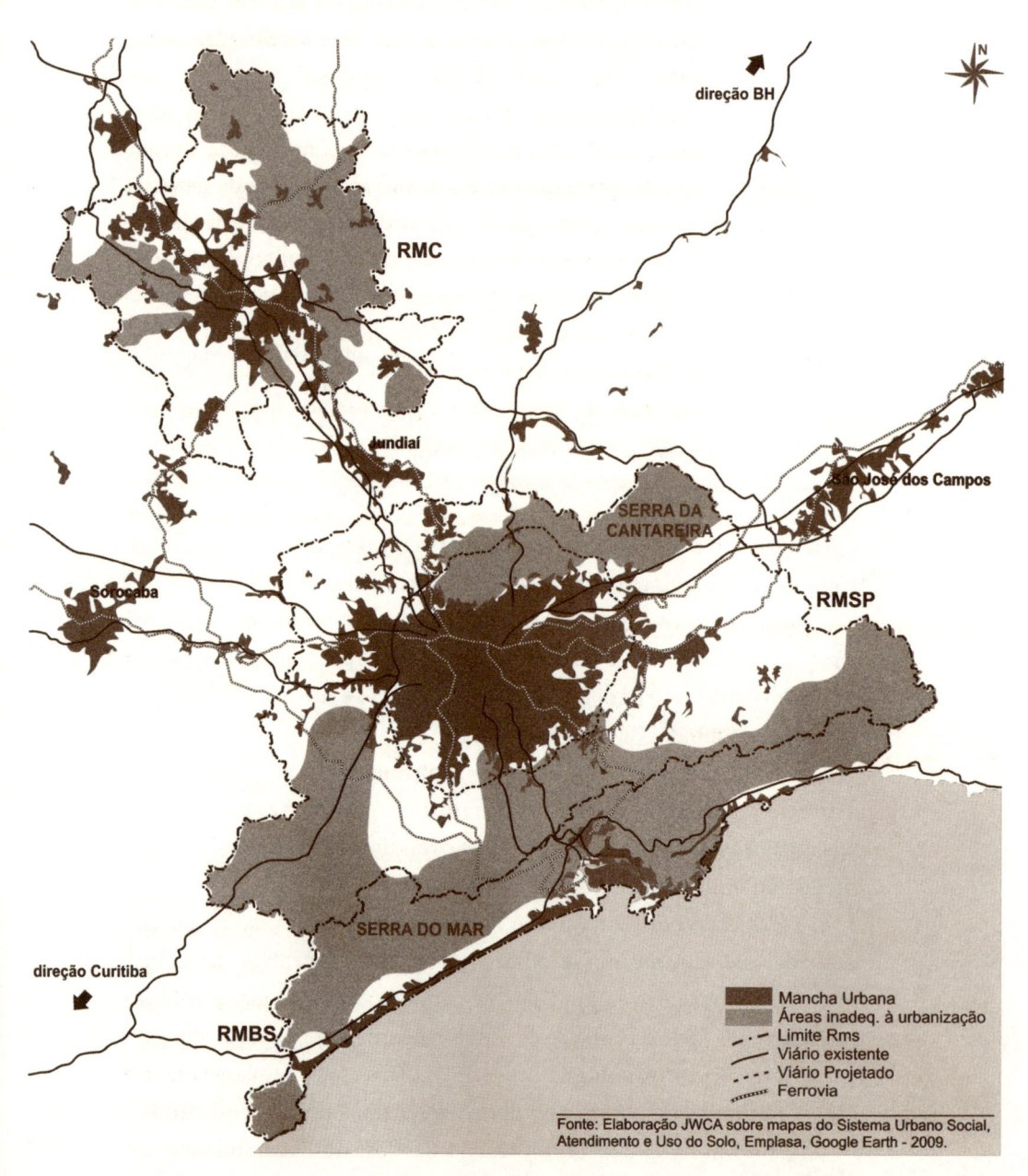

Delimitação das regiões metropolitanas de São Paulo, Campinas e Baixada Santista.

Mas não se trata, necessariamente, de uma conurbação desse tamanho: há parques, serras, áreas de proteção ambiental, "vazios" urbanos em seu seio. Grandes áreas verdes que devem, agora, ser conceituadas como intocáveis porém utilizáveis, na condição de "parques metropolitanos". Estabelecem-se, assim, não só uma nova escala das preocupações mas também a dimensão das principais redes de infraestrutura e de serviços a serem prestados à população macrometropolitana. Como era sugerido pelo Plano Metropolitano de 1994...

A nova escala macrometropolitana do palco a considerar, isto é, a *Região Urbanizada de São Paulo*, enfatiza um desafio a ser enfrentado: a polinucleação dos sistemas de vida e dos equipamentos que os servem, assim como a construção da malha de infraestruturas destinada a cobrir toda essa área. A escala também impõe a reconsideração das estruturas de transporte

MOVIMENTOS PENDULARES ENTRE MUNICÍPIOS METROPOLITANOS

RMs	Municípios	População de 15 anos ou mais (A)	ENTRADAS		SAÍDAS		DIFERENÇA	
			Trabalham ou estudam no município e residem em outro	% (B/A)	Residem no município e trabalham e estudam em outro	% (C/A)	Entradas – Saídas (D)	% (D/A)
RMSP		10.326.92	952.268	9,22	494.652	4,79	457.616	4,43
RMSP	Barueri	143.712	43.864	30,52	21.677	15,08	22.187	15,44
	Guarulhos	753.356	33.491	4,45	84.741	11,25	-51.250	-6,80
	Osasco	472.008	36.300	7,69	104.649	22,17	-68.349	-14,48
	Santo André	494.109	52.372	10,60	87.370	17,68	-34.998	-7,08
	São Bernardo do Campo	517.100	74.082	14,33	74.619	14,43	-537	-0,10
	São Caetano do Sul	114.381	39.047	34,14	26.785	23,42	12.262	10,72
	São Paulo	7.832.259	673.112	8,59	94.811	1,21	578.301	7,38

Fonte: Fundação Seade; Instituto Brasileiro de Geografia e Estatística - IBGE. Censo Demográfico 2000.
(1) Foram considerados apenas os deslocamentos pendulares ocorridos dentro do Estado de São Paulo

coletivo, pois a implantação do Trem de Alta Velocidade (TAV), que fará a ligação com o Rio de Janeiro, permitirá que, a cada dez minutos, circulem trens entre Campinas, Jundiaí, São Paulo, Guarulhos e São José dos Campos, com estações nos respectivos centros urbanos, conectando-se com redes locais para completar o sistema de transporte público da macrometrópole.

A partir do sítio natural, os palcos foram se alterando e ampliando. Porém, quem foi por isso responsável? Quem foram os protagonistas das transformações urbanas?

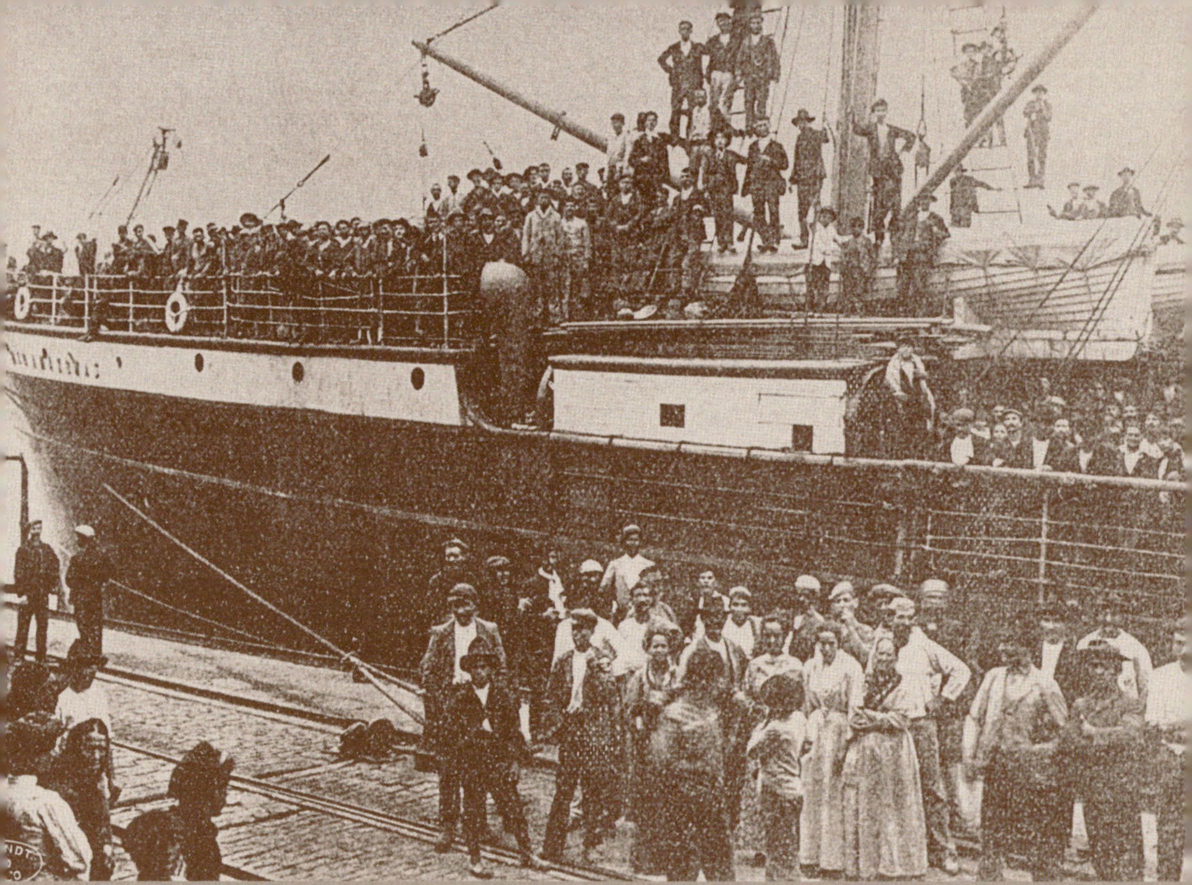

2
OS PROTAGONISTAS

Os protagonistas

Há poucos anos, estava eu em Londrina, em reunião com prefeitos paranaenses, quando outro palestrante, o economista César Benjamin, disse mais ou menos o seguinte (cito de memória):

> A Coroa portuguesa não tinha projeto de colonização para o Brasil; limitava-se a ver as terras novas como um sítio de exploração de bens naturais para exportação exclusiva para Portugal; algo a defender da cobiça das demais potências europeias e nada mais; uma mera produtora de riquezas. Este projeto não deu certo, pois surgiu um fator inesperado. Surgiu o povo brasileiro...

Sempre achei muito estimulante essa percepção, permitindo e exigindo um conhecimento mais profundo do que vem a ser "povo brasileiro", sua identidade e a construção de seus objetivos próprios e coletivos, que acabaram contrariando a expectativa original de Portugal. Para compreender propriamente a formação de São Paulo, torna-se imprescindível o conhecimento, e entendimento, dos fatores humanos que a construíram, o uso e abuso do solo que constitui o palco natural da vida urbana paulistana, assim como para avaliar o que poderá ser feito para sua melhoria futura.

A história oficial, que aprendemos de forma simplista, é que o Brasil colonial teve ciclos econômicos sucessivos, alguns meramente extrativistas, como o ciclo do pau-brasil, e os da cana-de-açúcar, da mineração de ouro e do café. Superficialmente, tudo isso é comprovado e verdadeiro. Quantas sutilezas significativas, porém, são perdidas com essa simplificação! Estudos e obras importantes foram escritos sobre a peculiaridade dessas "sutilezas explicativas" da "pequena história" da trama cotidiana e de sua diminuta, porém vital, economia, e delas me valerei para desenvolver reflexões que possam iluminar o que se passou e o que se passa na vida urbana que se desenrola sobre o palco de São Paulo.

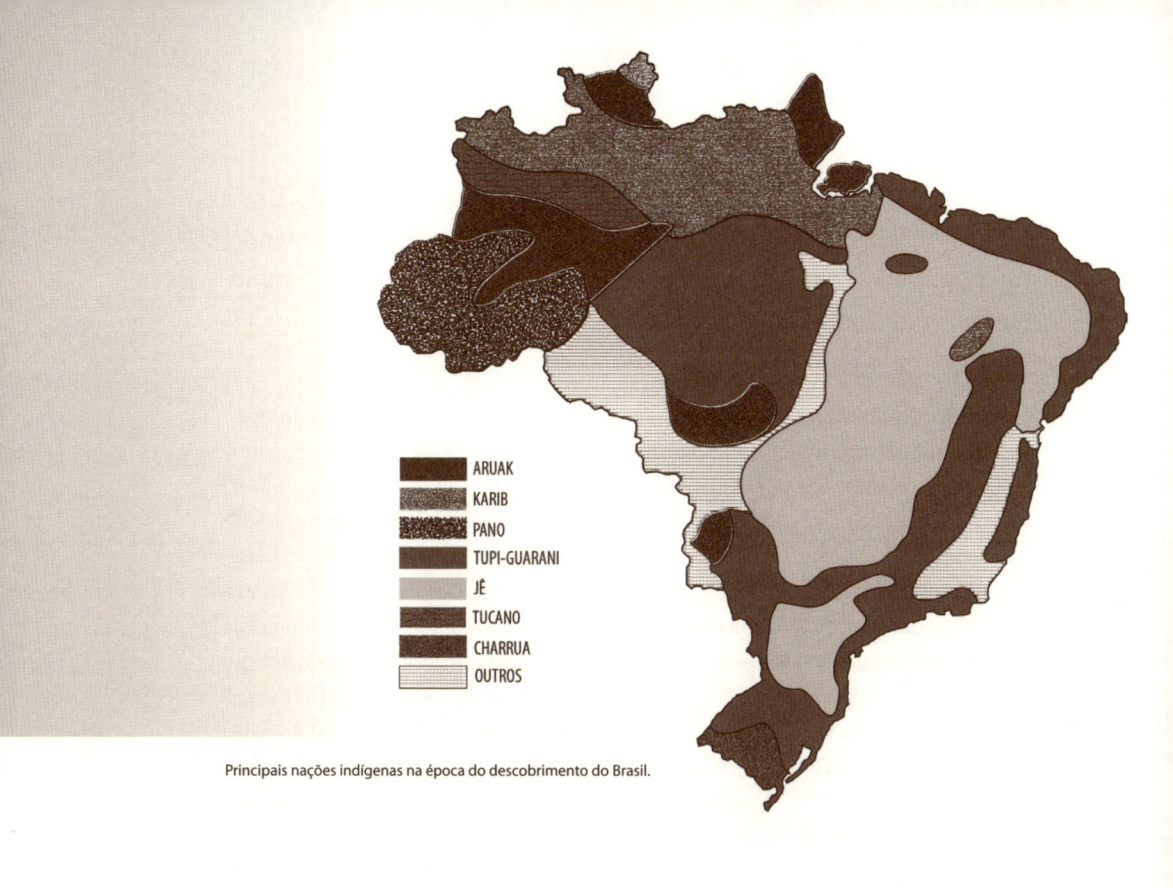

ARUAK
KARIB
PANO
TUPI-GUARANI
JÊ
TUCANO
CHARRUA
OUTROS

Principais nações indígenas na época do descobrimento do Brasil.

ÍNDIOS, NEGROS, BRANCOS:
MISCIGENAÇÃO COMO ESTRATÉGIA

Pero Vaz de Caminha, em sua famosa *Carta a Vossa Majestade*, informa que, ao partirem da Terra de Santa Cruz, deixaram em terra dois degredados (como castigo, é claro), mas que dois grumetes haviam fugido da nau ancorada para também permanecer em terra. Quero crer que esses jovens marujos o fizeram atraídos pela surpreendente e excitante nudez das cunhantãs, pela paradisíaca perspectiva amorosa. Mas... qual terá sido a perspectiva das cunhantãs? A relação entre brancos e índios, entre portugueses aqui desembarcados e os habitantes locais (tupinambás ou tupi-guaranis), é usualmente analisada pelo prisma dos valores europeus, havendo poucos registros de como essa relação era vista pelos indígenas. Embora se costume aceitar que "a cultura dominante é a da classe dominante", temos de considerar a fusão, o amálgama, a antropofagia cultural que ocorreu.

Já mencionei que o cacique Tibiriçá entregara sua filha Bartira a João Ramalho, considerando tal entrega uma "grande honra". Entender tal gesto como promiscuidade ou insensatez revelaria grave incompreensão. É importante notar o que ensina o antropólogo Viveiros de Castro, citado por Jorge Caldeira:

> Os europeus vieram compartilhar um espaço que já estava povoado pelas figuras da alteridade: deuses, afins, inimigos, cujos predicados se intercomunicavam. É a partir daí que se podem interpretar as diversas observações sobre a "grande honra" almejada pelos índios ao entregarem suas filhas e irmãs em casamento aos europeus. Além de um cálculo de benefícios econômicos – ter genros ou cunhados entre os senhores de tantos bens era certamente uma consideração de peso – há que se levar em conta os aspectos não materiais, pois está-se falando em honra. A honra aqui parece-me marcar o lugar do valor primordial da cultura tupinambá; a captura de alteridades no exterior do *socius* e sua subordinação à lógica social interna pelo dispositivo prototípico do endividamento matrimonial eram motor e motivo principal desta sociedade. Guerra mortal aos inimigos e hospitalidade entusiástica aos europeus, vingança canibal e voracidade antropofágica exprimiam a mesma propensão e o mesmo desejo: absorver o outro e, neste processo, alterar-se (Viveiros de Castro, *apud* Caldeira, 2009).

É bem provável que João Ramalho também visse grande conveniência em seu casamento com uma índia, filha de cacique, para afirmar-se na terra nova e para aqui crescer em poder e fortuna. A estratégia do branco somava-se à estratégia do índio...

O casamento e a miscigenação étnica obedeceram, portanto, a um desejo comum, embora de natureza diferente, das duas partes: do homem europeu, em uma fase em que mulheres europeias eram raras; e da sociedade indígena à busca de sua transformação positiva. Em ambos os casos, aceitava-se a união com o estrangeiro, o diferente, o que "vem de fora de minha casa"... As alianças matrimoniais, frequentemente polígamas, tinham seu correlato econômico, como aponta Jorge Caldeira, bem aproveitado pelas tribos (que ganhavam produtos da metalurgia, novidade trazida pelos europeus) e pelos portugueses casados com índias (que ganhavam poder e mão de obra para diversos empreendimentos econômicos). João Ramalho, Antônio Rodrigues, Caramuru são figuras que adquiriram riqueza e poder enquanto em estreita aliança com indígenas.

A relação foi, contudo, violentada pelos colonizadores que, não encontrando as riquezas minerais que buscavam, passaram a usar o indígena como mercadoria, escravizando-o. A miscigenação provavelmente prosseguiu, enquanto se verificava que povo nômade não pode ser escravizado, pois definha e morre (perdendo o seu valor de mercadoria) e que adoece quando em contato com europeus (embora ainda não se conhecesse a causa: a falta de imunidade contra bactérias que o europeu, de antiquíssimos cruzamentos, suportava em saúde). A escravização de indígenas cessou em 1609, em virtude da Carta Régia do rei Filipe III que determinava:

> Os gentios são senhores de suas fazendas nas povoações, como o são na Serra, sem lhes poderem ser tomadas, nem sobre ellas se lhes fazer molestia ou injustiça alguma; nem poderão ser mudados contra suas vontades das capitanias a lugares que lhes forem ordenados, salvo quando elles livremente o quizerem fazer... (*apud* Maxwell, 1997).

Em 1611, no entanto, a Coroa retrocedeu, admitindo que índios poderiam ser escravizados se prisioneiros de "guerra justa"; e essa formulação serviu para prolongar o regime escravocrata relacionado ao índio.

Nem essa nem outras cartas régias desse teor foram obedecidas pelos bandeirantes, que passaram a apossar-se de terras indígenas, afastando os seus "gentios senhores" mediante artimanhas e pressões. O conflito com os jesuítas catequizadores e antiescravocratas recrudesceu e foi arbitrado em Lisboa: em 1759, os jesuítas foram expulsos de Portugal e das colônias pelo marquês de Pombal; e, após o papa Urbano VIII ter dado publicidade à anterior bula do papa Paulo III, favorável à liberdade dos índios – publicação que causou protestos das elites e dos comerciantes no Rio de Janeiro e em São Paulo –, abandonou-se a prática da escravização do indígena, ampliando-se a do negro.

A situação foi diferente na colonização espanhola da vertente ocidental do continente: os indígenas locais, com cultura já urbanizada e hierarquia administrativa e religiosa, seja no atual Peru, seja no México, resistiram à miscigenação (que acabou se concretizando, porém em menor proporção). No México, Peru e Bolívia, mesmo na atualidade, os indígenas permanecem identificados e com forte autoimagem étnica, marcam diferenças, reivindicam e conquistam poder político. Miscigenação ampla e irrestrita ocorreu apenas no Brasil...

Situação outra também ocorreu quando escravos africanos foram trazidos para movimentar a economia da colônia. É preciso, inicialmente, apontar para a diversidade de sua origem na África: os negros escravizados trazidos para cá eram de nações várias, com língua, religião e estágios de civilização diferentes e costumes diversos. Para dar um exemplo, é notável a diferença entre os originários de Máli, alfabetizados e islâmicos, e os que vieram do golfo de Benin, de religião ioruba. Por outro lado, a escravidão homogeneizava, na sua triste situação, membros de diferentes categorias sociais da hierarquia de origem – reis, príncipes, súditos e sacerdotes. A escravidão trouxe em si a marca da diversidade, da convivência com o diverso, embora imposta pelas circunstâncias.

A miscigenação foi compondo a população do território colonial, enquanto este se ampliava para o interior. E certamente acabou se tornando difícil dizer quão branco ou quão preto ou quão vermelho é o povo brasileiro, a não ser deixando, como hoje se faz, que cada um se identifique nessa ou noutra categoria étnica. Na fusão culturalmente antropofágica de cinco séculos, também essa questão perdeu importância, embora ainda seja crucial para quem vive no atraso dos preconceitos, ou para quem deles é vítima. O valor a ser retido não é a classificação e separação, a não ser para investigação histórica e antropológica; o importante é, sim, compreender como e por que se deu a formação de um povo que sabe conviver com o diverso...

Tal diversidade também ocorreu no nível das religiões. Em que pese o catolicismo ostensivo da Coroa portuguesa, que trazia a cruz em sua bandeira, revelam-se hoje presentes, na religiosidade do povo brasileiro, influências de outras religiões: a espiritualidade da mitologia indígena, os deuses e cerimônias da religião ioruba. Também vale apontar a presença marcante de cristãos-novos, judeus de Portugal e

Espanha obrigados a converterem-se ao catolicismo, vindos ao Brasil direta ou indiretamente quando do domínio holandês em Pernambuco (1630-1654), construindo no Recife a primeira sinagoga do continente. Depois que Maurício de Nassau foi expulso de Pernambuco, muitas famílias de cristãos-novos e de judeus acabaram contribuindo na construção de New Amsterdam (fundada em 1625), posteriormente conhecida como New York, cuja denominação, aliás holandesa, fora anteriormente dada à cidade de... Natal.

As estratégias de miscigenação ensinaram a viver com o diverso; é o que retenho como importante; isso não corresponde inteiramente à *democracia racial*, tese defendida por Gilberto Freire, pois o convívio nem sempre foi "democrático", nem isento de preconceitos. Porém, é um passo à frente, um pano de fundo que caracteriza a cultura brasileira.

Quantos eram os protagonistas que atuavam no país e no palco urbano? Quantos eram os brasileiros, por exemplo, três anos antes da Declaração da Independência, isto é, em 1819? A totalidade era estimada em 4,39 milhões de habitantes. Do total, 800 mil eram índios livres (Caldeira, 2009); além deles, havia 56,6% de colonos livres, 18,2% de índios livres (chamados *mansos*) e aproximadamente 1,10 milhão (25,2%) de escravos africanos e crioulos (nascidos em cativeiro no Brasil). Ignorava-se a quantidade de indígenas habitando a selva (chamados bravos ou *ferozes*), sem contato formal e econômico com os demais habitantes. Para aquele ano, calcula-se estatisticamente cinco escravos para cada proprietário de escravos. Há quem estime que, em 1500, a população indígena alcançava 5 milhões a 7 milhões. Segundo tal estimativa, a mortandade e o decréscimo demográfico teriam sido enormes, entre eles, nos três séculos de colonização. Essas estatísticas populacionais não distinguem etnias e, acredito, seria difícil fazê-lo após três séculos de miscigenação, período em que aumentara o número de europeus.

Caso diferente é o dos Estados Unidos. Segundo estatísticas populacionais da mesma época (1800), havia nesse território 5,3 milhões de pessoas, sendo 4,1 milhões (81%) de "caucasianos" e 1,1 milhão (19%)

de "outros". Enquanto por "caucasianos" entendem-se pessoas brancas e livres, na categoria "outros" os escravos negros constituíam a maioria. E os indígenas, certamente numerosos, pelo que ilustra a saga fundadora da conquista do *far-west*, simplesmente não eram considerados nas estatísticas, como se aí formassem uma nação estrangeira! A invisibilidade do conquistado, uma espécie de fantasia do conquistador...

Ao se aproximar o fim do século XIX, São Paulo contava, em 1894,[1] com 130.775 pessoas, das quais 59.307 brasileiras e 71.468 estrangeiras (a maioria!); entre as quais os italianos já eram predominantes (35%), contando-se ainda com portugueses (11%), espanhóis (4%), alemães (2%) e outros. A presença de estrangeiros aumentou consideravelmente da última década do século em diante. As estratégias étnicas anteriores já não prevaleciam; mas, após iniciais resistências, casamentos "fora do grupo imigrado" aconteceram, prosseguindo a característica do povo brasileiro de conviver com o diverso e dando condições a uma gradual aculturação.

OS MIGRANTES: A MOBILIDADE ESPACIAL

Há quem diga viver-se, hoje, uma nova era de nomadismo. Richard Florida estima que, em média, nos Estados Unidos, as pessoas mudam de cidade a cada sete anos e que anualmente cerca de 40 milhões de americanos mudam de endereço (Florida, 2008). País de grandes dimensões e oportunidades em aberto.

Ora, o Brasil sempre representou para seus habitantes um território "infinito", de natureza permanentemente supridora das necessidades, aberto a toda conquista de espaços e oportunidades. Assim era visto pela população neolítica autóctone, de nomadismo determinado pela disponibilidade de estoque de alimentos (caça, pesca e vegetais), sendo o plantio agrícola limitado. A conquista de novos territórios para a ali-

---

[1] Segundo o "Relatório apresentado ao cidadão dr. Cesário Motta Jr., secretário de Negócios do Interior do Estado de São Paulo, pelo diretor da Repartição de Estatística e Arquivo, sr. Antonio de Toledo Piza" (*apud* Toledo, 1996).

mentação da tribo acarretava frequentemente guerras entre os diversos grupos, e eventual apresamento e escravização do perdedor, quando não a antropofagia, que simbolizava a incorporação do espírito guerreiro derrotado.

A aventura das Grandes Navegações empreendidas pelas nações ibéricas revela, como escreve Francisco Weffort (Weffort, 2005), uma situação paradoxal: se Portugal, por um lado, mostrava ousadia e vanguardismo por meio de conhecimentos técnicos que acabariam por dar ao mundo europeu a noção exata do globo terrestre, em sintonia com o espírito do Renascimento dos séculos XIV e XV, por outro lado, empreendia tais descobertas conservando o mais retrógrado espírito medieval! E assim trouxe para o Novo Mundo a ousadia do senhor poderoso, com seus indiscutíveis privilégios, a aversão ao trabalho físico, a centralização do poder, o desprezo pelas minorias (no caso os índios, os negros e os cristãos-novos), pois na Idade Média a desigualdade era considerada natural. Esse medievalismo custaria a Portugal a lenta, porém contínua, decadência posterior; e deixou marcas na cultura do povo brasileiro, para o bem e para o mal: a conquista sob a bandeira da cruz, o individualismo senhorial, os modos autoritários, a ojeriza ao trabalho físico, a premissa da desigualdade "natural", com a permanência do privilégio, a noção medieval da conquista que "autorizava o saque e o botim, como direitos legítimos do vencedor" e o pragmatismo como condutor da ética. E tal pragmatismo era fortemente impregnado pela cobiça de enriquecer e ter poder...

Essa herança, ao mesmo tempo vanguardeira e retrógrada, mercantilista e medieval, enfrentou a realidade do espaço infinito e da miscigenação e aculturação naturais. Chocou-se também com interesses conflitantes, por vezes representados pelos jesuítas e pela figura expressiva do padre Vieira. Como descreve Weffort,

> os sacerdotes empenhados em conquistar almas, mas acusados pelos povoadores de explorar índios em benefício próprio, e os bandeirantes empenhados em apresar índios, conquistar terras e descobrir as fontes dos metais preciosos – os dois grupos foram, de algum modo, apoiados por facções do poder instalado na metrópole e na colônia (Weffort, 2005).

Com o tempo, a força dos fatos e das circunstâncias contornou o paradoxo da conquista mercantilista/medieval. O europeu aqui chegado no século XVI, mormente o português, enfrentava dificuldades em conceber a dimensão do novo território. A partir da área costeira em que aportara, confrontava-se com uma muralha verde: uma serra quase contínua, que poderia ter um vale do outro lado ou um planalto estendendo-se até algum Eldorado... Coube aos índios amigos descrever o território e conduzi-los por trilhas "até lá encima" ou "terra a dentro".

O espaço ilimitado permitia sonhar com riquezas ilimitadas, alimentando a voracidade da Coroa, assim como a de cada um dos recém-chegados, que se via como um conquistador autônomo prestes a ficar muito rico. A amplitude espacial, bem como a liberdade de nela penetrar em qualquer direção, foi certamente constituindo uma característica cultural, uma introjeção inconsciente na alma de cada brasileiro. A incorporação da ilimitabilidade do espaço e da natureza diferencia a cultura brasileira de outras culturas como, por exemplo, as insulares (como a do Japão ou a da Inglaterra), que partem do pressuposto da delimitação do espaço, da normatização cautelosa para uso coletivo de um espaço restrito, da obediência a normas de convívio, a fim de que todos, dentro de restrições hierárquicas, possam coabitar o espaço limitado.

Outro fator que permitiu a mobilidade da população foi a ausência de acidentes topográficos impeditivos, como serras elevadas, mares interiores, desertos de grandes proporções. Rios e matas constituíam obstáculos que os indígenas haviam aprendido a superar, donde a importância, para o europeu, no início da tomada de posse, de aliar-se a alguma tribo para poder

Culturas insulares são necessariamente diferentes de culturas continentais: amplitude ou restrições espaciais influem nos costumes e geram tradições distintas.

ser conduzido terra adentro, ajudando-a, em contrapartida, a combater outra tribo, inimiga.

Aqui, a amplitude do espaço, além de ser um dado permanente, mantém baixa a densidade de ocupação até mesmo neste século XXI: com 8.514.876 km² e população estimada em 191.480.630 habitantes (IBGE, 2009), a densidade média é de apenas 22 hab/km². Compare-se essa densidade com territórios nacionais em ilhas – a do Japão é de 337 hab/km² e a da Inglaterra é de 388,7 hab/km² –, uma diferença enorme de densidade! E a expansão ou concentração de pessoas certamente influi na cultura, no comportamento, na regulação e nas estratégias de desenvolvimento de cada sociedade.

Em si, a constatação desse dado não é importante, a não ser pelas consequências comportamentais já apontadas, pois se trata de um valor médio, e certas áreas urbanas brasileiras, onde isso realmente conta, são bastante adensadas. Retenho o dado, no entanto, para evidenciar a permanência, durante toda a história dos últimos séculos, de espaços disponíveis, seja ao lado, seja longe, para uma família ou grupo populacional que decidisse deslocar-se, migrar, dentro do território brasileiro. É pertinente apontar que, mesmo nos dias que correm, prossegue, em formatos contemporâneos, a saga da conquista de um *far-west*, hoje localizado no planalto central e na Amazônia...

Mas por que se migra? Em primeiro lugar, por fatores de expulsão: secas, inundações, terremotos ou absoluta carência alimentar são fatores naturais de expulsão. Desemprego, carência de oportunidades, perseguições étnicas, religiosas, políticas ou de outra natureza constituem fatores sociais de expulsão. Tais fatores permitem compreender-se, parcialmente, as migrações do Nordeste pobre para o rico Sudeste, das cidades do interior para as capitais regionais, da Europa conflagrada para continentes aparentemente a salvo de guerras, dos perseguidos por motivos religiosos para terras novas, em que pudessem professar livremente sua fé.

Os imigrantes dos séculos XIX e XX, vindos de outros países, da Europa, do Médio ou Extremo Oriente, ou de outros países sul-americanos, traziam bagagens culturais diferençadas. Fruto de forças de expulsão, sua migração procurou valer-se das vantagens comparativas de seus conhecimentos modernos – mais educação, saber artesanal, visão comercial cosmopolita –, porém sempre dinamizados pela necessidade de "refazer a vida", de não diminuir o nível de conforto e qualidade de seu cotidiano.

Da mesma forma, migra-se por decisão familiar e individual de melhorar de vida, em busca de escolas e hospitais, de conquistar oportunidades real ou idealmente existentes alhures. A migração também se vincula ao espírito empreendedor de quem se dispõe e tem a ousadia de deixar para trás as relações familiares que constituem sua rede de segurança básica, para enfrentar novas situações e diferentes redes de relacionamentos. Migrar constitui um projeto individual, envolvendo ou não uma família, em que são necessárias coragem e muita fé em suas próprias potencialidades.

■ Com destino ao Estado de São Paulo
■ Com origem no Estado de São Paulo
FLUXOS MIGRATÓRIOS

Embora a meta desse migrante seja geralmente uma cidade determinada – da qual ele faz uma ideia particular de "paraíso de oportunidades" ou, pelo menos, de território com condições de oferecer elementos para a melhoria da vida (escolas, centros de saúde, fábricas e escritórios, repartições públicas, governo) –, nela ele busca também um primeiro ponto de apoio, geralmente um familiar ou um amigo da família, um conterrâneo que já tenha migrado para lá. Esse ponto de apoio inicial é, de fato, fundamental para o êxito da empreitada. Por isso há bairros em São Paulo em que se concentram "os que vieram do sul de Minas", ou "o pessoal da família X de Itu", ou "a comunidade dos judeus da Bessarábia", ou "a rua no Brás, perto da Hospedaria dos Imigrantes", bairro dos italianos do Vêneto, mas também de algumas famílias judias e árabes (estas mais cristãs do que islâmicas).

Uma população com essa mobilidade espacial e história acaba forçosamente adquirindo um traço cultural que a reflete: uma *cultura migrante*. Como esta é a origem da população de São Paulo, convém assinalar quais os seus traços mais característicos. Para que a aventura da migração seja bem-sucedida, é preciso que haja *agressividade* suficiente para conquistar as oportunidades existentes (mas nem sempre oferecidas nem óbvias). A concorrência na conquista de oportunidades também exige certa dose de *individualismo* ou, no máximo, a partilha da conquista com familiares. Também é preciso aprender a *tolerar*, a conviver com o diverso. O fato de não serem óbvias as oportunidades exige *criatividade* e empenho por parte do migrante. Hoje em dia chamaríamos isso de *empreendedorismo*... A cidade meta, notadamente São Paulo, concentrou conhecimentos e cultura trazidos por migrantes de todos os lados do mundo – antes e agora, para competir, o migrante precisa aumentar seu nível *educacional, tecnológico e cultural*.

Esses me parecem ser elementos básicos da cultura de migrante nacional que alteraram os palcos construídos, a trama narrativa e os cenários da paisagem urbana da vida cotidiana de São Paulo.

Os emergentes: a "porosidade" social

"Tenho um pé na cozinha", dizia o intelectual, acadêmico e político Fernando Henrique Cardoso, filho de militar, quando na campanha eleitoral que o levou a ser presidente. "Sou retirante nordestino, torneiro mecânico", dizia Lula, o presidente eleito a seguir. À mobilidade espacial, geográfica, que determinou as características de uma cultura migrante, deve ser acrescida a *mobilidade social*, pois ambas adquirem, no Brasil e em São Paulo, características e identidades próprias, ajudando à compreensão dos protagonistas que atuaram e atuam sobre o palco da vida urbana de São Paulo.

Quem era "povo" e quem mandava no Brasil colonial? Quem conquistou o território e quem produzia e comerciava? Como se compunha a sociedade brasileira? Nos quatro séculos em que São Paulo se limitava à pequena cidade na colina, quem era responsável pelo cotidiano de sua vida urbana? E quem o é, no século XX, quando a cidade atual se concretizou e extravasou a colina original nuclear, que, até meados desse século, continuava a ser nomeada "a Cidade"?

Se me limitasse às grandes linhas da colonização portuguesa e à estrutura de sua dominação militar e formal, escapariam os importantes detalhes de uma economia pré-capitalista de considerável dinamismo. Essa foi constituindo o mercado interno, que sempre existiu e marcou o ritmo da vida cotidiana. Se apenas descrevesse o ciclo produtivo das grandes exportações coloniais de pau-brasil, cana-de-açúcar e café, certamente importantes, olvidando as inúmeras modalidades de produção e comercialização, em um território com absoluta carência de moeda nos dois primeiros séculos, faltaria boa parte das explicações sobre como se constituiu esse "povo brasileiro", que alterou e fez fracassar os propósitos iniciais da colonização portuguesa. Mesmo no século XVIII, a descoberta do ouro e a economia do mercado interno, assim como o valor econômico do escravo africano, permitiram a estruturação de uma sociedade com valores e identidades próprios, hierarquizada via mecanismos de ascensão típicos.

Embora tenham perdurado, na classe dominante, conceitos de distante origem medieval ibérica – acentuando-se, na prática, a desigualdade de classes e mantendo-se o regime escravocrata e a aversão ao trabalho físico –, a miscigenação e a aculturação retiraram-lhes a perniciosa vitalidade, criando um jeito brasileiro de contornar problemas: o pragmatismo. As grandes imigrações do fim do século XIX e a gigantesca expansão da população no século XX acentuaram essa tipicidade e transformaram alguns dos seus valores. Iluminar tais aspectos permite compreender como agiam os diversos protagonistas das transformações urbanas, quais valores defendiam, e como, em São Paulo, foram alterando o palco e redesenhando o cenário da cidade em que se desenrolava a vida urbana.

Nos primeiros séculos da colônia, em que pesem as ordenanças da Coroa, muito focalizadas na exportação monopolista de bens naturais, a vida cotidiana era comandada por quem dominasse a economia pré-capitalista, fossem os que cresciam em poder mediante alianças com caciques indígenas, os que comercializavam uma das primeiras "mercadorias" naturais (o índio apresado e escravizado), ou os que, adiantando material, participavam indiretamente de expedições mercantis. Tais valores, mais do que a posse de terras (que eram abundantes e infinitas, sem fronteiras externas conhecidas), configuravam no dia a dia a riqueza e identificavam os indivíduos determinantes e sua posição relativa na escala social. Certamente os representantes da Coroa e da Igreja figuravam no topo da hierarquia social, mas conviviam com indivíduos de origem não nobre – já miscigenados ou com famílias ampliadas por inúmeros filhos fora do matrimônio –, mas bem-sucedidos e poderosos. Desses, convinha não investigar o crescimento econômico: das oito maiores fortunas inventariadas no Rio de Janeiro na segunda década do século XIX, sete pertenciam a traficantes de escravos. Então, poucas dezenas de traficantes participavam da elite social, altamente concentrada (Caldeira, 2009). O mercado interno, além dos grandes exportadores de café, açúcar e carne, fornecia lideranças que despontavam para a vida política, para as instituições governamentais, para os parlamentos – para a elite, enfim...

Em que pese ser comum associar hierarquia social e poder à propriedade de terras e latifúndios, o dinamismo da economia ao longo da história colonial, assim como nos dois séculos seguintes, leva-me a ampliar essa ideia. Como o Brasil nunca viveu feudos medievais e a aristocracia deles decorrente, a hierarquia social era, antes de tudo, determinada pelo sucesso financeiro das múltiplas empreitadas que marcaram a vida econômica brasileira, incluindo tanto a exportação de bens naturais (agrícolas e minerais) quanto as múltiplas atividades de menor escala que constituíam o dinâmico mercado interno.

A escala de poderes resultantes do enriquecimento de indivíduos deve ser observada dentro do contexto da grande mobilidade espacial anteriormente mencionada. Assim, além da ausência de premissas aristocráticas (e da pouca importância dada, no período colonial, à posse de terras), a hierarquia social era construída a partir do produto final, absolutamente pragmático: o enriquecimento. Esse é que, inclusive, possibilitava a obtenção de título nobiliárquico...

Reforçavam-se, agora como valor e premissa da ascensão na escala social, duas características da saga dos migrantes: o *individualismo* (personalismo) e o *pragmatismo*.

Na composição mais recente (no século XIX) da sociedade e na consolidação de sua hierarquia, tampouco se deve desprezar a miscigenação intensa e generalizada, assim como o considerável contingente de escravos livres, ou melhor, de ex-escravos de cor negra, que habitavam as principais cidades brasileiras nesse século, segundo Francisco Vidal Luna e Samuel Klein: "Enquanto nos Estados Unidos mais de 95% da população livre era branca, na maior parte do Brasil os brancos tendiam a compor menos da metade da população livre. No início do século XIX o Brasil possuía a maior população livre de cor de todas as sociedades escravistas da América" (Luna & Klein, 2000).

As pessoas preconceituosas – para quem a cor negra é desprestígio, só podendo ter, na escala social, a posição de escravo, de mercadoria, do que é obrigado a trabalhar fisicamente – tinham de conviver com o grande número de mulatos enriquecidos e com a continuidade da miscigenação nos matrimônios, como sempre contingenciados por interesses financeiros das famílias. O grande retardo na Abolição da escravatura (1888) refletia o atraso e a miopia com que parte da elite via o mundo oitocentista da Revolução Industrial, conservadores combatendo liberais e influenciando um imperador pouco inclinado a entrar em negociações e decisões governamentais.

No século XIX, houve um recrudescimento do tráfico de escravos: os traficantes do Rio de Janeiro dominaram o tráfico no Atlântico, trazendo africanos de Angola para o Brasil, mas, como desde sempre, também os fornecendo para Buenos Aires (Caldeira, 2009), a fim de atender à demanda para exploração das minas de prata de Potosí, na colônia espanhola do vice-reinado do Peru, que, em 1611, havia se tornado imenso aglomerado urbano, com seus 150 mil habitantes.[2] Por outro lado, os cafeicultores do Sudeste brasileiro passaram a importar escravos do Nordeste. Repetindo o que ocorrera no século XVIII com a descoberta do ouro em Minas Gerais, a demanda por mão de

---

[2] Amsterdam tinha cerca de 60 mil em 1570; Roma, 100 mil em 1600; Lisboa, 150 mil em 1598; a cidade do Rio de Janeiro, 3.850 em fins do século XVI. Apenas em Paris, com 415 mil em 1637, e em Londres, com cerca de 200 mil em 1603, a população era maior que a de Potosí em 1611.

obra escrava, no século XIX, recrudescia, ante a ausência de mão de obra assalariada. Os homens livres, dentro do contexto da mobilidade espacial e social (e em face do leque de oportunidades que se abria), eram pouco propensos a "amarrar-se" a um emprego, a um trabalho assalariado, preferindo a autonomia de uma iniciativa e empreendimento próprios. Assumiam o risco mirando o enriquecimento pessoal. Diante dos fartos e evidentes exemplos de sucesso na escala da hierarquia social, justificava-se o otimismo, e fé no futuro, desses indivíduos e suas famílias.

Com esse histórico como pano de fundo, era óbvio que a hierarquia social permitisse grande porosidade e caminhos para a ascensão na escala social e para postos de comando no exercício do poder, embora, para quem era mulato, permanecesse o desejo de "branquear"; e o de esconder a negritude de pessoas que haviam enriquecido. A concessão de títulos nobiliárquicos, no Segundo Reinado, apagava o passado, inaugurava nova genealogia familiar, e permitia que pessoas de posses fossem inseridas na classe dominante, na autodenominada elite.

A miscigenação resultou em variados matizes, ou "negritude" da pele, dando uma certa "latitude" aos preconceitos e às conveniências de racistas "moderados". A flexibilização do preconceito, no entanto, para vergonha coletiva, em nada diminuiu a rejeição que algumas camadas da chamada elite, ou melhor, alguns indivíduos dessa elite, sempre tiveram (e ainda têm). Tal preconceito potencializou as dificuldades que ex-escravos e seus descendentes tiveram para superar o atraso na formação educacional e profissional, para que lhes fosse permitido, após o fim tardio da escravatura, inserir-se rapidamente nas tarefas da industrialização (que nessa época adquiria importância). E perderam oportunidades... que os imigrantes europeus do final daquele século, no entanto, aproveitaram, quando não, geraram.

Assim, é indubitável que, na formação do povo brasileiro, a porosidade social constitui um elemento cultural importante.

O Visitador do Santo Ofício da Inquisição

Em uma tarde de 1573, em Salvador da Bahia de Todos os Santos, um herege francês, preso pela Inquisição, foi queimado vivo (Nazário, 2005). Isso mostra que a porosidade e a aceitação tácita da miscigenação e da decorrente aculturação – traço cultural brasileiro – não devem ser confundidas com tolerância e aceitação do diverso por parte da Coroa portuguesa e de seus prepostos no Brasil.

A Coroa portuguesa não se opunha (nem teria força política para fazê-lo) à missão cinicamente moralizadora do Santo Ofício da Inquisição, que dominava a política da Igreja na península Ibérica e em suas colônias. No Brasil, o objetivo foi principalmente o de "extirpar a heresia", mediante a caça aos "cristãos-novos judeizantes" (e, incidentalmente, também aos sodomitas). Seu mecanismo de ação se desenvolvia da seguinte maneira, segundo detalhado texto de Lina Gorenstein:

> Várias pesquisas já demonstraram a originalidade do processo inquisitorial, marcado pela não distinção entre a fase de instrução e a fase probatória, o que permitia o contínuo acréscimo das acusações; a busca reiterada da confissão, até mesmo sob tortura, baseada na convicção de que o suspeito era sempre culpado; o grande arbítrio dos inquisidores quanto à condução do processo e, sobretudo, o segredo que encobria todas as suas ações, fazendo com que o réu não soubesse com precisão nem das acusações que pesavam sobre ele, nem tampouco quem o havia denunciado (Gorenstein, 2005).

Isso nos permite admitir que boa parte dos cristãos-novos e seus descendentes, mormente na Rio de Janeiro de fins do século XVII e do século seguinte, viviam receando a discriminação, a maledicência e as denúncias anônimas solicitadas pelo Visitador do Santo Oficio da Inquisição, ao aportar aqui. No entanto, parece-me que esse ambiente de discriminação vigorava mais na classe dominante de então, a elite que incluía comerciantes, e no setor político-administrativo obviamente ligado a Portugal, ressaltando o caráter ibérico do Santo Ofício.

Por que nasceu a Inquisição? Menciona Luiz Nazário que, na península Ibérica, após séculos de massacres de judeus europeus e confiscos arbitrários de seus bens – autorizados pelas muitas encíclicas que, sem beneficiar a Igreja nem o Estado, condenavam essa "nação deicida" –, buscou-se "pôr ordem" às perseguições, mediante a instituição do Santo Ofício da Inquisição (1265):

> Os saques aos judeus converteram-se em confiscos; as violações e pancadas foram regulamentadas em sessões de torturas; as perseguições de rua transformaram-se em procissões, nas quais os judeus, em vez de serem linchados, sofriam a humilhação moral do sambenito. E as fogueiras, antes improvisadas às pressas, organizaram-se em queimadeiros, erigidos em lugar e data previamente afixados. Esta espetacularização do massacre implicava uma sistematização da agitação arbitrária caótica, numa seleção cuidadosa das vítimas, numa estilização da violência antes praticada a esmo pela turba (Nazário, 2005).

Estima-se que houve, na população brasileira do fim do século XVII, cerca de 15% de cristãos-novos (entre eles alguns bandeirantes, como Fernão Dias Pais, Raposo Tavares e Borba Gato), e que essa população tenha aumentado no período em que a holandesa Companhia das Índias Ocidentais ocupou Pernambuco e demais capitanias nordestinas. Ainda assim, a Inquisição atuou com relevância. Segundo Anita Novinsky, no Brasil a Inquisição prendeu cerca de 1.076 pessoas, quase metade mulheres, atendendo a variadas denúncias, geralmente motivadas por pendengas pessoais e rivalidades comerciais, além de também perseguir, na segunda metade do século XVIII, pessoas que se contrapunham à Coroa (Novinsky, 1983). O ambiente colonial não estava isento de violências, mas elas atingiam especialmente a população indígena e os escravos negros. A tortura e a espetacularização das cremações e dos autos de fé, realizadas pelo Santo Ofício, porém executadas "por mãos seculares" e destinadas a manter o apoio das massas, ocorriam em Lisboa, para onde eram levados os suspeitos-condenados. Raros foram os autos de fé realizados na Bahia e em Pernambuco. De modo que, embora a Inquisição mantivesse presença assustadora no setor "mais português" da sociedade brasileira, em que havia número considerável de cristãos-novos (principais vítimas), e embora ela tenha deixado marcas, não chegou a impedir o processo de aculturação e de cristalização do caráter tolerante da cultura brasileira em formação.

Embora a Inquisição vitimasse cristãos-novos na Vila de São Paulo de Piratininga, não foram os dominicanos – inquisidores "oficiais", empenhados em "pregar a verdadeira fé e buscar a verdade" – os religiosos que maior influência tiveram na cidade.

Os jesuítas, educadores para a fé

Em relação a São Paulo, é importante apontar a presença, no Brasil, da Companhia de Jesus, fundada em 1534, por Ignacio de Loyola (1491-1556) e outros estudantes de Paris, no contexto da Contrarreforma, e que foi transformada em Ordem em 1540. Dotada de disciplina militar, tinha por objetivo o trabalho missionário e o educacional. No caso do Brasil, tratava principalmente da catequese dos indígenas, um processo destinado a "salvar suas almas". Para isso, o principal instrumento era a criação de colégios, como o que motivou a fundação da cidade de São Paulo de Piratininga – o que constituiu uma conflituosa oposição ao interesse dos conquistadores brancos, que queriam apresar índios, a fim de usá-los como escravos e como mercadoria.

O trabalho missionário dos jesuítas levou-os a criar *missões* e *reduções*, aldeamentos indígenas, principalmente guaranis, cuja produção de subsistência era dividida em três partes: a familiar, a coletiva e a da Ordem. Inovaram pedagogicamente, através do uso da língua geral[3] e da encenação teatral de autos profanos em que, geralmente, se buscava ridicularizar o "diabo" dos mitos indígenas, objetivando assim minar o poder dos influentes pajés.

A atuação e a presença dos jesuítas no Brasil interrompeu-se, por decisão do marquês de Pombal (1699-1782), tendo sido expulsos no século XVIII, ocasião em que também se proibiu a distinção entre cristão (velho) e cristão-novo, em uma óbvia estratégia para diminuir conflitos

---

[3] O *nheengatu*, ou língua (*nheen*) boa (*ga'tu*) – chamada língua geral por conter elementos de várias línguas indígenas (de guaranis e de tupis, principalmente o tupinambá), enquadrados na gramática da língua portuguesa pelos jesuítas, e (apesar de diferenças entre a falada na Amazônia e a do leste brasileiro) por servir para o entendimento, comércio, etc. de todos, índios e brancos – configura-se como uma língua franca ou *koiné*, e foi o idioma predominante no Brasil Colônia, onde, até seu uso ser proibido pela Coroa portuguesa, em 1727, pouquíssimo se falava o português.

entre brasileiros e colonos, reduzindo as denúncias à Inquisição. Naquele século, o século do Iluminismo, a ação educativa dos jesuítas na Europa e em suas missões coloniais era vista como retrógrada e eclesiástica. Dizem que Pombal detestava os jesuítas (tanto quanto abominava os ingleses), por isso lançou as bases da reforma educacional, criando a escola pública, laica, libertando "o negro em Portugal e o índio no ultramar".

O objetivo de Pombal era explícito: modernizar a administração da colônia, defender para Portugal o sul do Brasil, ameaçado pela Espanha, e substituir, por conceitos laicos, os conceitos pedagógicos eclesiásticos dos jesuítas, que dominavam o ensino em Portugal e na Europa católica – em outros termos, servir em primeiro lugar aos interesses da Coroa em vez de àqueles da fé (Maxwell, 1997).

Ao expulsarem-se os 670 jesuítas do Brasil (1759), interrompeu-se o ensino em língua indígena, ficando a colônia sem instituições educacionais públicas até 1776, quando se implantaram alguns cursos de ensino sistematizado (Maciel & Shigunov, 2006). Na realidade, no Brasil, a elaboração de projetos educacionais e culturais de maior amplitude só ocorreu após a chegada de D. João VI (1808) e a transferência da Corte e da Biblioteca Real para o Rio de Janeiro, ao ser interrompida a política portuguesa proibindo a confecção de material impresso na colônia e restringindo atividades culturais da população colonial – atividades sempre vistas por Portugal com desconfiança e receio de que insuflassem a independência brasileira (Schwarcz, 1998).

Como ocorreu em outros setores da vida colonial, graças à fluidez e aos processos de aculturação decorrentes da contínua miscigenação, tampouco os objetivos pombalinos no campo da educação aqui se realizaram de forma perfeita: em lugar de introduzir conceitos iluministas, a expulsão dos jesuítas reforçou a luta predatória de bandeirantes em favor do apresamento de índios e da escravização em geral, e, ainda, um certo relaxamento nos costumes. Persistiram os critérios residualmente medievais de privilégios e conquista, embora a bandeira desfraldada talvez não exibisse mais a cruz... Mais tarde, em face da absoluta ausência de professores laicos, o ensino acabou sendo retomado por eclesiásticos de outras ordens religiosas. E, após a restauração da ordem (1814), os jesuítas voltariam.

Se, na cena paulista, a presença grave da Inquisição e, de modo especial, a importante ação educativa dos jesuítas foram protagonistas ativas, também se mostraram ativos aqueles que arrastaram a vida urbana para além da pasmaceira do século XIX ainda escravocrata, a fim de assumir o estágio alcançado por outras nações durante a Revolução Industrial que ocorrera nesse século: os abolicionistas e os republicanos, cuja atividade se expandiu após a vinda de D. João VI ao Brasil.

ABOLICIONISTAS E REPUBLICANOS APÓS A CHEGADA DE D. JOÃO VI

Das cidades brasileiras, foi por certo a do Rio de Janeiro (e não São Paulo) aquela a ser imediatamente afetada e transformada pela vinda da Corte de D. João VI em 1808, quando o Brasil tinha pouco mais de 3 milhões de habitantes. Mesmo Lisboa não sendo uma cidade moderna – se comparada, na época, às demais capitais europeias –, o nível de habitação, o saneamento, o sistema viário e a qualidade de vida do Rio de Janeiro constituíram um choque para os membros da Corte. Aqui, D. João VI teve de elevar a cidade ao nível de uma capital de império e, para isso, foram realizadas diversas obras públicas. De repente, como sede do poder imperial, tornava-se imprescindível abolir proibições anteriores, contra as quais tantos brasileiros, em vão, haviam-se rebelado: a de comerciar com outros países, a fim de manter o monopólio da Coroa portuguesa; a de implantar qualquer indústria no Brasil (um decreto de 1785 determinava inclusive a proibição das manufaturas têxteis existentes, com exceção das de tecidos grosseiros, destinados a cobrir a nudez de índios e escravos...); a de imprimir; e as limitações à educação superior. Bem dizia Nélson Rodrigues (1912-1980), ironicamente, que subdesenvolvimento não se improvisa, é obra de séculos...

Não foi assim no resto da América Latina. Desde o início do período colonial, os colonizadores espanhóis haviam criado estruturas destinadas à educação, de modo que, ao contrário do sucedido no Brasil, "ao encerrar-se o período colonial, tinham sido instaladas nas diversas possessões de Castela nada menos de vinte e três universidades, seis das quais de primeira categoria" (Holanda, 1969).

A chegada de D. João VI ao país não foi notável apenas no Rio de Janeiro, que passou a ser denominada "a Corte". Dentro do projeto explorador que Portugal tinha para esse pedaço do Império, mantiveram a colônia desconjuntada, sem caminhos que ligassem comercialmente as diversas regiões de seu vasto território. E os existentes eram apenas escoadouros da exportação compulsória, aqueles que demandavam algum porto que levasse as riquezas para Portugal. A trama viária que unia os brasileiros dependia das trilhas indígenas que, sabiamente, interligavam regiões.

Mas a proximidade do centro decisório das políticas (ainda coloniais), as obras públicas no Rio de Janeiro, a abertura e o aperfeiçoamento das estradas inter-regionais, somadas à implantação da primeira tipografia, foram inovações de considerável impacto, e não podiam deixar de refletir-se na vida urbana de São Paulo, cidade que permanecia encarapitada sobre a colina de sua fundação.

Quando da independência (1822), o Brasil tinha cerca de 4,5 milhões de habitantes, 90% analfabetos, divididos em: 0,8 milhão de indígenas, 1 milhão de brancos, 1,2 milhão de escravos negros e 1,5 milhão de mulatos e caboclos. São Paulo tinha apenas 6.920 habitantes e, curiosamente, 60% eram mulheres.

Nas grandes cidades, mormente no Rio de Janeiro, até a tardia Abolição (1888), ante o grande número de ex-escravos e a presença dominante de mulatos e mamelucos, buscavam-se indicadores de prestígio para melhor caracterizar a hierarquia social e as convenções mundanas. Um dos indicadores era "ter escravos" (pelo menos um...), pois esta "mercadoria" dava mais crédito financeiro do que os títulos de posse e propriedade da terra (esta sempre abundante e de titulação incerta...). Em meados do século XIX havia no Brasil cerca de 1.966 senhores de escravos (de um a cinco deles), representando 70% do total de proprietários de escravos, e estes últimos, em muitas das atividades produtivas, compareciam, na realidade, já quase como sócios de pequenas iniciativas econômicas (Luna & Klein, 2000). Em São Paulo, era comum o único escravo de estudantes da Faculdade de Direito, depois de acompanhar o "senhor" à escola (carregando o pequeno volume de seus livros), ser colocado a vender guloseimas na rua, dividindo com ele o resultado dessa atividade. Mas carregar objetos na rua, fazer esse, aquele ou qualquer outro esforço físico continuava – como ao tempo dos pequenos fidalgos no Portugal medieval – sendo lide mal vista, que desvalorizava a pessoa perante os olhos de quem prezava a escala social.

O súbito aumento do tráfico de escravos, trazendo-os do Nordeste para as fazendas paulistas, foi acompanhado por um aumento das lutas abolicionistas, cujas fileiras foram entusiasticamente engrossadas pelos estudantes da nova Escola de Direito do Largo São Francisco. No entanto, mediante leis parciais que o prolongavam, o regime escravocrata queria chegar à abolição "lenta e gradualmente", esticando-se, pretendiam, até... 1913. Nas vésperas da Lei Áurea, ocorria aqui um processo de transferência de fazendas hipotecadas para as mãos de traficantes enriquecidos (ou de intermediários – *especuladores*, segundo Nabuco) que, na revenda de escravos, recebiam garantias hipotecárias como pagamento. Quem não conseguia honrá-las... E, assim, agricultores que estavam perdendo suas terras começaram a aderir às teses que, entre outros, os Andrada e Nabuco (monarquistas e abolicionistas) defendiam com ardor.

José Bonifácio de Andrada e Silva, com razão denominado "Patriarca da Independência", por quem D. Pedro revelava grande respeito, tinha uma visão ampla de um Brasil monarquista, constitucional, sem escravos e independente, porém inserido em uma espécie de commonwealth lusitano.

Joaquim Nabuco acertadamente argumentava que, mesmo depois de abolida, a escravidão – ao perdurar já por três séculos e meio – por certo haveria de influenciar os hábitos brasileiros (Mello, 2010).

Cabe aqui um parêntese a fim de comentar a forma particular pela qual no Brasil se deu a Independência (1822). Contrariamente ao que ocorrera uma década antes nas colônias sul-americanas da Espanha, onde a independência foi consagrada por meio de batalhas de grandes proporções e exércitos revoltosos conduzidos pelos generais San Martin, Simon Bolívar e Bernardo O'Higgins, a história oficial registra que nossa independência foi obtida graças a uma declaração, enfaticamente pronunciada por D. Pedro, príncipe regente. Tal fato ocorreu em 7 de setembro, quando ele recebeu duas missivas. Em uma delas se noticiava que as Cortes Portuguesas (organismo de representantes que não se reunia há 120 anos) haviam decidido, em sua arrogante ignorância do que significava governar o Brasil de então, nomear interventores militares que garantissem uma obediência absoluta das províncias à metrópole – uma recolonização que ignorava o príncipe regente sediado no Rio de Janeiro. Na outra carta, José Bonifácio, apoiado por D. Leopoldina, afirmava que só havia dois caminhos para D. Pedro: voltar a Portugal e lá permanecer prisioneiro das Cortes, à semelhança de seu pai D. João VI; ou proclamar a Independência do Brasil (Gomes, 2010).[4]

A Independência foi de fato "declarada", como se aprende nos livros, acelerada pela insensatez e arrogância das Cortes em Lisboa, cujos membros tinham profundo desprezo pelos brasileiros e ódio a D. João, "que os abandonara levando a Corte para o Rio de Janeiro", e a D. Pedro, que alguns chamavam de "um mancebo ambicioso e alucinado à testa de um punhado de facciosos" (Gomes, 2010). É preciso, contudo, destacar o caráter próprio do processo da independência que se desenvolveu, por vezes violento, mormente nas províncias nordestinas, onde havia considerável número de portugueses dominando o comércio e as representações coloniais mais ligadas a Lisboa. Se a declaração foi pacífica e pessoal, se não houve grandes batalhas definitivas, o processo, principalmente de 1821 a 1823, foi violento e causou muitas mortes. Como bem descreve Laurentino Gomes, os baianos foram os que mais lutaram e morreram pela independência, até expulsarem os soldados portugueses a 2 de julho de 1823, razão pela qual lá se festeja essa data bem mais do que o 7 de Setembro.

Quanto à Proclamação da República, é notório que o marechal Deodoro da Fonseca, leal ao imperador D. Pedro II, sem ser militante republicano, destituiu o monarca como forma de resposta intempestiva

---

[4] Laurentino Gomes, *1822*. Rio de Janeiro: Nova Fronteira, 2010.

do Exército a uma desfeita do governo monarquista, e assim mudou o regime político do Brasil. Contudo, esse fato ocorreu dentro de um processo de gradual expansão dos ideais republicanos, por vezes federativos, que se estendeu durante todo o século XIX.

A presença dessas circunstâncias na moldagem da história – e dos seus muitos paradoxos – não pode obscurecer o fato de, já no começo do século XIX, serem consideráveis os interesses de brasileiros em se desligar de Portugal na condução de políticas. Revoltas localizadas e movimentos de sedição pontuam a história.[5] Além disso, apesar da alternância dos partidos Conservador e Liberal no poder, a monarquia já estava, em 1889, morrendo de "morte morrida e não matada"...

Para melhor localizar esse problema em terras paulistas, é oportuno comentar a posição paradoxal dos donos do poder na província. A Convenção de Itu (1873), representativa da elite paulista, reuniu uma maioria de cafeicultores e outras lideranças para defender a mudança para o regime republicano, adiando, contudo, o problema da abolição da escravatura. Essa posição ambígua só foi reverberada, na década, pela voz vibrante do político negro Luís Gama. Já Francisco Glicério, outro político negro, cautelosamente afirmara, em 1844: "Nosso objetivo [agora] é fundar a República, fato político; não libertar os escravos, fato social" (Barbosa, 1989). Em que pese a existência de forte movimento abolicionista, o republicanismo dominante em São Paulo era, com as exceções de praxe, antimonarquista, mas não abolicionista; autonomista, mas não democrático.

Embora a política nacional se moldasse principalmente no Rio de Janeiro, o Partido Republicano foi fundado na província de São Paulo, durante a citada Convenção de Itu, em 18 de abril de 1873. Recebeu o nome de Partido Republicano Paulista (PRP), e seus membros se reuniam em um clube da rua de São Bento, na cidade de São Paulo.

---

[5] Antes da Declaração da Independência, ocorreram diversas lutas localizadas – de índios contra portugueses, ou contra brasileiros, as de escravos, as contra impostos, e entre categorias –, reprimidas com violência, algumas delas de caráter independentista: Inconfidência Mineira (1789), Conjuração Carioca (1794-1795), Conjuração Baiana e Revolução dos Alfaiates (1798), Conspiração dos Suassunas (1801), Revolução Pernambucana (1817), Revolução Liberal na Bahia e Pará (1821), Independência da Bahia (1821-1823), Confederação do Equador (1823-1824).

Enquanto lhe foi conveniente, o partido driblou a questão da abolição, a fim de não perder o apoio ambíguo das lideranças econômicas da província. Sua estratégia tinha mais a ver com o desejo das elites paulistas de obter uma autonomia política para São Paulo, que julgavam injustiçada, mas que o regime monarquista, obviamente centralizado, não poderia propiciar. Daí a opção republicana pelo modelo federativo norte-americano, mais autônomo, e não o francês... Tal objetivo fez com que o partido crescesse, discretamente, ao lado dos outros dois já em cena, o Conservador e o Liberal. Embora representassem o bipartidarismo da monarquia, esses, aliás, frente à proclamação consumada, imediatamente aderiram à República. Haja pragmatismo...

Durante o século XIX, cresceu a importância comercial de São Paulo, na medida em que, além da cana, o café florescia em grandes plantações no interior da província. Café exige algo mais do que plantio e colheita: para tornar-se um bem comerciável, tem de passar por etapas de beneficiamento até tornar-se uma "mercadoria". E seu valor dependia da exportação através do distante porto de Santos, implicando ferrovias para tal fim. O café também exigia um sistema de financiamento e de comercialização, com extensão na Europa, acarretando a formação de uma capacidade empresarial mais complexa do que a de outros produtos agrícolas. Tal capacidade empresarial se desenvolveu em São Paulo, durante o século XIX, e cafeicultores também se tornaram implantadores de ferrovias, representantes comerciais, exportadores e banqueiros.

Ao mesmo tempo (como descrito em capítulo anterior, e a fim de recordar o que ocorria com o palco da vida urbana), como as ferrovias não podiam subir à colina em que se situava "a Cidade", esta foi obrigada a alcançá-las, com suas estações nas baixadas, espraiando-se para o lado da Luz e do Brás, e ocupando, a seguir, os bairros adjacentes, como a Mooca, o Cambuci, os Campos Elísios, o Pari e o Bom Retiro.

Os imigrantes e a explosão do palco de São Paulo

Por que se consome, em São Paulo, 1 milhão de *pizzas* diariamente?[6] E se fala aí um português com sotaque italiano? Durante todo o século XIX, o Brasil e São Paulo receberam imigrantes europeus que deixavam seus países de origem, conflagrados por guerras, movimentos sociais, revoluções, ocasionais perseguições religiosas, para tentar a aventura de refazer a vida em terras novas, americanas: se não fosse possível ir para os Estados Unidos, a grande meta migratória, tentavam, pelo menos, ir para a Argentina ou o Brasil. A escolha do destino na América, embora por vezes aleatória, também dependia da informação disponível (escassa no caso de São Paulo, com ressalvas para alguma informação sobre a riqueza advinda do café), do clima (evitavam-se os calores tropicais), de um vago receio de choque étnico com índios e negros, e da fama, justa ou não, de tratos desumanos por parte dos donos de fazendas.

O Brasil, ainda no Império e também no início do período republicano, desenvolvia uma discreta política colonizadora, buscando mão de obra que substituísse o braço escravo na lavoura. Até o conde D'Eu, príncipe de Joinville, genro do imperador, promovia tal imigração. Findo o Império, foi morar na Europa com a princesa Isabel, a Redentora, não sem antes, porém, ter entregue as terras de seu dote, em Santa Catarina, a uma companhia colonizadora alemã, que se apressou a organizar a vinda de dois barcos (um deles afundou) com colonos alemães e suíços, desejosos de irem refazer a vida em... *São Francisco na América*. Tratava-se do pequeno porto de São Francisco, ao lado de região pantanosa e isolada pela Serra do Mar, lugar onde hoje, graças a esses imigrantes, está a cidade de Joinville! Publicidade enganosa, diria, seguida pela pertinácia de colonos que, ingenuamente, até construíram um palácio para o príncipe, aguardando seu regresso...

De São Paulo sabia-se, na Europa, existirem enormes fazendas de café, e alguns colonos imigrantes pensavam, de fato, dirigir-se para lá. Ao chegar em Santos, subiam de trem para o planalto e eram abrigados

---

[6] Segundo o *site* São Paulo Metrópole (www.spmetropole.com), há cerca de 6 mil pizzarias na cidade de São Paulo; e São Paulo é a terceira maior cidade italiana do mundo...

por um mês na recém-construída Hospedaria dos Imigrantes, no Brás, aos pés da cidade, onde eram entrevistados por fazendeiros que chegavam em seus tílburis, em busca de colonos assalariados (uma novidade com que não lidavam bem) para substituir o braço escravo.

Embora a maioria dos imigrantes viesse de um único país, a Itália, também havia diversidade nesse contingente. O dialeto vêneto certamente não era compreendido por lombardos, napolitanos ou calabreses; e as recíprocas também eram verdadeiras. A essa mistura de dialetos e sotaques acrescentou-se a mistura com o português, originando-se um linguajar que foi "trabalhado" pelo jornalista paulista que assinava Juó Bananere, mas cujo real nome era... Alexandre Machado Ribeiro Marcondes!

Mesmo a Itália estava longe da unidade do Império Romano e da base latina de seu idioma, sendo recente a sua unidade político-administrativa, obtida em 1861, graças à luta armada, conduzida por Garibaldi, e à luta política, conduzida por Cavour e Mazzini, que propuseram unir o país sob a soberania monárquica da Casa de Savoia, então sediada em Turim.

Entre os imigrantes havia camponeses, artesãos, construtores, artistas, professores, músicos, famílias e solteiros. Muitos haviam emigrado aceitando a condição de viver em fazendas; outros com a intenção firme de não fazê-lo e de dar outro rumo, urbano, a seu destino nas novas terras. Inicialmente morando em habitações coletivas,[7] no Brás (nas proximidades da Hospedaria dos Imigrantes) ou no Bom Retiro (que era o nome da chácara do marquês de Três Rios, ao lado da estação de estrada de ferro), perambulavam em torno das estações de estrada de ferro e pela várzea do Carmo, onde olhavam as lavadeiras que desciam da cidade para lavar roupa nas lagoas formadas pelo rio Tamanduateí – tomando contato com hábitos brasileiros. Os mais jovens até ensaiaram sua participação nos bate-bolas da molecada nos campos dessa várzea... Outros, porém, tomaram coragem: subiram para a cidade e ampliaram seus contatos.

---

[7] Os apinhados cortiços, assim denominados por analogia às peças de cortiça ou outra madeira usadas para alojar colônias de abelhas.

Apesar da natural tendência centrípeta de cada grupo imigrado, era inevitável que namoros ocorressem e, com agradável surpresa, os imigrados descobriram que os brasileiros os recebiam bem. Apesar das exceções – aqueles que esnobavam os *carcamanos* –, a maioria da população identificava-os como pessoas que vieram do exterior para, através do trabalho e da iniciativa, melhorar de vida e gradualmente perseguir as estratégias de aproveitar as oportunidades e subir na escala social, eventualmente através do matrimônio e da integração de saberes. São Paulo construía seu cadinho de mil povos...

Recepção benévola. No entanto, ela não ocorreu no caso dos escravos libertos e abandonados, com escasso preparo cultural para competir com os saberes profissionais desses novos imigrantes. Portugal havia legado um grande atraso cultural à colônia, que a chegada de D. João VI (1808) tentara dissipar. O despreparo dos brasileiros para atividades produtivas de tipo industrial (a Europa estava então concluindo o século da Revolução Industrial) tornava-se mais grave pelo analfabetismo endêmico em que os escravos foram mantidos e que se mostrara mais rigoroso a partir do momento em que seus proprietários começaram a temer pelo alastramento continental da bem-sucedida experiência haitiana: a vitoriosa revolta dos escravos, em 1804, que resultara na mudança do poder para mãos negras.

Os imigrantes dessa última década do século XIX, em sua maioria italianos do Vêneto, da Lombardia, da Calábria e da Sicília, eram, como nos conta Roberto Pompeu de Toledo, razoavelmente alfabetizados, mesmo quando camponeses dotados apenas de habilidades artesanais, desenvolvidas em suas aldeias durante os longos invernos. Também sabiam produzir vinho e azeite, assim como confeccionar massas, pães e *pizzas*; fabricavam tijolos e construíam com habilidade, sendo também marceneiros, tecelões e serralheiros; e geraram em São Paulo novas profissões: o engraxate, o cocheiro, o vendedor de jornais (o primeiro deles, no entanto, Bernard Gregoire, era francês). Em uma cidade em crescimento, com demandas habitacionais e em outras atividades consideradas modernas, os imigrantes eram solicitados e não tiveram dificuldade de, mais cedo ou mais tarde, encontrar seu nicho de atividade, crescimento pessoal e enriquecimento. Além da produção de novos bens, também surgiram novos costumes, demandando tais bens (Toledo, 2003).

A industrialização do Brasil – em que pesem os exemplos pioneiros e isolados de Mauá (1813-1889) e, posteriormente, de Delmiro Gouveia (1863-1917), que, em Alagoas, em 1914, implantou uma fábrica de fios e linhas, e a primeira hidrelétrica – ocorreu mormente em São Paulo, mercê da onda imigrante de fins do século XIX e do capital gerado pelo café. Tendo o Brasil, durante todo o século XIX, ficado à margem do processo da "revolução industrial", gerou-se um grande vazio de demanda reprimida, passível de ser preenchido. A imigração predominantemente europeia da passagem do século encontrou grandes oportunidades, que foram bem aproveitadas por muitos, como Geremia Lunardelli – nos cafezais e na fabricação de equipamento para beneficiamento –, Francisco Matarazzo, Nicolau Scarpa, Dante Ramenzoni, Giuseppe Martinelli, Alessandro Siciliano, Rodolfo Crespi, Benjamin e Nami Jafet, Wolf Klabin, Rizkallah Jorge Tahanian, Leon Feffer e outros, que se tornaram os patriarcas de grandes famílias de empresários. Foram imigrantes que vieram com algum dinheiro, ou mesmo com pouco, mas com educação, garra e habilidades. Seu objetivo, ao emigrar, não era trabalhar no eito, substituindo o braço escravo, nem se dedicar ao trabalho de pedreiros ou serventes. Eram empreendedores, começando do zero.

A industrialização tardia cobriu um vasto leque de atividades industriais, desde a fabricação de tijolos, fato recente na edilícia brasileira,[8] à manufatura de produtos agrícolas: azeite, óleo, cerveja, aguardente, doces, conservas, refinos, etc. Produtos de metalurgia, tecidos, sapatos, chapéus, cerveja, fósforos passaram a ser fabricados aqui, pela capacidade empreendedora e artesanal imigrada. Em 1895, já havia em São Paulo 52 indústrias. Um terço dos pedreiros e a totalidade dos mestres de obra eram italianos...

No entanto, como bem lembra Pompeu de Toledo, também havia brasileiros engajados na industrialização, principalmente como diversificação de suas atividades agrícolas. Antônio Álvares Penteado, cafei-

---

[8] A primeira manufatura, a Olaria Manfred, data de 1859, porém o uso comum do tijolo só se daria no último quartel do século, substituindo a taipa.

cultor, implantou no Brás grande fábrica de tecidos; a família Prado e Elias Pacheco Jordão, igualmente cafeicultores, implantaram a Vidraria Santa Marina, na Barra Funda. E outros criaram os principais bancos, inicialmente destinados a financiar a cafeicultura (Toledo, 2003).

Além das alterações do palco construído em São Paulo, também os sistemas de vida foram profundamente alterados. Modernizados, diria. A instalação das primeiras linhas de bondes elétricos, estendendo a rede de transporte cotidiano para bairros externos à cidade da colina, isto é, para Bom Retiro, Barra Funda, Brás, e até a avenida Paulista, percorrendo o caminho da Consolação, e para o Ipiranga, na saída da cidade para o Caminho do Mar. Em locais afastados da cidade, imigrantes construíram moradias para operários, e indústrias, como as tecelagens do Ipiranga e Sacomã (Jafet) e as cerâmicas da colina onde hoje se situa a Vila Prudente (Siciliano). Em sua magra pauta, a cultura e o lazer introduziram o som de óperas tocadas em gramofones importados, os jogos de truco, de dominó e da bocha. Enquanto os imigrantes assim de divertiam, os brasileiros de elite inauguravam um novo esporte vindo da Inglaterra: o futebol, praticado em clubes e popularizando-se rapidamente nas várzeas. Um de seus heróis, jogando no clube Paulistano, chamava-se Friedenreich, filho de lavadeira negra e comerciante alemão... Na Mooca, implantou-se um clube de corridas de cavalo.

As frágeis e modestas construções de taipa foram substituídas por edificações mais sólidas, com tijolos, cobertas por telhas importadas de Marselha, janelas e portas inicialmente importadas da Europa, todas em estilo neoclássico, geralmente empobrecidas lembranças europeias dos mestres de obras e pedreiros que as construíam. Porém, a elite e os governantes já começavam a escolher alguns arquitetos, italianos e alemães, para construir seus palacetes e novas sedes de repartições governamentais.

Aparentemente, a substituição de edificações existentes por outras não dependeu, como hoje se justifica, da carência de lotes ou de espaços disponíveis. Provavelmente era uma decisão em favor do "novo", da modernidade, seja no método construtivo, seja no estilo da fachada, seja no estilo de vida. Nesse pendor constante pela modernidade, pelo novo, pela forma que identifica *status*, ecoam o espírito e a cultura migrante, que sempre marcaram a cultura brasileira e que, com otimismo, projetavam as pessoas constantemente para a frente.

A FERMENTAÇÃO SOCIAL E IDEOLÓGICA

Embora não seja o foco do presente texto, é fácil imaginar os choques ideológicos e de relações humanas que ocorreram em muitas fazendas quando os colonos imigrantes tomaram conhecimento do meio, do clima e da dureza do trabalho, anteriormente desempenhado apenas por escravos, sob o chicote do feitor. E os fazendeiros também tiveram de aprender a lidar com colonos livres, negociando salários e outras formas de parceria, a fim de garantir a produção. Até a tardia abolição, havia na cidade de São Paulo proprietários possuidores de um a quatro escravos, que desempenhavam cerca de 65 funções diversas: escravos domésticos (copeiros, cozinheiras, engomadeiras, babás, amas de leite, mucamas, cocheiros, jardineiros, etc.), artesãos, escravos de aluguel, de ganho e até escravas prostitutas (cujas atividades remuneradas davam lucro para seus proprietários). Por outro lado, tais funções começaram a ser desempenhadas por trabalhadores livres, imigrantes, gerando-se uma competição para a qual, frequentemente, o ex-escravo tinha menos condições.

No vasto campo brasileiro, os colonos imigrantes se diluíam. As distâncias eram grandes, e sua organização – para reivindicar, e negociar, melhores condições de ganho e de vida – era mais difícil. Já nas cidades, mormente em São Paulo, por alguns anos transformada em cidade de italianos (como, aliás, ocorria com Buenos Aires), era mais fácil e mais espontânea a organiza-

Segundo o censo de 1893, mencionado por Sheldon Maram em Anarquistas, imigrantes e o movimento operário brasileiro 1890-1954, *dos 130.775 habitantes da cidade de São Paulo, 54,6% tinham origem estrangeira, dos quais 44.463 eram italianos, 14.437 portugueses e 4.818 espanhóis.*

ção dos assalariados. Além disso, muitos imigrantes tinham formação anarquista, movimento social de profundas raízes na Europa, e mesmo alguns eram socialistas utópicos, inspirados pelas ideias e experiências de Fourier.[9] Sistemas de vida também foram alterados graças a novas ideias, costumes e expectativas por eles trazidos.

Na última década do século XIX, já na República, o poder político em São Paulo continuava nas mãos de uma elite majoritariamente exportadora de café e de banqueiros de origem rural, e, aliados a eles, havia comerciantes de sólida fortuna, cuja origem mais distante poderia ser a de traficantes de escravos (apesar de os maiores traficantes operarem no Rio de Janeiro) ou de conquistadores de novas fortunas emergentes, seja no campo da incipiente indústria, seja através dos florescentes negócios de terra e de construção de habitações. O poder das elites se efetivava não apenas pelo controle do Judiciário e da Força Pública, isto é, do arbítrio, das armas e da violência. Mas também graças ao conservadorismo de boa parte dos "emergentes", isto é, a classe média que havia conquistado, por meio de sua particular trajetória de migrante, um *status* satisfatório. Conservá-lo tornava essa parcela da população refratária a mudanças e transformações sociais. Boa parte dessa vitoriosa classe média combatia a concorrência de novos migrantes nacionais, os "chegados depois", assim como apoiava qualquer repressão contra a concorrência de novos imigrantes estrangeiros – exceto, em ambos os casos, quando os recém-chegados eram seus familiares. Embora o artesanato urbano local fosse escasso, a elite no poder e sua classe média de apoio – formada por exportadores, fazendeiros, bacharéis, comerciantes, proprietários imobiliários – consumiam utensílios domésticos importados, e a industrialização era vista com ambiguidade ou até mesmo com desconfiança...

Em 1891, apoiado pelo jornal *Messaggero*, Vitaliano Rotellini tenta fundar uma Cooperativa di Arti e Mestieri. Em 1900, o movimento operário cria sua Lega Democrática Italiana, reunindo anarquistas, socialistas e republicanos. O movimento, posteriormente transformado

---

[9] Charles Fourier (1772-1837): um dos socialistas do passado; criou um aldeamento socialista (falanstério) que ainda existe na França. No Brasil, a Colônia Cecília, no Paraná, foi um falanstério cooperativo inspirado em seus conceitos.

no Círculo Socialista, deu origem a um periódico de alguma influência entre os imigrantes, o jornal *Avanti*, que circulou até 1909.

Nesse palco, é preciso apontar para os conflitos existentes entre as diversas comunidades de imigrantes – notadamente os italianos, espanhóis e portugueses –, que, em fins do século XIX e primeira década do seguinte, constituíam o nascente proletariado local. A base ideológica desse novo proletariado foi sendo construída nos jornais e panfletos, inicialmente publicados em italiano ou espanhol, e na orientação política de movimentos sociais, também transmitida nesses idiomas.

As primeiras grandes greves foram deflagradas em 1900 e 1903, na Vidraria Santa Marina, cujos operários eram todos italianos e franceses, e nas fábricas de tecidos Anhaia e Penteado. Seguiram-se greves ferroviárias (1906), nos bondes da Light, e até uma greve geral em São Paulo (Cenni, 2003). O primeiro congresso socialista realizou-se em 1902, reunindo lideranças de diversos estados, no qual a representação paulista era constituída por 28 italianos, 13 brasileiros, 2 espanhóis e 2 alemães. Dele decorreu a fundação do Partido Socialista Brasileiro, com manifesto redigido por Ascendino Reis. Em São Paulo, contudo, não houve uma estruturação mais sólida e popular da práxis política socialista. Essas ideias, mesmo quando toleradas, diluíram-se na dura e pragmática batalha cotidiana pela afirmação e enriquecimento individual, acrescida pela garra com que os imigrantes buscavam refazer sua vida na nova terra.

A brasileiríssima antropofagia cultural acabou levando a melhor... A mais segura e definitiva aculturação é a que ocorre entre lençóis: o matrimônio e a criação de filhos que incorporam duas raízes étnicas e culturais distintas. Assim como para os europeus eram irresistíveis as morenas (de antigas miscigenações), os brasileiros achavam irresistíveis as italianinhas bem arrumadas que abrilhantavam as festas da província... Porém, quando se tratava de assuntos econômicos, salários e trabalho, mormente em São Paulo, o pau comia...

Ao mesmo tempo, a dependência da economia brasileira continuava a beneficiar o acúmulo desequilibrado de capital e a reafirmar privilégios. Se na economia colonial o país era apenas exportador compulsório de recursos naturais, depois passou a processar cana e café, mas ainda dependendo da importação de maquinaria. Quando passou a fabricá-la, continuou dependendo da importação de sua tecnologia. E, nesses sucessivos estágios de dependência, como bem descreve Ladislau Dowbor, a acumulação e a desigualdade persistiam. Há até poucos anos, o próprio salário-mínimo legal (instituído, em 1940, por Getúlio Vargas) era utilizado como padrão de indexação dos demais salários e serviços, de modo que qualquer aumento dele acarretava perversamente o aumento dos demais. E aumentava a distância entre salários baixos e salários altos... Os privilégios se mantinham e a renda, crescente, concentrava-se (Dowbor, 2009).

Os negócios de terra e o mercado imobiliário

A relação entre palco e protagonistas da cena paulistana merece atenção, a fim de compreender como se fez São Paulo e o que se poderá fazer em São Paulo. É preciso, nesse caso, focalizar um dos protagonistas – o mercado imobiliário. O crescimento explosivo da população acarretou o crescimento da demanda habitacional, cujo atendimento acabou ocupando de forma "empredatória" e rápida toda a região externa à original cidade da colina, acelerando a já iniciada expansão gerada pelas estações das estradas de ferro.

Além das já mencionadas chácaras loteadas, expandiu-se a atividade da construção civil: pilares de concreto e paredes de tijolo constituíram novidades tecnológicas no mesmo ritmo com que as fachadas de decoração neoclássica eram reproduzidas por mestres de obras italianos, espanhóis e portugueses. Na medida em que se multiplicava a demanda, floresceram os "negócios de terra e da construção". O espantoso crescimento da cidade no século XX estruturou um mercado imobiliário que, a partir do final da década de 1950, tomaria os contornos corporativos hoje cristalizados.

Os negócios fundiários surgiram com força e evidência no último quartel do século XIX, ao cessar o valor mercantil do escravo, sendo substituído pelo valor mercantil da casa. Em uma análise de inventários paulistanos, Maria Luiza Ferreira de Oliveira aponta que, até 1880, a propriedade de escravos tinha, na cidade, um valor econômico maior do que a propriedade de bens de raiz (terras e casas). O crédito comercial e bancário os considerava um valor de garantia mais seguro do que o título, frequentemente questionável, de posse ou propriedade de terras. Mas, nessa época, a situação modificou-se: além da abolição da escravatura, também o aumento de demanda habitacional acarretou a valorização de casas, e as famílias que acumulavam alguma poupança passaram a investir em casas de aluguel. Nos inventários analisados para o período de 1874 a 1890, nota-se claramente a mudança na composição dos patrimônios. Também se percebe a diversificação dos negócios, a inclusão de inúmeros novos serviços relacionados com a construção civil e a substituição, óbvia, da mão de obra escrava pela de alguns poucos libertos e de muitos imigrantes (Oliveira, 2005).

O crescimento da população e da demanda habitacional não cessaria no século XX, acarretando desde o loteamento desenfreado de toda a região hoje denominada "centro expandido" até a consolidação de um mercado imobiliário extremamente ativo, para o bem e para o mal.

Os "negócios de terra" passaram a ser o jogo urbano que conduziu à verticalização do palco, já extremamente ampliado, da Cidade. É fácil compreender o motivo: a São Paulo que iniciara o século com 265 mil habitantes (moradores, portanto) alcançava 375 mil em 1910, 890 mil em 1930, 2.198.096 em 1950, 3.781.446 em 1960! A demanda habitacional aumentou vertiginosamente e produzir a oferta tornou-se um negócio convidativo e rentável. A fim de não perder a perspectiva, é oportuno notar que a pressão de demanda continuou aumentando: a cidade alcançou 10.434.252 habitantes em 2000 e 10.998.813 em 2009. São Paulo, capital, cuja população correspondia a 10% da população do estado em 1900, a partir de 1990 passou a representar 50% da população do estado, com um aumento correspondente de peso político.

O mercado imobiliário atual é composto de diversos elementos: a busca – e posterior negociação de compra – de terra urbana, a análise comercial da demanda existente ou daquela que é passível de ser induzida, o projeto arquitetônico e a construção civil, o *marketing* e a comercialização. A construção civil, forte elemento da economia local, é importante protagonista no palco urbano: ela propicia o emprego de mão de obra de rápida especialização e gera uma extensa cadeia produtiva industrial.

A posição desse mercado na economia local fez com que, mormente após o segundo forte impulso de crescimento e verticalização da década de 1970, o seu protagonismo tivesse forte influência na elaboração de leis, na composição conveniente da Câmara Municipal, no espaço pago na mídia impressa, na presença política de seu Sindicato[10] e líderes. O mercado imobiliário existe e tem legitimidade porque atende a demandas efetivas; e importa, porque dele decorrem atividades construtivas que mobilizam mão de obra abundante, direta e indireta, assim como atividades industriais valiosas. Mas qual sua influência na ocupação dos palcos urbanos e na mudança de cenários, isto é, na paisagem de São Paulo?

Ele cria unidades construídas, aptas à venda, focalizando um único lote de cada vez; para este, projeta a máxima ocupação permitida por lei e busca maximizar a área construída. O mercado não se ocupa das ruas, do bairro em que cada lote/imóvel é construído, a não ser como localização, como endereço. Essa lógica se repete, lote a lote, até completar a ocupação rentável de um setor urbano, de um bairro. Após a saturação de um setor, a lógica do mercado é redundante: busca repetir, no bairro contíguo, os procedimentos mercadológicos anteriores, até esgotar o espaço construível do novo bairro. O procedimento é predatório e não se ocupa do que ocorre nas ruas e no bairro, focalizando sempre cada lote.

A lógica é mercantil e legítima. Pode, porém, conflitar com o interesse público, pois geralmente desdenha a escala e a vida de bairro, ignora o acréscimo de

Em entrevista a Carta Capital (13-1-2010), o jurista Fábio Comparato disse: "No Brasil não existe a consciência de bens públicos. Quando um bem não é propriedade particular de alguém, ele não pertence a ninguém. Então, a grilagem de terras públicas e a utilização de canais de comunicação, com o espaço público usado para a defesa exclusiva de interesses privados, é a regra geral".

---

[10] Sindicato das Empresas de Compra, Venda, Locação e Administração de Imóveis – Secovi.

veículos e a pressão que acabam exercendo sobre a sempre insuficiente malha viária local, não atende a demandas socioambientais, e, uma vez concluída a venda e entregue o edifício, deixa para o poder público a difícil tarefa de lidar com os problemas gerados entre o empreendimento e o interesse do bairro afetado.

Embora o senso de responsabilidade social do empresário possa atenuar tal malefício urbano, a lógica do mercado imobiliário exige uma sábia regulação por parte da Prefeitura, em favor dos interesses públicos.

Esse procedimento habitual do mercado resultou, ao final do século XX, em diversos bairros sem vida comunitária, que foi substituída por condomínios murados, em que se pretende imitar a vida urbana através da artificialidade de uma "vida segura entre pares", eliminando-se, em boa parte, a diversidade que faz a riqueza e a própria segurança de uma sociedade urbana. Esse insulamento deixa a via pública (assim como tudo que é público) para os "outros", aqueles que não têm recursos para ser proprietários de imóveis nos condomínios fechados. Em outros termos, a lógica desse mercado é excludente...

Criou-se assim, no nível do mercado imobiliário, uma versão construída do conceito privatista de vida urbana: a cidade murada (Caldeira, 2003) de quem financeiramente "pode", separada da cidade pública dos demais... Do mesmo modo como há a segurança privada e a pública, os planos de saúde privados e o SUS, a escola privada e a pública, o transporte por automóvel e o transporte coletivo. Todos esses casos de fragmentação apontam para uma visão individualista da vida urbana e escamoteiam o risco de uma situação extrema e catastrófica no horizonte...

Mas não foram apenas empresas a dedicar-se a esse consumo de lugar e à construção desenfreada. Foi formado um mercado imobiliário secundário por outro tipo de loteadores, espertalhões que, informados por vizinhos ou por servidores de cartórios de registro de imóveis da existência de glebas cujos proprietários ou posseiros estavam ausentes ou em litígio legal, por herança ou posse mal definida, apressavam-se em apossar-se delas informalmente, marcavam lotes e vendiam o que não lhes pertencia para migrantes ou favelados sem recursos suficientes para adquirir lotes legais. Os novos posseiros, em mutirões familiares, de vizinhos ou em empreitadas parciais toda vez que alguma poupança era formada, foram construindo suas casas, morro acima ou várzeas adentro, ao longo de cursos d'água e represas. Assim, bairros novos sem infraestrutura nem serviços, favelas, foram ocupando espaços inadequados à habitação.

Corruptos e corruptores: o patrimonialismo

A diversidade de origem das pessoas que compõem o tal do "povo brasileiro", os valores de sua cultura migrante, a simultaneidade dos grandes ciclos econômicos exportadores, com o dinamismo paralelo de uma "pequena economia" diversificada, compondo um bem tramado mercado interno, são elementos a considerar quando, ainda focalizando os protagonistas que constroem e destroem os palcos da vida urbana em São Paulo, forem examinados quem foram, e são, os "donos do poder" (Faoro, 1958).

No século XVI, o poder na população indígena dispersa no território era exercido por caciques e pajés, mas havia considerável participação dos adultos em cada aldeia. Os portugueses trouxeram para o Brasil uma tradição patrimonialista, de sabor medieval, que confunde a esfera pública com os interesses privados do soberano, de seus prepostos e de quem conseguisse exercer algum poder sobre os demais.

Três autores são fundamentais para descrever o que foi, no Brasil, o patrimonialismo, isto é, o uso privado do patrimônio público por parte de detentores do poder: Raymundo Faoro (Faoro, 1958), Sérgio Buarque de Holanda (Holanda, 1969) e Oliveira Vianna (Vianna, 1982).

Todos se referem a Max Weber, o sociólogo que, em obra de 1922, onde se debruça sobre o Estado e a burocracia, crismou o termo "patrimonialismo" (Weber, 1999). O tema seguiu sendo tratado por estudos acadêmicos diversos, entre os quais menciono o de Daniel da Silveira (Silveira, 2005).

O patrimonialismo, como aponta esse autor, é uma forma de dominação exercida como um direito pessoal, baseado em laços tradicionais, como o foram o patriarcalismo, o sultanismo e o feudalismo, cada um com formas próprias de explicitar sua dominação sobre súditos ou pares. A autoridade investida dessa forma de poder administra sem diferençar os bens públicos de seus bens privados. No caso do Brasil, Sérgio Buarque de Holanda diz:

> Para o funcionário "patrimonial", a própria gestão política apresenta-se como assunto de seu interesse particular; as funções, os empregos e os benefícios que deles aufere relacionam-se a direitos pessoais do funcionário e não a interesses objetivos, como sucede no verdadeiro Estado burocrático, em que prevalecem a especialização das funções e o esforço para se assegurarem garantias jurídicas aos cidadãos. A escolha dos homens que irão exercer as funções públicas faz-se de acordo com a confiança pessoal que mereçam os candidatos, e muito menos de acordo com as suas capacidades próprias (Holanda, 1969).

A pessoalidade do governante é exercida mesmo que o regime não seja autoritário ou ditatorial. É claro que, na medida em que o regime se afasta do democrático, a censura e a ausência de transparência vão permitir que a pessoalidade do governante tenha um desempenho mais arbitrário e nocivo. Também convém apontar para o fato de que, via de regra, os partidos políticos brasileiros, mesmo quando nascidos em torno de alguma ideologia ou corpo de doutrina, acabam se tornando um agrupamento de pessoas, uma espécie de clã de adesão aberta, predestinado a ocupar o poder, a distribuir entre seus membros e partidários as funções e as benesses dos cargos públicos. Daí ao exercício do patrimonialismo é um passo... A política, em tal contexto, frequentemente descamba para um "nós contra eles" no que se refere à distribuição de cargos, e a disputa se assemelha a um jogo, e com torcida.

Buarque de Holanda coloca na formação familiar patriarcal a origem desse viés personalista no exercício do poder. Contudo, a fim de ampliar a compreensão do fenômeno, penso que se deveria acrescentar a *influência do espaço amplo* do território brasileiro, aberto a constantes migrações e à consequente cultura migrante do conquistador. O poder político é poder sobre outras pessoas: também ele é um objeto de conquista.

A imensidão do território, como já disse, também poderia explicar por que, em tantas ocasiões da história, os conflitos de interesses não amadureceram para um estado de revolta e consequente mudança. Além da previsível repressão violenta, sem a compressão causada por limites de espaço, "sair para o lado" frequentemente foi uma solução possível e não violenta para escapar de tais conflitos.

Barile da Silveira, em sua dissertação de mestrado, lembra o prefácio escrito por Antonio Cândido em *Raízes do Brasil* (Holanda, 1969), em que este relaciona a definição de "homem cordial" à dificuldade de desligar-se do ambiente familiar, de ter um desempenho impessoal de homem público. Aqui também me permito sugerir que se considere a miscigenação (física, mas também cultural) que, no Brasil, ocorreu de forma peculiar, incorporando-se, no povo brasileiro, a afetividade e espontaneidade de culturas africanas, a seletiva abertura ao estrangeiro da cultura indígena, assim como, em ambos os casos, a espontaneidade e presença do corpo e dos gestos afetivos que, hoje, fazem com que estrangeiros louvem, de modo geral, a afetividade, a sensualidade e a "simpatia dos brasileiros".

Raymundo Faoro, igualmente partindo da obra de Max Weber, separa os conceitos de "estamento" e de "classe social": "o estamento é uma camada de indivíduos que se organiza e que é definido pelas suas relações com o Estado [...] Os estamentos governam, as classes negociam [...] Os estamentos são órgãos do Estado, as classes são categorias sociais (econômicas)" (Faoro, 1958). Segundo Faoro, esses estamentos que utilizam o instrumental do Estado em benefício próprio são os verdadeiros "donos do poder". Já Rubens Goyatá Campante, citado por Barile da Silveira, diz: "Em uma sociedade patrimonialista, em que o particularismo e o poder pessoal reinam, o favoritismo é o meio por excelência de ascensão social" (Campante, *apud* Silveira, 2005).

Em outros termos, conquista-se o poder e o governo para partilhar, com os amigos, os cargos e outras benesses. Em uma cultura com as características de mobilidade e de porosidade, os estamentos são fluidos, "líquidos", como diria Baumann (Baumann, 2007), e fica mais difícil definir com clareza quem é "dono do poder", qual o papel da riqueza na definição de "elite" no poder. Como definição popular, elite seria "quem é rico há mais tempo", ou "quem tem história mais antiga associada ao exercício do poder", ou, ainda, "quem adquiriu saberes e instrução superior". A porta de entrada para a "elite no poder" está aberta, em virtude da porosidade e da cultura de migrante que caracterizam a pessoalidade de nossa sociedade; e a fronteira entre o público e o privado é líquida.

Oliveira Vianna, por sua vez, tem uma visão mais antropológica do problema do patrimonialismo, e soa-me bem quando dá importância à investigação dos costumes e do papel da cultura, *lato sensu*, para melhor compreender o fenômeno. Aponta para a dispersão da população no extenso território e, consequentemente, para a limitação a ambientes e costumes familiares, por estarem "isolados da vida coletiva pujante" (Vianna, 1982). Barile da Silveira acrescenta: "Nesta acepção, os únicos impulsos que gerenciam o espírito desse homem disperso repousam em sua vontade individual, em sua predominante visão privatista do mundo" (Silveira, 2005).

Preocupado em superar o nocivo patrimonialismo, Oliveira Vianna propunha, contudo, um governo autoritário transitório. Novamente o "déspota esclarecido", porém em roupagem moderna... Déspotas, os tivemos... Mas a situação não se alterou: o grupo de pessoas no poder e seu partido político foram, em 1964, destituídos e substituídos pela Forças Armadas e pelos civis que na ocasião as apoiavam. Mas os militares também constituem uma corporação e, como tal, ocuparam o poder, impuseram a censura e ausência de direitos civis, sendo impossível afirmar que, com isso, tenha sido superado o patrimonialismo e a busca de benesses ou interesses próprios – a maior parte das mordomias corporativas no nível federal foi criada precisamente durante a ditadura militar. Aos militares se associaram grupos empresariais e numerosos indivíduos que, como sempre, buscavam proveitos individuais e corporativos decorrentes de sua proximidade com o poder. Na visão patrimonialista de poder, a sociedade se reduz a clientela política e eleitoral.

Por outro lado, na conquista de espaços e de novas oportunidades, o poder regulador das tradições e da moral familiar da cultura migrante pode enfraquecer-se. Surge a necessidade de adequar-se a novas situações e de precisar adotar – quando não, criar – novos parâmetros para balizar suas ações. O *pragmatismo* surge forte a conduzir tais decisões: o corpo rígido da moralidade formada no seio da família ou imposta por costumes e expectativas da comunidade flexibiliza-se. A fronteira entre o pragmatismo e a ética e moral torna-se fluida, imprecisa, oportunista.

Há diversos estímulos ampliando o exercício do pragmatismo. Numa época em que se concretizou a previsão de Karl Marx, de que tudo se torna mercadoria no capitalismo, as pessoas vivem imersas em um oceano de consumo, sob a tirania da coisa oferecida. A vontade de possuir coisas, de seguir a moda, de se sentir "moderno" ao substituir objetos antigos por novos, de querer parecer um "igual" aos que ganham mais, de ostentar para demonstrar que participa do festim do consumo – são essas, enfim, atitudes que concorrem para uma confirmação das vantagens do pragmatismo: uma "ética" de resultados...

A porosidade social antes mencionada faz com que o espírito do pragmatismo penetre em todas as camadas, do trabalhador a uma vasta classe média e, finalmente, ao estamento dominante. Dentro do campo do pragmatismo, tolera-se a compra e venda de favores. Nesse comércio oportunista, marginal às leis e a um Estado de direito, as figuras simétricas do corruptor e do corrompido dividem o ônus da quebra da ética e da frequente traição do interesse público.

Minhas observações, associando a mobilidade física e social ao exercício patrimonialista do poder, não devem ser entendidas como uma "acusação" do migrante como fautor desses prepotentes vícios no exercício do poder. Essa inevitável fluidez social cria, contudo, um caldo de cultura que facilita, a aproveitadores ou desonestos, uma atuação "pragmática", sem encontrar uma nítida e pronta resistência e repúdio. As intoleráveis desonestidade e impunidade são toleradas...

A superação do patrimonialismo, assim como do clientelismo político, é um processo que se beneficiará com o conhecimento das raízes culturais do povo brasileiro e, também, com a compreensão dos mecanismos de sua inserção em um mundo globalizado e interconectado.

O aumento da consciência social e da transparência, a politização dos cidadãos e o respeito maior às instituições republicanas e democráticas poderão, em tese, desativar o personalismo cultural dos hábitos patrimonialistas.

Enquanto isso, nas coxias do palco paulistano...

Os políticos: uma relação muito pessoal

Nas páginas precedentes valorizei sobremaneira a pequena economia difusa, o povo brasileiro em seu anonimato, a sociedade civil e seus interesses difusos, a fim de pôr em relevo que a história não se faz apenas com ações heroicas, decisões governamentais e macroeconomia. Também é feita pela ação anônima, que revela a existência de um povo atuante, um mercado interno, atitudes coletivas consistentes, organizações não governamentais e opiniões públicas que, por vezes, pressionam e surpreendem os partidos políticos.

O termo vago "elite" tem sido usado para aludir à classe dominante. Com efeito, dadas as características de mobilidade espacial e porosidade social, e como o Brasil não conheceu Idade Média, o poder era em boa parte conquistado. Assim, os prepostos da Coroa, no período colonial, ou os representantes institucionais do imperador ou do governo central eram rodeados e, por vezes, abafados por pessoas que, mercê de seu poder econômico, ou de sua personalidade, completavam e davam corpo ao grupo que mandava: a "classe" dominante. Por exemplo, quem "mandava" na vida urbana de São Paulo, no início do século XIX, eram alguns latifundiários, bom número de comerciantes, ricos traficantes de escravos, autoridades religiosas, senhores rurais e, evidentemente, representantes do poder colonial português. Tal conjunto de pessoas de origem diversa, em conluio e partilhando interesses semelhantes, constituía a "classe" dominante – bem diversa, na origem e nas características, da aristocracia europeia, do mandarinato chinês e da burguesia francesa, ou da nítida segmentação social inglesa.

Ao descrever os protagonistas que atuam sobre o palco paulistano, responsáveis por boa parte de suas transformações e redesenho de seu cenário, não se podem omitir as instituições republicanas: a Câmara e a Prefeitura municipais, órgãos maiores de representação político-administrativa. Além do já descrito no capítulo das transformações do palco físico, quais as características e formas de ação desses órgãos?

Embora no século XIX o poder político permanecesse nas mãos de senhores com força econômica, acordados com as exigências mercantis da Coroa, os que participavam do poder no nível municipal eram comerciantes e lideranças reconhecidas (desde que não ostensivamente contrárias ao *status quo* colonial). Em defesa de interesses locais, houve momentos em que uma Câmara tomasse decisões contrárias aos interesses da Coroa e, mais tarde, opostas à política dominante.[11] Já ao longo do século XX, o poder incorpora lideranças industriais, rurais, comerciais e, gradualmente, lideranças sindicais e seus órgãos de classe.

Quanto aos executivos municipais, é claro que deles dependiam as decisões sobre saneamento, abertura de vias, concessão de serviços públicos, política fiscal e

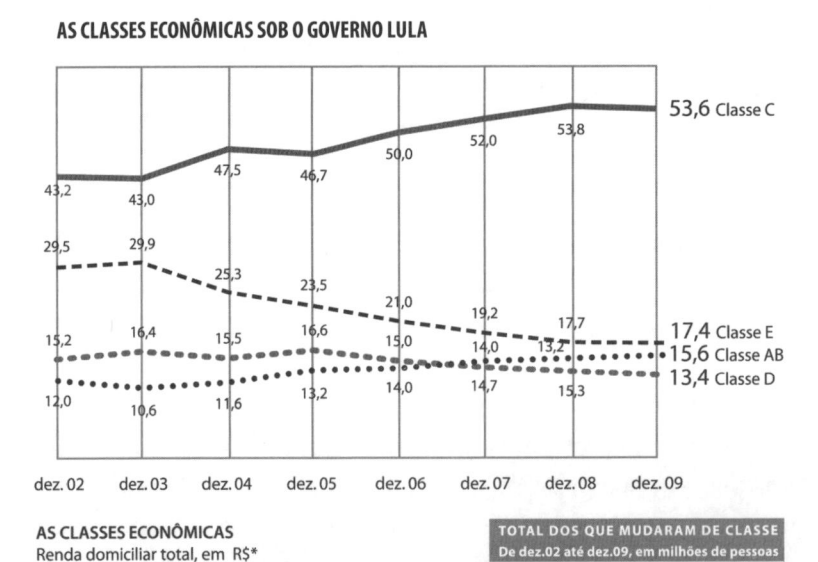

AS CLASSES ECONÔMICAS SOB O GOVERNO LULA

	dez. 02	dez. 03	dez. 04	dez. 05	dez. 06	dez. 07	dez. 08	dez. 09
Classe C	43,2	43,0	47,5	46,7	50,0	52,0	53,8	53,6
Classe E	29,5	29,9	25,3	23,5	21,0	19,2	17,7	17,4
Classe AB	15,2	16,4	15,5	16,6	15,0	14,0	13,2	15,6
Classe D	12,0	10,6	11,6	13,2	14,0	14,7	15,3	13,4

AS CLASSES ECONÔMICAS
Renda domiciliar total, em R$*

E	D	C	A/B
Até 804	804 a 1.115	1.115 a 4.807	4.807 e acima

* Atualizado a preços de dez.08; cálculo a partir de renda domiciliar *per capita*
Fontes: Ministério do Desenvolvimento Social, Ministério do Trabalho, Dieese, CPS/FGV a partir dos microdados da PME/IBGE e Datafolha, pesquisa feita em 25 e 26 mar.10

TOTAL DOS QUE MUDARAM DE CLASSE
De dez.02 até dez.09, em milhões de pessoas

Classe AB	Classe C	Classe D	Classe E
7,7	31,2	-2,4	-23,1

---

[11] É o caso do episódio da eleição, em 1641, de Amador Bueno como rei do Brasil.

relacionamento com os presidentes da província, não chegando a haver, durante os períodos colonial e monárquico, um relacionamento mais forte e direto com a Coroa e com a Corte.

No campo político, os relacionamentos sempre tiveram um caráter extremamente pessoal. Ainda hoje, apesar de existirem sólidas instituições políticas e governamentais, o relacionamento pessoal abre caminhos, gera simpatias essenciais, realiza acordos políticos que, posteriormente, são ratificados por partidos políticos ou por instâncias institucionais. Dessa "pessoalidade" na política (e nos negócios) decorrem alguns aspectos positivos e muitos outros negativos. Se, por um lado, torna os relacionamentos mais afetivos, menos duros, por outro, substitui a concordância ideológica pelo compadrio pessoal; a negociação, pelo "toma lá, dá cá".

Os paulistanos, hoje

Será possível inserir em um ente coletivo – os paulistanos – cidadãos tão diversos quanto um empresário do Morumbi, um sem-teto da Luz, um comerciante de Pinheiros, uma senhora emergente do Tatuapé, um executivo estrangeiro representante de uma multinacional europeia, uma feirante do Cambuci, um operário da Barra Funda, um estudante da Vila Mariana, um motoqueiro de São Mateus, uma sacoleira do interior que frequenta as lojas da 25 de Março, uma professora do Butantã e um flanelinha da Vila Madalena?

A diversidade é característica de qualquer metrópole, e São Paulo não escapa à regra. No entanto, se considerarmos os paulistanos do ponto de vista de seu protagonismo no palco de sua cidade, alguns pontos em comum poderão ser vislumbrados. Enquanto cada um persegue seu objetivo de crescer – em poder, em fortuna, em *status* –, construindo sistemas de vida cotidiana que integram os elementos que compõem a "sua" cidade, todos têm consciência, qual grande nuvem geral, de que estão inseridos em algo maior, temível mas também generoso, denominado *metrópole*.

Ao buscar uma inserção metropolitana que convenha a seus objetivos particulares de vida, o paulistano (morador ou visitante) dispõe-se a viver em um amontoado urbano, grande demais, perigoso, cansativo, caro, porém cheio de oportunidades de trabalho e de ganho. São Paulo continua sendo o território nacional das oportunidades, embora cada paulistano encontre concorrência crescente. Para ir à busca do que é oferecido, ele se defronta com duas grandes dificuldades: onde *morar* e como *circular*. A fim de não se distanciar das oportunidades de trabalho e estudo, nem da oferta de serviços essenciais, vai desejar localizar-se no chamado centro expandido (entre os rios Tietê e Pinheiros), frustrando-se ao perceber que lá só consegue morar em apartamentos, devendo sujeitar-se a um custo de aquisição ou locação elevado. O obstáculo financeiro poderá levá-lo a abandonar esse desiderato, indo morar na periferia em expansão, território dos que ganham menos e dos que sofrem com o deslocamento diário em viagens que podem roubar-lhe quatro horas diárias de vida.

O segundo conflito tem a ver com a mobilidade. A escala da metrópole exigiria um transporte público que ainda é insuficiente. Tal situação, agravada pelo *marketing* em torno do automóvel e pela atração que esse veículo suscita – pois, além de ser um transportador, carrega outros significados, como o *status*, a sensualidade, a potência e a liberdade –, leva todo cidadão a colocar-se como objetivo possuir um automóvel e circular por esse meio. Hoje, ainda suporta o ônus crescente dos congestionamentos, o tempo perdido no estresse do trânsito e o custo sempre em elevação de estacionamentos. A situação, porém, está chegando a um limite que vai obrigar o paulistano a rever seu local de moradia e o de trabalho, e a pressionar governos para que o transporte público esteja à altura das necessidades.

A terceira característica desses protagonistas decorre de sua cultura migrante, assim como da porosidade que está elevando seu *status* e alterando seu modo de vida. O grande crescimento dos paulistanos de classe média, acompanhando o que ocorreu no Brasil nesta década (ver gráfico na página 112), indica uma considerável melhoria na distribuição de renda. Mas também resulta em alteração da *pauta de desejos* da população socialmente emergente. Sempre voltado para o que é novo, moderno, a melhoria de ganhos é traduzida como ampliação da pauta de consumo. E, em muitos casos, a preocupação por ganhos coletivos (melhor transporte coletivo, despoluição, atendimento aos mais pobres) vai ser, ou já é, substituída pelas preocupações vinculadas ao consumo pessoal e familiar, resultando em aumento de individualismo e diminuição de consciência social, isto é, uma despolitização.

Esse individualismo tem sido reforçado e mesmo acelerado pela tecnologia de informação. Como comenta o sociólogo Adauto Novaes, "assistimos hoje a uma forma devastadora de evaporação da esfera pública. As novas tecnologias estão pondo em xeque as formas de sociabilidade ao acolher e reforçar o individualismo exacerbado, esvaziando o convívio social e dificultando a ação política" (Novaes, 2007).

Esse "aburguesamento", ou aumento da presença de uma classe média com as características descritas, pode vir a ter reflexos políticos e eleitorais. No entanto, em termos de protagonismo, nota-se em São Paulo, ao mesmo tempo que ocorre o que acabo de descrever, um grande aumento de organizações da sociedade civil, testemunhando sua vontade de participar, de forma republicana, das decisões que concernem à sua vida na metrópole.

Com efeito, na direção oposta ao individualismo exacerbado, mister se faz reconhecer a proliferação, nessas organizações da sociedade civil, de uma generosa disponibilidade de cidadãos para se agruparem na defesa de alguma causa que lhes diga respeito. Essas causas são coletivas, ultrapassando o personalismo mencionado. São Paulo é rica em organizações civis, e sua ação, embora por vezes limitada em seu escopo, tem alcançado relativo sucesso. As diversas organizações de natureza socioambiental tornaram quase obrigatório, a empresas e partidos políticos, colocar o tema em seus programas e ações.

A criação, em 2007, do Movimento Nossa São Paulo é um bom exemplo de mobilização que pode alcançar resultados: a emenda da Lei Orgânica do Município – proposta pelo Movimento,[12] e hoje copiada por outros municípios – determina que todo prefeito, noventa dias após sua posse, apresente metas quantificadas de seu programa de governo,

---

[12] A emenda foi proposta dentro do Movimento e redigida por Paulo Lomar.

devendo ser condizentes com o Plano Diretor em vigência e com as mensagens de sua campanha eleitoral.

Até que ponto a sociedade civil organizada poderá dialogar com os partidos políticos e com as instituições republicanas, contribuindo para uma gestão melhor? A que costumes políticos os procedimentos descritos levaram São Paulo, e qual a sua inércia? Quais os desafios que essa cidade apresenta hoje e quais as possibilidades e caminhos a adotar no século XXI, para o seu desenvolvimento e a melhoria da qualidade de vida para todos daqui para a frente?

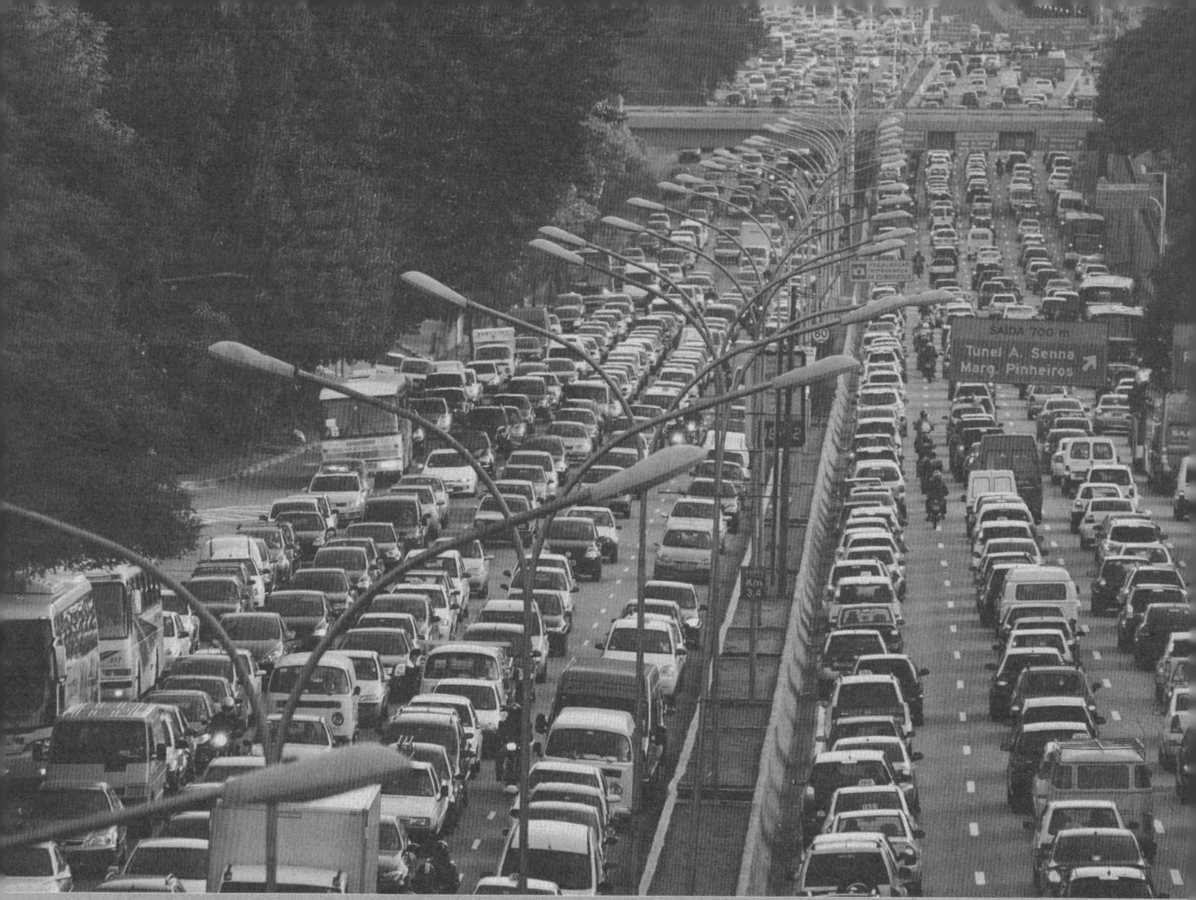
SAIDA 700 m
Tunel A. Senna
Marg. Pinheiros
80
Km 3,4

3
O DESAFIO DOS DRAMAS ATUAIS

O DESAFIO DOS DRAMAS ATUAIS

Nas últimas décadas do século XX, São Paulo tornou-se uma das cidades globais do mundo. Com a conectividade obtida graças ao desenvolvimento da tecnologia de comunicação, foi criado um ambiente virtual de dimensões mundiais, a globalização, que conecta pessoas e gera um fluxo informativo constante. Embora no início de sua operação houvesse crítica referente ao uso que o mundo financeiro dela fazia, maximizando o jogo das especulações, os primeiros resultados dessa conectividade provavelmente aconteceram no campo da cultura, dos costumes, da universalização dos objetos de consumo, da mescla de idiomas. A conectividade global criou um arquipélago de ilhas de consumidores modernos, uma homogeneização em favor do consumo, frequentemente marginalizando populações sem recursos suficientes para ingressar nesse mundo.

Por isso, antes de me debruçar sobre o palco paulistano, identificando seus desafios atuais, é necessário considerar aqueles desafios mundiais inerentes à condição de viver em ambiente globalizado. Entre eles, o desafio de construir o conhecimento e um novo pacto social entre Estado, mercado e sociedade; o de implantar maior justiça e homogeneidade nas sociedades em desenvolvimento; o de reverter o mau desenvolvimento que exaure os recursos naturais, polui ar, água e solos, extingue espécies e prejudica o clima; o de mudar os paradigmas da produção e da geração de energia; e o de preservar a paz entre as nações.

Era de transição, de rupturas – é difícil definir o que esperar do século XXI. O futuro não tem nome. Como bem observa Bobbio, o máximo que se pode dizer é que esta era é *pós* a precedente (Bobbio, 1997), como no caso do pós-modernismo... É fácil reconhecer que o "toyotismo", na produção de veículos, constitui um "pós-fordismo". Mas o que seria um pós-capitalismo?

Além de ter-se instaurado o ambiente da globalização, os desafios tornam-se cruciais e globais devido ao surgimento de dois fenômenos de importância para a vida urbana: as rupturas de alguns sistemas produtivos e a aceleração vertiginosa de todos os processos de mudança. Tentei, em 1998, traduzir essas transformações por meio de dez "teses",

que constituem o texto "Nosso fecundo fim de mundo", apêndice do livro *O Caminho de Istambul*:
- Mergulhamos em uma transição histórica: rupturas e não mero ajuste.
- O controle da economia desloca-se do Estado para os fundos de pensão e o mercado de capitais.
- Mudam o trabalho, a produção e sua organização: diminui o emprego.
- Mudam as relações entre organizações: da hierarquia à rede de parcerias.
- Muda a relação Estado/sociedade: negocia-se um novo contrato social.
- O Estado, em seu novo papel, será regulador, planejador e propiciador de parcerias.
- A sociedade está no umbral da era do conhecimento, não apenas no da informação.
- Século XXI: para uma sociedade urbanizada (polis-tizada...).
- Mudam os valores; questões de gênero e uso do tempo.
- Haverá o Renascimento do século XXI? (Wilheim, 1998)

O texto continha dados e citações dos diversos autores que criticavam acerbamente o caminho seguido pelo neoliberalismo e prenunciavam o estouro da bolha criada pela crescente dominação da economia mundial pelas negociações financeiras que, no fundo, "abandonavam" a economia e seguiam objetivos próprios, então altamente lucrativos. Portanto, muito antes do início da queda financeira, em 2008, ao ser "cutucada" a primeira pedra de dominó no campo da inadimplência habitacional norte-americana, já se vaticinava, lembrando Brecht, que "as coisas não vão ser o que são, precisamente por serem o que são..."

Enquanto transformações ocorrem como processos de dinâmica própria, algumas rupturas significativas mudaram os paradigmas da produção industrial, do comércio e navegação internacionais, da autonomia nociva do jogo de apostas em bolsas, da conectividade global.

O gráfico da página seguinte, com as abscissas do tempo e das transformações, revela que grandes mudanças estão ocorrendo em tempos cada vez menores. Além de essa aceleração constituir um desafio enorme para a educação formal, é considerável sua influência nos processos de mudança da nossa vida cotidiana.

É útil lembrar algumas datas, para deixar registrada a velocidade com que se sucederam as inovações que mais marcam a vida cotidiana: o primeiro computador pessoal foi comercializado em 1975 e, no ano seguinte, a Apple o torna um sucesso comercial; o protocolo que estabeleceu a internet é de 1981; o protocolo da rede mundial (web) é de 1991; o fax foi comercializado em 1980 e o *e-mail*, inventado por Tomlinson, teve lento progresso a partir de 1976, sob o nome de Arpanet, mas começou a ser praticado após a implantação do protocolo da web em 1991. Redes sociais diversas, como o *blog, twitter, facebook* e outros, continuam sendo criadas neste século. Havia, em 2007, no mundo, 1.957.381.260 de usuários da internet,[1] dos quais, em 2009, cerca de 66 milhões no Brasil. Mas a conectividade global utiliza também outros instrumentos: há cerca de 4 bilhões de telefones celulares móveis, e esses gradualmente incorporam programas da internet, tornando-se *conectadores globais multiuso* – expressão pouco charmosa, mas foi como os defini em um livro de ficção que escrevi (Wilheim, 1994).

A aceleração das mudanças, potencializada no ambiente da globalização, aumenta a urgência dos desafios a serem enfrentados. Em uma sociedade crescentemente urbanizada, é nas cidades, e mormente nas maiores, como São Paulo, que os impactos podem ser observados. Para o bem e para o mal... Assumo os desafios globais acima enunciados como guarda-chuva a cobrir inevitavelmente os desafios próprios à cidade de São Paulo. E, para melhor focalizar os desafios apresentados pelos diversos dramas que, de modo diferençado,

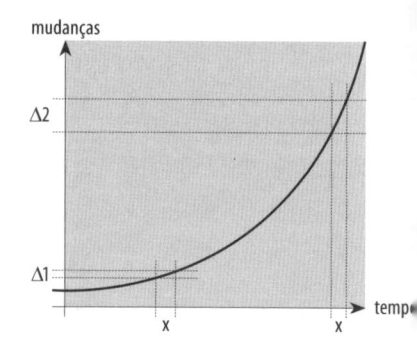

---

[1] Dados de setembro de 2009 da Internet World Usage Statistics - www.internetworldstats.com/.

atingem a qualidade de vida de todos os que habitam e visitam essa cidade, ou nela trabalham, agrupei os temas em cinco grupos: desafio da desigualdade e da construção do conhecimento, do *habitat*, do meio ambiente, da mobilidade, e do planejamento e gestão. Cada grupo apresenta alguns subtemas que sintetizam os desafios substantivos a enfrentar.

Desigualdades e insegurança

O INIMIGO BÁSICO: A DESIGUALDADE SOCIAL

O mal-estar que pervaga o mundo decorre de diversos fatores e circunstâncias que resultam em insegurança. Como informa Ladislau Dowbor (Dowbor, 2009), os 20% mais ricos do mundo se apropriam de 82,7% da renda mundial, e essa enorme concentração de renda resulta em que a despesa mundial com cosméticos (cerca de 8 bilhões de dólares) seja quase igual à despesa mundial com água e serviços sanitários (9 bilhões); e que as despesas mundiais com sorvetes, na Europa (11 bilhões), ou com perfumes, na Europa e nos Estados Unidos (12 bilhões), sejam quase iguais à despesa mundial com saúde básica e nutrição (13 bilhões); e todas são inferiores à despesa com ração para animais de estimação na Europa e Estados Unidos (17 bilhões)!

O período de transição da história, o rápido avanço de tecnologias e o afastamento entre interesses financeiros e desenvolvimento econômico resultaram em anulação ou perda de empregos. A elevada taxa de imigração no continente europeu, mormente em seus países mais desenvolvidos, embora signifique, no longo prazo, uma aculturação positiva, atualmente traz conflitos de natureza étnica e cultural – desde o medo do diverso, às atitudes xenofóbicas e violentas, até à recusa de aculturação (tanto por parte dos autóctones como dos imigrantes). E a constatação de que a ação humana está prejudicando o clima e causando prejuízos irrecuperáveis ao planeta aumenta a perplexidade e o medo. Vive-se na insegurança.

Porém, embora no Brasil e em São Paulo haja reflexos desses problemas globais, a América Latina possui outro problema, mais básico, mais antigo e que, no dizer arguto e profético de Aníbal Pinto (1920-1996), é representado pela desigualdade social. Em 1948, ao ser criada a Comissão Econômica para a América Latina e Caribe (Cepal) pelas Nações Unidas, dizia ele que "o parâmetro básico a ser superado na América Latina é a heterogeneidade de suas sociedades". A desigualdade reside, antes de tudo, na péssima distribuição de renda, pois, enquanto grandes riquezas foram constituídas por apropriação – sem incidência de impostos elevados sobre herança e fortunas, comuns em países europeus –, é constrangedor verificar a existência de pobreza extrema nas diversas sociedades que compõem este continente.

A desigualdade também se revela na tributação regressiva e no jogo de juros ao consumidor, conforme dados da Anefac:[2] a pessoa física é onerada, em 2010, em 123% ao ano, enquanto a pessoa jurídica em 54% ao ano, sendo esse alto patamar gerado pelas práticas bancárias e não pela taxa Selic,[3] determinada pelo Banco Central. Como argumenta Dowbor, "a intermediação financeira tornou-se assim um fator de elevação do chamado custo Brasil e um vetor importante da concentração de renda e, portanto, de redução da demanda" (Dowbor, 2009).

No Brasil, as políticas públicas da última década, certamente aceleradas no período 2003-2010, resultaram em diminuição das desigualdades, a ponto de ter havido, neste último período, uma redução de 17,4% da classe de renda E; de 13,4% da classe D; e grande aumento (52,6%) da classe de renda C; enquanto o aumento das classes A e B foi de 13,4%. Em números absolutos, enquanto as classes mais pobres (D e E) diminuíram de 25,5 milhões de pessoas, a classe média (C) aumentou de 31,2 milhões, e o contingente da classe mais rica (A e B), com renda superior a R$ 4.807,00 aumentou de 7,7 milhões.

A desigualdade não caracteriza apenas camadas sociais, pois também se verifica entre regiões de um mesmo país. Na cidade de São Paulo, onde a pobreza extrema é rara, há, entre diferentes regiões, evidentes

---

[2] Associação Nacional dos Executivos de Finanças, Administração e Contabilidade (Anefac).
[3] Taxa Selic é a taxa referencial do Sistema Especial de Liquidação e Custódia, que baliza as taxas de juros praticadas pelo mercado.

desigualdades de renda, de oportunidades. Por que foi fácil mobilizar a sociedade contra o autoritarismo militar, contra o fascismo do passado, contra a escravidão, e não é tão fácil mobilizá-la em favor da abolição das desigualdades? Em parte por que a classe dominante está mais vinculada a uma "fuga para a frente", a uma corrida para a melhoria do desempenho econômico, refletido no consumismo, embora sem suficiente planejamento e previsão dos desdobramentos futuros, e, em parte, porque, dentro da cultura migrante, quem venceu acha que os demais também podem se esforçar e vencer, não havendo necessidade de políticas compensatórias ou indutoras nesse processo. Em parte, ainda, porque nesse ambiente ideológico permanece o espírito do privilégio: uma vez alcançada a condição de classe dominante, o privilegiado não vê por que outros devam ser ajudados a alcançar tal patamar, e a solidariedade é limitada pelo individualismo triunfante. Some-se a isso o fato de a porosidade social, a fluidez ensejada pelo pragmatismo (frequentemente antiético) e o egoísmo confundirem e impedirem a delimitação do problema, algumas vezes pela variação de postura ideológica e pela descontinuidade programática de governos. Mas a razão fundamental é a de não se ter conseguido, em proporção suficiente, distinguir o ponto em que virtudes se transformam em defeitos: uma virtude como a tolerância ao que é diverso pode transformar-se em defeito, pois não é admissível que se tolerem a desigualdade, a impunidade e a corrupção!

A desigualdade é, sim, o inimigo básico a vencer! Sem sua superação, o desenvolvimento vai continuar gravemente incompleto, por causa dos péssimos indicadores médios de qualidade de vida e de bem-estar. Essa situação é medida por um indicador, o Índice de Desenvolvimento Humano (IDH), que incorpora a ri-

Uma virtude como a tolerância ao diverso pode transformar-se em defeito inaceitável, pois não é admissível que se tolerem a desigualdade, a impunidade e a corrupção!

queza, a expectativa de vida e o nível educacional dos cidadãos.[4] Esse indicador, embora seja montado inclusive no nível dos municípios, é obliterado, na mídia e nos discursos, por outro indicador, o PIB, que mede exclusivamente o desempenho econômico. Dessa forma, camufla-se a desigualdade e, erroneamente, toma-se crescimento como sinônimo de desenvolvimento.

A permanência da desigualdade também decorre do falso conceito de que políticas sociais constituem "custos" para a economia e o desenvolvimento de um país. Como bem argumenta Ladislau Dowbor, a experiência brasileira desenvolvida no período 2003-2010 comprova que não se trata de custos e sim de investimentos, pois eles resultam em crescimento da economia, ampliando o mercado interno (Dowbor, 2010a).

No âmbito urbano, como é o caso de São Paulo, a permanência da desigualdade gera uma paranoia dos que "estão bem", ao ver nos demais, que "não estão bem", um inimigo potencial, um risco à sua segurança. A consequência é fisicamente visível: São Paulo está se transformando em uma cidade murada, de condomínios fechados, apresentando uma nefasta tendência ao abandono dos espaços públicos e da periferia (onde a classe dominante não habita). Essa tendência representa uma gradual destruição dos valores urbanos, da sociedade urbanizada, da qualidade de vida para todos. A desigualdade acentua um dualismo antissocial: a parte privilegiada da sociedade não usa o que é público – a rua, o ônibus, os serviços de saúde (SUS), a escola pública (com exceção das universidades, que são gratuitas...). Viver com medo é perder qualidade de vida. Assim como estar inferiorizado em uma sociedade injusta e desigual significa não alcançar a qualidade de vida que a cidade já estaria em condições de propiciar para todos.

Há, em São Paulo, um bom número de organizações da sociedade civil movidas pelo sentimento de solidariedade e compaixão. E o governo federal – além de algumas bem-sucedidas iniciativas do setor público estadual e municipal, tendentes a diminuir a desigualdade – obteve,

---

[4] De acordo com relatório da ONU (2007), o IDH do Brasil é de 0,813, enquanto o da Noruega, o mais alto, é de 0,971. Isso classifica o Brasil em 75º lugar. A cidade de São Paulo tem IDH de 0,841.

por meio de diversos programas, um resultado positivo nesse sentido.[5] Porém, ainda estamos longe de superar, como marca de subdesenvolvimento, a desigualdade, que permanece como um desafio básico: a diminuição drástica do distanciamento entre a camada dos mais ricos e a dos mais pobres.

Se houvesse necessidade de provar a importância da melhor distribuição de renda no país e na cidade, bastaria observar o que ocorreu na última década: graças à ponderada distribuição do salário-família, vinculado à educação de filhos, obteve-se um aumento de renda nas camadas mais pobres, tirando da faixa da pobreza, entre 2002 e 2009,[6] cerca de 20 milhões de pessoas, acarretando, entre outros benefícios óbvios, o aumento de atividades comerciais. Durante esse período, a miséria foi reduzida em cerca de 8,5%, e 3,2 milhões de pessoas saíram dessa situação extrema. Outro exemplo recente: o crédito para aquisição de bens duráveis, oferecido de forma maciça, permitiu que as categorias estatísticas A, B e C aumentassem em cerca de 32 milhões entre 2003 e 2006, dinamizando anticiclicamente o mercado e superando assim os riscos inerentes à crise financeira mundial deslanchada em 2008. Tais resultados comprovam que, ao contrário do que alguns economistas afirmavam nos anos 1970, medidas distributivas fazem crescer o bolo...

Contudo, a desigualdade não se resume à má distribuição da renda. Ela se expressa também pela desigualdade das oportunidades. E, nesse campo, além do papel fundamental exercido pelas oportunidades de educação, cabe sublinhar a discriminação ainda existente contra o negro. A tardia abolição da escravatura, há cerca de 120 anos, não eliminou a herança de preconceitos e hábitos discriminatórios construídos na cultura brasileira durante os três séculos anteriores. Como vimos, o povo brasileiro habituou-se a conviver, a viver com o diverso, porém nem sempre de forma democrática. Permanece uma dívida para com os descendentes afro-brasileiros e durante um bom tempo ela deve ser resgatada mediante políticas de discriminação afirmativa, a fim de garantir a igualdade de oportunidades.

---

[5] Dados da Fundação Getúlio Vargas indicam que, entre dezembro de 2002 e dezembro de 2009, a proporção de brasileiros que vivem abaixo da linha de miséria caiu 43%, correspondendo a mais de 20 milhões que passaram das classes D e E para a classe C; esta teve, no período, um aumento de 53,6%.
[6] Dados da Eaesp - Fundação Getúlio Vargas.

Os êxitos obtidos na distribuição da renda e a necessidade de resgatar a dívida social para com os afrodescendentes comprovam que a superação das desigualdades exige políticas e mobilização. Estas podem, e devem, constituir o núcleo e o *foco central* de qualquer política e programa de desenvolvimento. Sem elas, continuaremos capengando...

Comparece então o desafio conceitual apontado por Amartya Sen em seu recente livro (Sen, 2009). Como proceder para alcançar uma solução "justa"? A conclusão a que o autor nos leva, na síntese feita por Ricardo Abramovay, é que "a escolha social depende do avanço real da democracia, das organizações sociais atuantes, da transparência, do estímulo à participação, dos movimentos revoltosos, da indignação – que podem ter aparência irracional, mas trazem à tona questões importantíssimas" (Abramovay, *apud* Amália Safatle, 2010).

A riqueza da argumentação de Sen convence e demonstra a complexidade do estabelecimento de metas e objetivos destinados a vencer o desafio da desigualdade. Mas não há por que desanimar...

DESENVOLVIMENTO ECONÔMICO E A CRIATIVIDADE

"Nada mais prático do que uma boa teoria", diz o popular ditado.[7] No entanto, neste início do século XXI, não há teoria que explique a implosão do capitalismo e, muito menos, o que virá depois. Para compreender o presente ainda podemos nos apoiar em Marx e em Keynes, além das argutas observações de Stieglitz, Sachs, Giddens, Lash, Rifkin, ou até as de um não teórico experiente e lúcido como Georges Soros. Mas... e o resto do século? Que nome terá o pós-capitalismo? O que permanece e o que muda quando as sociedades no mundo estiverem mais desenvolvidas, mais homogêneas, mais radicalmente democráticas? Quando se perceber que, de fato, está sendo construído um novo pacto social entre Estado, mercado, trabalhadores.

---

[7] Atribuído, entre outros, ora a Émile Durkheim (1858-1917), um dos autores básicos da sociologia: "Il n'y a rien de plus pratique qu'une bonne théorie"; ora ao alemão Kurt Lewin (1890-1947), o pai da Teoria de Campo, fundamental na psicologia social (na obra póstuma *Field Theory in Social Science*, editada em inglês por Cartwright): "Es gibt nichts praktischeres als eine gute Theorie" / "Nothing as practical as a good theory"; e também ao físico alemão Gustav Robert Kirchhoff (1824-1887): "Eine gute Theorie ist das Praktischste was es gibt".

A diminuição do uso de petróleo para fins de combustível, as mudanças no desenho e produção de automóveis, a criação e desenvolvimento de uma economia da floresta, as alterações de fontes energéticas acarretadas pela gravidade da poluição atmosférica, o crescimento da produção animal em viveiros, o desenho final das relações entre telefonia, televisão e computação para estabelecer a rede de informação global, a volta do transporte por ferrovia e o aumento da navegação fluvial e marítima, a educação contínua e a distância, a produção industrial, a volta da autogestão na produção industrial, a fusão do setor industrial com o de serviços, a descentralização do trabalho realizado em casa ou em unidades temporárias – todas essas constituem mudanças hoje em processo e que vão desenhar um novo panorama para a economia global e sua referência urbana.

Como não sou o autor mais indicado para tratar do tema (nem é este o lugar para detalhá-lo), limito-me a apontar para um desafio específico que já emergiu no mar da vida econômica globalizada: o papel da criatividade na economia brasileira, papel este significativo para a vida urbana de São Paulo. Na sociedade de conhecimento que ora se está constituindo, a cultura, como diz Liliana Magalhães,[8] é um dos quatro pilares do desenvolvimento, ao lado do econômico, do ambiental e do social.

Segundo boletins da Organização das Nações Unidas, a economia criativa é responsável por 10% do PIB mundial, e, de 2000 a 2005, os produtos e serviços criativos cresceram a uma taxa anual de 8,7%, duas vezes mais do que o setor de manufaturas e quatro vezes mais do que a indústria (Unctad, 2008).

O tema tem sido tratado sob o título de "economia criativa". Sem perder tempo com precisões semânticas, não se trata realmente de ser a economia em si criativa, mas, sim, de a criatividade ter um papel na produção industrial e nos serviços, além, é claro, de seu papel e valor cultural próprios, ou seja, em outros termos, de ter ela um valor na economia (Lopes, 2010). O conceito mais usual é de que se situem,

---

[8] Liliana Magalhães, superintendente da Santander Cultural.

CLASSIFICAÇÃO DAS INDÚSTRIAS DE CRIAÇÃO SEGUNDO A UNCTAD

- Sítios culturais: sítios arqueológicos, museus, bibliotecas, exposições, etc.
- Expressões culturais tradicionais: artesanato, festivais e celebrações — Herança
- Artes visuais: pinturas, esculturas, fotografia, objetos antigos
- Artes dramáticas: shows de música, teatro, dança, ópera, circo, marionetes, etc. — Arte
- Editorial e mídia impressa: livros, jornais e outras publicações
- Audiovisuais: filme, televisão, rádio e outras transmissões.
- Design: de interiores, gráfico, moda, joias e brinquedos
- Novas mídias: software, vídeo games, conteúdo criativo digitalizado — Mídia
- Serviços de criação: arquitetônicos, criação de publicidade, P&D, cultural & recreativo — Criações funcionais

INDÚSTRIAS DE CRIAÇÃO

sob esse título, as atividades que têm na cultura e na criatividade a sua matéria-prima.

Ela se insere no processo de desmaterialização da economia, até hoje muito centrada em aspectos físicos, tangíveis, como o das *commodities*. O crescimento da economia criativa no rol das atividades econômicas é uma das formas de atenuar o desgaste e esgotamento físico dos recursos do planeta.

No caso do Brasil e de São Paulo, a economia criativa compreende atividades no campo das artes cênicas, antiguidades, artesanato, arquitetura, *design* de mobiliário e aparelhos de iluminação, moda (*fashion*), publicidade, rádio, televisão, cinema, música e instrumentos musicais, mercado editorial e artes gráficas, jogos de vídeo, *softwares*, registro de patentes, direitos autorais. Ela movimentou, em 2009, R$ 381 bilhões e emprega 35,2 milhões de pessoas, representando 16,4% do PIB brasileiro.[9]

É preciso salientar que, em todos esses campos, profissionais brasileiros têm alcançado níveis de excelência. Note-se que, no campo denominado *fashion*, o Brasil produz toda a cadeia produtiva, dos fios à tecelagem, da comercialização de insumos ao desenho e produção final da moda; sem falar das modelos que desfilam pelas passarelas do mundo e são fotografadas pelas revistas internacionais. A considerável concentração em São Paulo de atividades, escolas e instituições de produção e exposição artística realça a perspectiva de um crescimento e de um papel importante desse campo da economia.

O TRABALHO DECENTE

Em documento preparado para o Fórum Social Temático Mundial, realizado em Salvador em 2010, Ignacy Sachs, Carlos Lopes e Ladislau Dowbor, ao discorrer sobre desafios, afirmam: "Trata-se de salvar o planeta, de reduzir as desigualdades, de assegurar o acesso ao trabalho digno e de corrigir as prioridades produtivas". Após mencionar a triste conclusão do Relatório de Desenvolvimento Humano das Nações Unidas – "estamos destruindo o planeta para o proveito de um terço da população mundial" –, abordam a questão do trabalho no Brasil. E comentam:

> Dos cerca de 190 milhões de habitantes, 130 milhões constituem sua população em idade economicamente ativa; porém, efetivamente, a PEA (População Economicamente Ativa) é de 100 milhões, dos quais, apesar dos bons resultados recentes do governo, apenas 31 milhões são formalmente empregadas. Somando-se cerca de 9 milhões de funcionários, chega-se a 40 milhões.

E perguntam: o que fazem os demais? Além dos empresários e dos autônomos, existe um grande conjunto de trabalhadores informais, avaliados pelo Ipea em 51% da população economicamente ativa.[10]

---

[9] Dados da Federação das Indústrias do Rio de Janeiro (Firjan), mencionados em seminários da File 2010.
[10] Dados do Instituto de Pesquisas de Economia Aplicada (Ipea), maio de 2010.

A Organização das Nações Unidas, em *The Inequality Predicament*, de 2005, citando dados da Organização Internacional do Trabalho (2002), evidencia que o desafio é mundial:

> O emprego informal representa entre a metade e três quartos do emprego não agrícola na maioria dos países em desenvolvimento. A parcela dos trabalhadores informais na força de trabalho não agrícola varia entre 48% na África do Norte e 51% na América Latina e Caribe, atingindo 65% na Ásia e 78% na África subsaariana (ONU, 2005, p. 30).

Trabalho formal e informal são duas faces da mesma moeda: trabalho exercido pelas pessoas, para sobreviver, crescer em autoestima, obter segurança financeira para si e sua família. Porém, a face formal (trabalho com carteira assinada) confere uma segurança que a outra não tem. A existência do emprego e a capacidade de sobreviver e crescer na vida à custa de seu próprio trabalho constituem fatores psicológicos essenciais para qualquer pessoa. Donde a gravidade que adquiriu a fase de eliminação de empregos, substituídos pela automação irrestrita, simbolizada nos Estados Unidos pelos *job killers*, tão admirados pelas empresas.

A crise financeira eclodida em 2008 iniciou-se, na realidade, quinze anos antes, com a maximização da prevalência do mercado sobre o Estado, nalguns países do "norte". O Brasil, e São Paulo, sofreu desemprego e falências em proporção menor, graças a um controle e regulamentação maior dos bancos privados, e a presteza com que políticas públicas anticíclicas foram implementadas, estimulando o mercado interno brasileiro.

Entre 2003 e 2009, o emprego formal cresceu a mais de 12 milhões, e os aumentos do salário-mínimo, isolando-o dos aumentos de demais categorias, elevaram a capacidade real de compra em 53,67%, beneficiando diretamente cerca de 26 milhões (Dieese, 2010).

No entanto, a questão do trabalho decente, do trabalho que realiza a pessoa – e cuja remuneração é suficiente para que goze de habitação, educação, lazer de bom nível –, ainda está para ser resolvida. Em São Paulo tal situação é fortemente sentida, pois toda a população, carente ou não, convive e compete mergulhada em um mesmo ambiente consumidor, que exacerba tanto a ansiedade dos que podem consumir como as frustrações dos que não o podem.

A DESIGUALDADE REGIONAL NOS INDICADORES DE QUALIDADE DE VIDA

O Movimento Nossa São Paulo, uma entidade da sociedade civil criada em maio de 2007, de cujo Colegiado de Apoio participo, organizou em 2009, entre seus trabalhos, um levantamento dos principais indicadores de qualidade de vida, comparando-os segundo as 31 subprefeituras paulistanas. E foi flagrante a desigualdade regional, evidenciando um desequilíbrio de prioridades e apresentando o desafio de diminuir tais assimetrias. Alguns exemplos a seguir:

Não há nenhum livro disponível ao público infantojuvenil nas subprefeituras de Cidade Ademar, Cidade Tiradentes, Ermelino Matarazzo, Jabaquara, M'Boi Mirim, Parelheiros, São Mateus, Vila Maria e São Miguel. A diferença entre a subprefeitura mais bem atendida (Sé) e a menos atendida é de 36,1 vezes. Aplicada ao número de livros disponíveis em acervos de bibliotecas públicas, a desigualdade chega a 1.078 vezes. Em metros quadrados de área verde por habitante, a desigualdade chega a ser de 176,3 vezes. O número de leitos hospitalares, públicos e privados, por mil habitantes, apresenta uma desigualdade de 50,6 vezes, não existindo leito hospitalar algum nas subprefeituras de Parelheiros e Perus, e sendo forte a carência em numerosas outras subprefeituras da periferia.

A tabela reproduzida à margem da página seguinte, resultante do levantamento realizado por grupo de trabalho do Movimento Nossa São Paulo, deve ser lida com cautela e ponderação, embora forneça uma ideia da desigualdade com que as políticas públicas ainda tratam a cidade.

Essas desigualdades regionais correspondem a políticas públicas e à montagem de orçamentos que estabelecem prioridades segundo o critério do governante e respondem apenas em parte às necessidades reais. No domínio da política, o desafio da desigualdade vai ser mais bem enfrentado na medida em que a população for adequadamente representada no momento da escolha de prioridades e tomada de decisões, seja no Executivo, seja no Legislativo. Em ambos os casos, há campo para melhorar a representatividade, a transparência e o poder relativo dado a organizações da sociedade civil.

Há uma década, a experiência da elaboração de um "orçamento participativo" municipal levou à mobilização de cidadãos e lideranças da sociedade e, enquanto vigorava a experiência, resultou em alguma adequação maior no sentido da correção das desigualdades regionais. Esse mecanismo, porém, toca em pequena porcentagem do total do orçamento, sendo o restante determinado por normas, leis, regras e prosseguimento de dispêndios iniciados anteriormente, assim como pelas políticas do governo municipal presente.

A INSEGURANÇA DOS CIDADÃOS

As desigualdades também geram insegurança. Este é um desafio tipicamente urbano e presente nas grandes cidades, mormente no Rio de Janeiro e em São Paulo. No mencionado livro de 1982, escrevi: um indivíduo sente-se seguro na medida em que seja identificado seu papel na sociedade e possa contar com o reconhecimento no grupo em que vive, estuda e trabalha; sentir-se-á seguro na medida em que seja objeto de afeto, tenha autoestima e possa sustentar-se em nível superior à mera subsistência orgânica; na medida em que tenha clareza sobre os valores morais que lhe possibilitem distinguir o bem do mal; sentir-se-á seguro na medida em que não seja perseguido por preconceito racial, religioso ou de outra natureza, e não seja vítima potencial de agressão física, moral ou de seu patrimônio; sentir-se-á seguro na medida em que possa contar com a proteção de sua saúde e com sua aposentadoria na velhice; e, finalmente, se lhe for dado viver um clima de solidariedade e de esperança (Wilhelm, 1982).

TABELA DE DESIGUALDADES REGIONAIS EM SÃO PAULO

RENDA MÉDIA DO TRABALHADOR	
NOROESTE	1.095,00
NORDESTE	1.209,00
OESTE	2.636,00
CENTRO-SUL	1.967,00
CENTRO	1.629,00
SUDESTE	1.395,50
SUL	772,00
LESTE 1	949,25
LESTE 2	864,00

ORÇAMENTO POR REGIÃO		
	per capita	valor absoluto
NOROESTE	101,00	29,80
NORDESTE	102,85	30,17
OESTE	138,92	39,18
CENTRO-SUL	137,55	32,23
CENTRO	238,96	79,00
SUDESTE	101,78	35,80
SUL	85,09	34,69
LESTE 1	100,43	38,83
LESTE 2	89,93	30,29

Fonte: MNSP, 2009.

EXEMPLOS DE DESIGUALDADES REGIONAIS NO MUNICÍPIO DE SÃO PAULO

	SUBPREFEITURA		Índice de desigualdade
	melhor	pior	
Acervo de bibliotecas infantojuvenis (livros *per capita**)	Sé (13,37)	Vila Maria (0)	36,1 vezes
Acervo de bibliotecas para adultos (livros *per capita*****)	Sé (10,78)	São Mateus (0)	1.078 vezes
Salas de cinema	Sé (20,61)	São Miguel (0)	54,2 vezes
Salas de teatro	Sé (54,21)	Vila Prudente / Sapopemba (0)	102,3 vezes
Abandono no ensino médio	Vila Mariana (2,53)	Cidade Tiradentes (11,79)	4,7 vezes
Distorção idade/ série no ensino médio	Pinheiros (13,31)	Perus (39,52)	3,0 vezes
Abandono no ensino fundamental	Pinheiros (0,24)	Jabaquara (2,3)	9,6 vezes
Analfabetismo	Sé (2,1)	Parelheiros (6,32)	2,5 vezes
Unidades esportivas	Mooca (10,57)	Pinheiros (0)	17,6 vezes
Favelas	Sé (0,31)	Campo Limpo (40,41)	130,4 vezes
Áreas verdes por habitante	Capela do Socorro (162,18)	Itaim Paulista (0,92)	176,3 vezes
Consumo de água por habitante	Cidade Tiradentes (3)	Pinheiros (8,39)	2,8 vezes
Rede de esgoto (% de domicílios sem ligação)	Sé (0,75)	Cidade Ademar (37,08)	49,4 vezes
Coleta seletiva (% de domicílios)	?	?	?
Orçamento por subprefeitura	Sé (238,96)	Capela do Socorro (60,06)	3,97 vezes
Baixo peso ao nascer	Lapa (7,87)	Aricanduva (11,1)	1,4 vezes
Agressão a criança	Mooca (67,23)	Freguesia / Brasilândia (382,65)	5,7 vezes
Agressão a mulher	Parelheiros (42,99)	Guaianases (234,48)	5,5 vezes
Crimes violentos fatais	Vila Mariana (8,97)	Parelheiros (47,88)	5,3 vezes
Homicídio juvenil	Pinheiros (0)	M'Boi Mirim (97,35)	13,7 vezes

* Pessoas de 7 a 14 anos
** Pessoas acima de 15 anos

Fonte: MNSP, 2010.

Era difícil sentir-se seguro na São Paulo de 1982, pois o cenário apresentava então um período histórico caracterizado pela transição de valores, escassez de empregos e, numa cidade de grande mobilidade física, pelo ritmo da urbanização acarretada pela imigração, que determinara uma concorrência cada vez mais aguerrida e implacável. Em lugar de sentirem esperança, atores e plateia defrontavam-se com o ceticismo intelectual e, por outro lado, com uma desalentadora ausência de espírito público; e, em lugar de solidariedade, deparavam-se com violência e aumento da criminalidade.

Nos 25 anos seguintes, no entanto, alterou-se o cenário, e o ambiente da globalização e a tecnologia propiciaram extensa variedade de conexões e possibilidades virtuais. Como diz Manuel Castells, "políticas cada vez mais locais ocorrem em um mundo estruturado por processos cada vez mais globais" (Castells, 1999). O surgimento de "tribos" na sociedade acarreta risco de fragmentações e individualismos, assim como institui redes informais de alcance global, em que consumidores (de produtos ou de cultura) dialogam sem fronteiras e são capazes de ignorar os não consumidores que vivem a seu lado, na mesma cidade. Assim, se por um lado é real um ambiente global sem fronteiras, também são reais as fronteiras internas criadas pela fragmentação e pela exclusão de parte da sociedade. Tal situação contém riscos e inseguranças maiores.

Em muitas metrópoles a fragmentação é exacerbada e resulta em paranoia, em medo e naquilo que Baumann chama de *mixofobia,* o medo de encontrar o diverso (Baumann, 2009). Em tal situação, o espaço público é atacado e negligenciado, privatizado em favor daqueles que "já têm", ou abandonado como terra de ninguém, habitado pelos "perigosos que nada têm"... Abordando o tema no contexto europeu de forte imigração, Zygmunt Baumann, Jordi Borja e Jaume Curbet criticam as medidas preventivas que incluem um "direito a não ver", isto é, de não ser obrigado a olhar, nos espaços públicos, para a pobreza, a mendicância, as vítimas de drogas, a prostituição, os moradores de rua, as crianças abandonadas. Trata-se, de fato, de um "direito" à alienação, com o fim de não ferir a suscetibilidade e a consciência pesada de quem o exige. Dizem esses autores, com razão, que essa discriminação aumenta a insegurança, contrariando o objetivo de diminuí-la (Baumann, 2010; Borja, 2010; Curbet, 2010).

No sentido contrário, há em São Paulo um grande número de organizações não governamentais que, dedicando-se à solução de problemas tópicos, já sem os empecilhos do período autoritário, obtiveram resultados ponderáveis. Da mesma forma, os sucessivos governos municipais, embora de forma descontínua, agiram para diminuir a criminalidade e, em algumas gestões, concentrando esforços e obtendo resultados, seja na melhoria de oportunidades, seja na de assistência à população carente, ou ainda, na diminuição da violência. Contudo, o receio de ataques ao patrimônio cresceu na mesma proporção em que, ao melhorar o nível de vida dos mais pobres, houve um considerável aumento da classe média emergente, que consome, compra bens e preza-os sobremaneira. Assim, embora tenham aumentado e se diversificado as oportunidades de obtenção de emprego e de exercício de trabalho autônomo, as demais observações que definem o clima de "insegurança" ainda estão presentes em 2010.

Se em 1982 aquela era a situação comum a todos os cidadãos, hoje, em nível do bairro, ocorrem aspectos específicos da insegurança. Como obter para eles segurança contra violências físicas e contra o patrimônio pessoal? Como garantir a segurança das moças que à noite voltam das escolas ou do trabalho, e dos velhos contra o ataque de pivetes? Em quem a população do bairro pode confiar para receber orientação, sentir-se abrigada e segura em sua vida cotidiana? Em primeiro lugar, é preciso entender que a segurança básica é fornecida "pelos outros": uma rua deserta sempre atemoriza porque, se algo acontece, não haveria ninguém para acudir.

Por isso, ainda em 1982, abordei alguns tópicos dedicados à criação de um espaço para a convivência solidária, e apontava que a vigilância pública era, então, propiciada pelas polícias civil e militar, cujo contingente total estadual, em 2010, é de 124.365 policiais, entre militares, civis e técnico-científicos. Desses, 38,6 mil atuam na cidade de São Paulo. Quanto à polícia comunitária, há, na capital, 103 bases. No Brasil, esse formato de policiamento – próximo das comunidades – mal atinge 3% do contingente total, enquanto no Japão alcança 35%...

É forçoso reconhecer que a população de então não acreditava que a Polícia Militar, responsável pelo policiamento ostensivo e repressivo, representasse uma corporação que está a seu lado, preservando a segurança do cidadão. Muitos fatores e incidentes haviam deteriorado o sentimento do povo pela polícia: a repressão no tempo dos governos militares; a tendência de intervenções sempre a favor de empregadores e contra trabalhadores e estudantes; a violência armada contra marginais, frequentemente atingindo inocentes; a condenação e a execução expeditas, realizadas ao arrepio da lei – ações que culminaram com o divórcio e a desconfiança que, em certa medida, ainda perduram.

No campo da Polícia Civil, é preciso ressaltar uma considerável melhoria da ação da Polícia Federal nos últimos anos, revelando, com atraso, uma surpreendente capacidade de investigação e de ação contra crimes, principalmente os de "colarinho-branco", envolvendo quantias consideráveis surrupiadas criminalmente.

Porém, em relação à segurança física e patrimonial cotidiana dos cidadãos paulistanos, ainda existe o divórcio entre polícia e cidadania, que poderia ser superado se a segurança do cidadão fosse o objetivo, em lugar de mero e vão aumento do ciclo de repressão e violência. Embora a tese da polícia comunitária, inserida em todos os bairros de forma permanente (que eu advogava em 1982), esteja gradualmente ganhando força na corporação da Polícia Militar e expandindo-se em outras cidades, como no Rio de Janeiro (onde recebe o nome de Polícia de Pacificação), ainda persiste o desafio de como colocar o policiamento a serviço dos cidadãos.

Finalmente, é preciso salientar a importância e função do *espaço público* como lugar de encontro, de trocas, de vida em comum dos diversos habitantes. Para que neles se exerça essa função de congraçamento informal, benéfica para a segurança de todos, é fundamental que tais espaços existam e que sejam bonitos, acolhedores, bem cuidados, bem equipados.

O DESAFIO DA CONSTRUÇÃO DO CONHECIMENTO

O sentimento de insegurança também é provocado por ignorarmos o que podemos esperar do futuro.

A aceleração dos processos de mudança e do conhecimento produz resultados qualitativamente novos: pela primeira vez um filho pode, de fato, saber mais do que seus pais, por ter adquirido um conhecimento completamente novo. Sem falar dos conhecimentos dos netos com relação aos dos avós. Um professor, mesmo que se esforce para se manter atualizado em sua especialização, poderá ser legitimamente contestado pela geração de seus alunos. Que propedêutica e metodologia de ensino poderá dar conta da aceleração das mudanças no conhecimento? Peter Drucker estimava que "a educação profissional continuada de adultos será a primeira indústria a se estabelecer no mundo durante os próximos trinta anos" (Drucker, 1993). Sabe-se que, para isso, será necessária uma reestruturação dos sistemas de ensino, hoje basicamente instituídos para ciclos de duração limitada e definida por legislação. Um sistema centrado na "continuidade do processo educativo" é estruturalmente diferente, permitindo maior permeabilidade entre a vida acadêmica e a dos profissionais da produção. Por outro lado, torna-se crescente a necessidade de produção de conhecimentos filosóficos, históricos, matemáticos e legais, imprescindíveis para que cada um se situe nesse mundo em constante e veloz processo de transformação.

Mergulhados em um oceano de dados e informações oferecido pela internet, todos são vítimas de uma crescente dificuldade em discernir e compreender. Como alcançar o conhecimento? Em aula inaugural do curso de Saúde Pública da Universidade de São Paulo, em 2005, eu comentava dois dos maiores desafios a enfrentar durante o presente século: a pluridisciplinaridade e a transversalidade para a construção do conhecimento. Em resumo, o teor da aula era o seguinte:

Para conhecermos e compreendermos uma cidade, como no caso de São Paulo, é preciso receber informações de campos diversos: geografia, história, urbanismo, psicologia, economia, engenharia, antropologia, ciências políticas, direito, literatura, meio ambiente e saúde pública.

Um bom exemplo dessa problemática pode ser encontrado no campo da saúde pública. Podemos construir tabelas de mortalidade infantil, comparativas no tempo e no espaço, mas, para "compreender" o fenômeno, é inevitável recorrer à economia local, ao contexto socioeconômico das famílias, à história, aos costumes, incorporando inclusive os aspectos circunstanciais e as políticas pertinentes. De forma semelhante, para compreender epidemias e endemias, além dos dados comparativos e do conhecimento científico dos vetores de transmissão, é preciso incorporar informações sobre as fragilidades constitucionais, o clima, o desamparo social, as condições ambientais que permitem a propagação da doença. Para compreender o significado e as consequências sociais dos novos índices de expectativa de vida e de longevidade, é igualmente importante integrar conhecimentos que vão da genética à nutrição, da antropologia à política. E, certamente, é preciso conhecer os vínculos existentes entre saúde pública e meio ambiente, o que conduz para o território do planejamento físico, contribuindo outrossim para a montagem e o aperfeiçoamento do importante Indicador de Desenvolvimento Humano (IDH).

Até agora, a transversalidade disciplinar tem sido resolvida com a criação de equipes multidisciplinares. Esse procedimento vai continuar sendo um dos métodos a ser adotado, sendo necessária, porém, uma crescente demanda para a geração de uma base metodológica ou filosófica que engendre e permita o diálogo entre disciplinas. Haverá a busca de uma *plataforma* comum, que pode ser constituída a partir da ética, da filosofia, da antropologia, da política, das ciências do ambiente ou de outras. A saúde pública pode vir a ser um objetivo central da chamada sustentabilidade do desenvolvimento, indo além dos quesitos ambientais hoje considerados. A questão do diálogo interdisciplinar, a meu ver, não está resolvida porque ainda não foram enfrentados os desafios atuais da construção do conhecimento.

Para construir essa plataforma para o conhecimento nos dias de hoje, é necessária boa dose de transversalidade, de capacidade para navegar horizontalmente entre disciplinas diversas, e não apenas para acrescentar dados e informações: é necessário adequar metodologias para o aprendizado contínuo... Até para emprestar da biologia uma formulação conveniente para explicar um fenômeno de engenharia, ou para emprestar um método de pesquisa em cibernética a fim de aplicá-lo a uma investigação no campo da biologia.

UM MELHOR USO DO TEMPO

O desafio de um melhor uso do tempo situa-se no campo das desigualdades porque em São Paulo ele diferencia pessoas segundo suas idades e segundo seu gênero: idosos e mulheres são prejudicados com o atual mau uso do tempo. A aceleração do ritmo das mudanças exige uma reflexão sobre o desafio do uso do tempo. Não existe motivo para imaginar que essa aceleração cesse ou diminua. Tratei do tema em livro anterior (Wilheim, 2001), mas quero voltar a ele.

Se a curva das transformações verticalizar-se mais, uma postura radical terá que ser adotada, aceitando que, a partir de um tempo t', todo tempo t'' venha a significar uma situação s'' radicalmente nova, a ponto de ser menos importante analisar a dinâmica e a história, o processo da mudança de situações, e concentrar-se na análise dos contextos, das características momentâneas e estruturais da nova situação. Em outros termos: a rapidez das mudanças pode levar ao paradoxo de ser mais importante focalizar a estrutura do que o processo em si, isto é, como se, em um filme cinematográfico, fosse analisada a fotografia quadro a quadro, em lugar de ver o filme como um todo – precisamente o contrário do que vínhamos fazendo. Tal análise estrutural do contexto terá, no entanto, um conteúdo informativo diverso daquele usado pelo estruturalismo do século XX, não prescindindo do conhecimento do contexto, sendo dependente do contexto, isto é, de sua compreensão intrínseca. Em outros termos, o método de análise não poderá contentar-se em ser apenas dedutivo e histórico.

Ao desafio causado pela aceleração dos processos de mudança acrescentam-se outros, associados ao fator tempo: o *tempo de vida* do ser humano e o *tempo cotidiano* deverão, ambos, vir a ter uma amplitude e divisão diferentes das atuais. A expectativa média de vida para quem nasceu na era neolítica era de 29 anos; para os nascidos em 1750, já era de 35 anos; para os nascidos em 1900, era de 56 anos; e para os nascidos no ano 2000, a expectativa aproxima-se dos 80 anos. Segundo estudo recente,[11] os nascidos em 2010 terão uma expectativa de vida de

---

[11] Mencionado por Fernando Reinach, em sua coluna do jornal *O Estado de S. Paulo* em junho de 2010

105 anos, desde que se consiga diminuir radicalmente os malefícios da hipertensão, do diabetes, do fumo e do uso excessivo do álcool.

Até hoje, a preocupação para com a faixa etária dos 65 aos 90 anos de vida de uma pessoa limitava-se ao alto custo de sua aposentadoria. Essa preocupação aflige tanto os familiares, que devem sustentar um idoso improdutivo, como os governos, por não saberem como financiar essa "despesa morta". Em ambas, na esfera privada e na pública, a terceira idade é vista como um encargo, uma obrigação moral e cívica, uma dificuldade a ser contornada da melhor forma possível, sempre com o desejo inconfesso de que cada "caso individual" deixe rapidamente de existir...

Segundo projeção da Fundação Seade,[12] na metrópole de São Paulo, na última década, a população com 60 anos e mais aumentou de 35% e alcançou 1,3 milhão em 2009. Persistindo a tendência, em 2024 essa população (de 2,2 milhões) será superior à dos jovens (totalizando 2,013 milhões de crianças e jovens até 14 anos). A tendência decorre do aumento da longevidade, mas também da diminuição da fecundidade: na última década, esta caiu 14%, de 2,2 para 1,9 filho por mulher adulta. Se esse ritmo for mantido, já em 2017 a fecundidade descerá para 1,64 por mulher adulta, equivalente à de muitos países europeus.

Ora, em face dos desafios da aceleração das transformações, parece-me absurdo esquecer o aspecto positivo de poder contar com vasto número de cidadãos com a experiência de vida que somente a terceira idade pode fornecer. Seu papel social, especialmente no campo da obtenção do conhecimento, é imprescindível, inclusive por serem, tais *senior citizens*, os portadores naturais da memória e da história, em um tempo em que tudo muda e tudo se esquece com velocidade vertiginosa.

O desafio da terceira idade, entretanto, não se limita à imprescindível melhora das calçadas, geralmente precárias e intransitáveis! Tampouco é suficiente, embora conveniente, elevar a data da aposentadoria, medida aparentemente burocrática. É preciso inventar formas e procedimentos para aproveitar o potencial de experiência e de produtividade

---

[12] Fundação Sistema Estadual de Análise de Dados (Seade), Sistema Seade de Projeções Populacionais. Disponível em: www.seade.gov.br.

específica do *senior*, inclusive por ele ser "portador de memória viva", integrando-o, sempre que possível, a um novo sistema educacional.

Mas lidar com o tempo também significa reequacionar a *divisão cotidiana do tempo*. Até há bem pouco, a rotina dessa divisão baseava-se em oito horas de sono, oito horas de trabalho – em dois turnos iguais –, e oito horas divididas em múltiplos períodos destinados às necessidades pessoais básicas e de lazer (almoçar, ficar ao telefone, namorar, ir ao cinema ou a concertos e teatro, jantar com amigos, escrever cartas, ler livros, escrevê-los, correr com ou sem cão, navegar pela internet às cegas ou com propósitos, e tantas outras). Esse desafio não se limita à conquista de melhores condições para o desempenho físico individual dos cidadãos; ele também cria espaços, lugares, atividades, eventos que diminuam ou até superem boa parte das fragmentações sociais existentes.

Paradoxalmente, embora o potencial de informações tenha vertiginosamente aumentado, a necessidade de trocar ideias e de encontrar-se com pessoas também aumenta, apesar de tal mecânica poder ser exercida no computador. A necessidade de encontro pessoal vai emergir, e mais precisamente porque as pessoas vão estar saturadas pelo trabalho solitário, sentindo falta de contato humano direto, pessoal, olho no olho. Simplesmente por serem humanas, seres gregários.

Um melhor uso do tempo vai ter importância diferençada *segundo os gêneros*. A diferença de gênero reside na... diferença. Como escreve, em 1991, Rosiska de Oliveira:

> Esses valores são o fundamento da diferença. As mulheres são diferentes dos homens porque no centro de sua existência estão valores outros: a ênfase no relacionamento interpessoal, a atenção e o cuidado com o outro, a proteção da vida, a valorização da intimidade e do afetivo, a gratuidade das relações. Em uma palavra, uma identidade que provém da interação com outros. Daí serem as mulheres mais intuitivas, sensíveis, empáticas (Oliveira, 1991).

A qualidade de vida da mulher pode melhorar se forem realizadas adequações. Ao longo do século XX, no entanto, na conquista de uma posição na vida pública, quando o progresso em carreiras exigia alta competitividade, a mulher, para mostrar-se "igual", foi levada a escamotear – por vezes até para si mesma – as exigências referentes a seu papel peculiar e complexo na vida privada. Imitou, assim, o comportamento do homem, que, ao contrário, nunca fora exigido como presença central na esfera doméstica, embora fosse patrão e provedor na condição de chefe de família. Até isso mudou, pois a mulher, ao entrar de forma crescente no campo da vida pública, passou a ocupar postos relevantes, auferindo salários correspondentes e tornando-se, em muitos casos, a maior contribuinte à renda familiar. A competição que ocorre na esfera da vida pública está, e se quer, alheia ao que ocorre na vida privada de cada participante. Por isso, escondendo a vida privada para melhor competir, a mulher acabou gerando para si, na exata medida em que se realizava na esfera pública, um mal-estar, um recorrente sentimento de culpa, um frequente e penoso abandono do que lhe é caro e próprio: a personalização das relações humanas, a afetividade e o subjetivismo que caracterizam a vida privada (qualidades essas, aliás, que beneficiam ambos os gêneros).

De todas as diferenças que distinguem a mulher do homem, a mais radical é, naturalmente, a peculiaridade de que é no ventre feminino que se geram novas vidas humanas e que todo o período destinado a gestar, dar à luz, alimentar o bebê e materná-lo nos primeiros meses e anos de vida constitui não apenas responsabilidade mas fonte de realização e prazer da mulher. O tempo dedicado a isso não pode ser considerado como ausência, abandono, cessão de seu papel na vida pública, mas, sim, função e tempo socialmente integrados e valorizados, dentro de uma distribuição mais adequada do tempo na vida da mulher.

Para tudo isso, a sociedade deve adaptar-se, a fim de superar a atual situação que conflita a vida pública e a vida privada feminina. No século XXI, a situação da mulher no Brasil é diferente daquela do século passado: conquistada uma posição definitiva na vida pública, o desafio a ser vencido é o de alterar a distribuição de seu tempo de vida, a fim de poder estar inserida no mercado do trabalho externo, competindo igualmente por ele, porém sem ser prejudicada pela singularidade de sua vida privada.

Esse desafio tem tudo a ver com a gama de serviços – existentes ou pleiteados – de apoio às diferentes faixas etárias e gêneros na cidade de São Paulo.

Os desafios da moradia

O *habitat* humano, para efeito de argumentação, compõe-se da habitação, isto é, da moradia propriamente dita, dos espaços livres do entorno e da paisagem circundante. Completa-se com os serviços respectivos, de que vou tratar posteriormente.

A CARÊNCIA DE MORADIAS ADEQUADAS

As Nações Unidas alertaram, em relatórios sobre clima e sobre favelas, acerca dos desafios globais representados pelas mudanças climáticas e pela favelização das maiores cidades do mundo. Neste sentido, Mike Davis aponta para o aumento de moradores de favelas em São Paulo (de 1,2% da população em 1973 para 19,3% em 1993), e para a perspectiva de que, na África subsaariana, em 2015, haja 332 milhões de favelados (Davis, 2006). Também menciona Josef Gugler e sua afirmação de ser a superurbanização, no mundo, conduzida pela reprodução da pobreza, e não pela atração de empregos (Gugler, 1997). O recente relatório da UN-Habitat, preparado para o Fórum Urbano Mundial (Rio de Janeiro, 2010), confirma tal perspectiva dramática: as favelas do mundo abrigam 827,6 milhões de habitantes. No Brasil houve, desde 2000, uma diminuição de 16% da população favelada, passando de 31,5% da população para 26,4%, continuando, no entanto, a constituir média superior à dos países latino-americanos (19,5%). Segundo o Relatório, embora tenha havido em todo o país melhoras na distribuição de renda e na ascensão de classes sociais, na cidade de São Paulo, um terço da população mora em favelas, cortiços e demais assentamentos e construções irregulares, em um total de 994.926 famílias.

O desafio de promover condições decentes para todos os cidadãos que habitem em São Paulo, principal foco de oportunidades, com a segurança de aí permanecer, poderia ser vencido se a distribuição de renda e de oportunidades fosse menos desigual no país. Pois, com renda suficiente, não tão desigual, os cidadãos e suas famílias encontrariam nas ofertas do mercado, ou mesmo na autoconstrução, a habitação que lhes conviesse.

Mas o desafio continua precisamente porque, até hoje, boa parte da população residente em São Paulo não alcançou nível de renda que lhe permita ser atendida pelo mercado. Surgem então, como necessárias, a elaboração e a implementação de políticas habitacionais compensatórias. O programa federal Minha Casa Minha Vida abre a perspectiva de acesso, flexibilizando o crédito e aumentando a dose de subsídio. Essas observações, óbvias, são feitas para que não se olvide de que *políticas de transferência de renda* alterariam gradualmente as políticas habitacionais, tornando-as mais eficazes e, ao final, residuais.

Em 2008, ao abordar o "déficit habitacional" em tese de mestrado, a arquiteta Marcia Grosbaum menciona Gabriel Bolaffi, ao esclarecer que, na economia de mercado, o que se verifica não é propriamente uma falta de moradias, mas o excesso de demanda por esse produto em relação à oferta, o que eleva os valores imobiliários, inviabilizando assim o acesso para grande parcela da população (Bollafi, 1977). Ela acrescenta que, a partir de 1980, as metrópoles brasileiras tiveram seu ritmo de crescimento reduzido, intensificando a dinâmica urbana do deslocamento populacional do núcleo central para as periferias, com a explosão do processo de favelização e violência urbana. Nesse período, o Estado, sob a influência do Banco Mundial, começa a reconhecer a irreversibilidade das favelas, e o discurso da erradicação é substituído pelo da provisão de saneamento básico, da urbanização e, mais recentemente, da regularização fundiária (Sampaio, *apud* Grosbaum, 2008).

Em estudo contratado em 2009 pela Emplasa, eu dizia que

> as desigualdades sociais se refletem diretamente na apropriação do espaço urbanizado, com principais re-

*Favelados são **6%** nos países desenvolvidos e **78,2%** nos menos desenvolvidos; no Brasil **36,6%** (51,7 milhões), sendo no Município de São Paulo **12,65%** (384.574 domicílios em favelas).*

Fonte: Au-delà de Blade Runner. DAVIS, Mike. Paris, Éditions Allia, 2010; e Movimento Nossa São Paulo.

flexos na produção de moradia para populações de baixa renda, com a expansão das situações de irregularidade, de sub-habitações e de moradias insalubres que atingem cifras inaceitáveis. [E mais:]

Segundo dados do Censo Demográfico de 2000, a RMSP[13] com 19,7 milhões de habitantes possuía, aproximadamente, 1,7 milhão de pessoas, praticamente 9% de sua população, vivendo em setores subnormais, o que já ultrapassava a população de Guarulhos, segunda maior cidade do estado. Certamente, os dados do IBGE são subestimados, pois só a cidade de São Paulo possuía então cerca de 1,5 milhão de pessoas vivendo em favelas e 1,7 milhão em loteamentos irregulares, conforme estimativas da Sehab para o Plano Diretor do Município de São Paulo de 2002.

Os impactos do déficit habitacional e das ocupações irregulares ou clandestinas normalmente são acompanhados por graves problemas ambientais e sanitários, como a ausência de rede de esgotos e coleta de lixo com o consequente lançamento dos resíduos domiciliares nas encostas e nos cursos d'água, causando a poluição do sistema hídrico e o comprometimento das infraestruturas de drenagem urbana.

A estratégia de urbanização dos migrantes pobres, bem como o atendimento da demanda da população pobre em geral, dá-se pela ocupação de áreas públicas, loteamentos clandestinos, posses na periferia da cidade, ocupação de áreas de risco em aclives sujeitos a deslizamentos, em locais de preservação de mananciais e margens de águas; dá-se também através de "puxadinhos" construídos atrás da casa, criando seja cortiços de quintal, seja ampliações para o aumento da família.

Nessa situação, em São Paulo, o desafio atual consiste em como tratar uma situação ao mesmo tempo *endêmica*, por ser resultante da desigualdade social, e *emergencial*, uma vez que a "solução" encontrada pela população de baixa renda resultou em ocupação de áreas de riscos para a própria vida. O urgente e o básico, as duas dimensões temporais de qualquer ação governamental, constituem o cerne do desafio.

A PERDA DE QUALIDADE DOS ESPAÇOS PÚBLICOS

Na descrição do palco atual de São Paulo, mencionei qual a diferença entre espaços e lugares e o fato de que, sem haver espaços públicos

---
[13] Região Metropolitana de São Paulo.

suficientes, a cidade oferece menor número de alternativas para a escolha dos lugares de cada um. O mecanismo de parcelamento do solo, para fazer face à súbita e acelerada demanda, e a ausência de um planejamento urbano suficientemente imaginativo resultaram na ausência de praças e jardins públicos em grande número de bairros.

Onde faltava a imaginação de planejadores, abundava a dos cidadãos, que improvisaram seus pontos de encontro, seus lugares prediletos. No entanto, os espaços escolhidos para servir como lugar evidenciam que a estrutura urbana não está à altura e não suporta, com a qualidade adequada, certos sistemas de vida.

Faltam árvores e bancos nas ruas e nas praças, são raros os banheiros públicos, há falta de lixeiras e sua operação de limpeza é falha, a acessibilidade para cadeirantes e portadores de deficiências visuais ainda é precária, a informação não conduz pedestres, limitando-se a servir a motoristas (quando existe).

Há que recuperar espaços para o uso simples do pedestre, pois esta é a condição mais normal e comum do cidadão. A qualidade das calçadas, dos abrigos, dos múltiplos espaços por ele percorridos, dentro e fora de estabelecimentos públicos e privados, deve ser cuidada e sofisticada, pois boa parte da civilidade de uma cidade se mede pelo carinho com que tais espaços de circulação de pedestres são tratados.

O DESAFIO DE UMA PAISAGEM INQUIETANTE

São Paulo cresceu de forma explosiva no século XX, destruindo testemunhos de seu passado e sem tirar partido das panorâmicas que sua topografia propiciava à visão. De outro lado, seja pela ausência de disciplinas edilícias de caráter urbanístico, seja pelo adensamento das construções, sua paisagem tampouco é marcada por edifícios emblemáticos, permitindo que eles tenham papel significativo na leitura da cidade.

Como se encontra hoje a paisagem urbana de São Paulo? Melhor do que em 2000. Porque sofreu intervenções corretivas, limpeza de monumentos (como o exemplar mutirão de limpeza do muro do estádio do Pacaembu, então o mais pichado da cidade e que, uma vez limpo em quatro horas de faina coletiva, nunca mais foi pixado!); e porque em

2006 uma lei municipal[14] proibiu a publicidade exterior, que havia se tornado insuportavelmente presente.

A leitura do conjunto cenográfico de uma cidade deveria permitir ao cidadão localizar-se no espaço urbano; a dificuldade de fazê-lo, em São Paulo, resulta na sensação de estar perdido em meio a uma floresta de prédios de escassa identidade. Até 2006, a grande quantidade e as dimensões exageradas dos anúncios da propaganda exterior somadas aos letreiros desmesurados de casas comerciais, hoje proibidos, forneciam uma espécie de identidade e referência, embora excessiva e de qualidade estética duvidosa.

Tinha-se, no início deste século, a impressão de que a cidade, em lugar de acolher o cidadão e melhorar sua qualidade de vida, servia apenas para oferecer e estimular o consumo, como se isso fosse a única ou a principal "qualidade" de São Paulo! A cidade fora transformada em uma exagerada megaestrutura de suporte físico para o incentivo ao consumo: uma verdadeira tirania da coisa oferecida...[15]

Como já dizia em estudo elaborado em 2000: grande parte da paisagem urbana é constituída pelos volumes, fachadas, texturas e cores de suas edificações (Wilheim, 2000). Não se pode esperar, em São Paulo ou em qualquer outra cidade, que todo edifício seja belo: a média de qualidade estética dos edifícios costuma ser desinteressante em qualquer cidade. Para qualificar a paisagem urbana, interessa que ela seja pontuada por alguns edifícios exemplares, de rara qualidade, e que os edifícios considerados patrimônio cultural sejam preservados (e não apenas "tombados"), iluminados, e seu entorno mantido adequado. Convém notar que a relativa má qualidade estética da paisagem construída decorre do abandono do critério de homogeneidade das fachadas sobre as ruas e da legislação recente, que estabeleceu uma tipologia dominante: a do edifício alto e isolado. Com efeito, desde que se abandonou a regra do gabarito (altura máxima ou mínima da fachada sobre a rua) e se li-

---

[14] Lei da Cidade Limpa (Lei Municipal nº 14.223/06).
[15] A publicidade pouco sofreu com a proibição dos *outdoors*, pois encontrou outros suportes para suas comunicações, mormente a televisão, a imprensa e a internet. Aliás, a verba que era destinada a *outdoors* correspondia apenas a 5% das verbas destinadas a publicidade, quase igual à de anúncios em rádios (4,7%). A maior parte da verba de publicidade já era reservada para a televisão (55,5%) e para os jornais (24,2%) e as revistas (9,7%). Contudo, apesar da proibição de publicidade exterior ter sido um fator positivo na qualificação da paisagem urbana, a paisagem não ficou mais legível nem mais bonita...

beraram os recuos sobre o alinhamento, abdicou-se de privilegiar o espaço público como ponto de partida para a criação da paisagem urbana construída serena e homogênea, e anulou-se a viabilidade econômica do edifício baixo. Ao longo das ruas, há uma concorrência de edifícios criando uma paisagem heterogênea. Permanece o desafio de permitir liberdade de criação arquitetônica, submetendo-a, contudo, à criação de ruas não agressivas à visão...

Na densa paisagem formada pelos altos edifícios apinhados, nota-se a ausência dos elementos naturais: manchas verdes ou aquáticas, copas de árvores a sombrear ruas e estacionamentos, pequenos parques de vizinhança, ou mesmo grandes parques. A carência de parques mais amplos foi evidenciada pelo Plano Diretor 1985/2000 e, novamente, no de 2002, apontando-se neste a obrigação de criar parques lineares ao longo dos córregos ainda não canalizados.

É preciso notar que o projeto original do Parque Ecológico ao longo do rio Tietê, criado durante a gestão do governador Paulo Egydio Martins (1975-1979), e de autoria de Burle-Marx e Ruy Ohtake, iniciava-se a oeste, na ilha de Tamboré em Barueri, e terminava dentro do município de Itaquaquecetuba, perto das nascentes do Tietê, em Salesópolis. No entanto, o Parque foi implantado em apenas dois de seus setores, e hoje grande parte do restante desse projeto generoso e de escala adequada está sendo ocupada por urbanizações.

A paisagem poderia reintroduzir, em escalas pequenas, elementos de natureza para usufruto da vizinhança, seja em pequenos parques, seja pela necessária arborização de ruas, seja pela obrigação de plantio em pátios de estacionamento.

Também cabe, neste capítulo, mencionar o desafio representado pelos *grafites* e *pichações*, tão frequentes na paisagem paulistana. No texto inédito mencionado, *Intervenções na paisagem urbana de São Paulo* (Wilheim, 2000), observava o seguinte: mais do que manchas de verde ou obras de arte, o que atualmente marca a paisagem paulistana é a quantidade de pichações que sujam os muros de edifícios e demais construções. A atividade milenar de marcar sua presença com signos pintados em muros adquire, nas cidades de hoje, um caráter de contestação. Diferenciam-se, no entanto, pichações e grafites: enquanto estes representam uma expressão de intenção estética, categorizada como "arte pública" (por vezes talentosa e frequentemente inserida nos cânones da cultura popular *hip hop*), a pichação (ou "pixo") caracteriza-se como manifestação de *presença* do pichador pelas "assinaturas" ou "recados" e destina-se à admiração de seus pares, pela ousadia do "autor" (e a dificuldade do local de aplicação), dando-lhe destaque no grupo de adolescentes a que geralmente pertence.

Já a qualidade dos grafites expostos em grandes muros da cidade é reconhecida como autêntica expressão artística e dá a São Paulo uma identidade singular, objeto de análises, e levando a exposições desses "grafiteiros" em museus do exterior.

No entanto, também é preciso notar que há algo de comum entre essas duas formas de expressão: ambas utilizam o espaço da cidade para atingir seus habitantes. Por essa razão, não se configuram como figuras ou rabiscos "neutros": as manifestações interferem na arquitetura e nos espaços onde são inseridas. Ambas solicitam agressivamente a atenção do transeunte. Ambas podem ser consideradas como um apelo dos jovens para serem ouvidos, para que se lhes preste atenção.

Estrategicamente, para abordar a questão da paisagem urbana, é necessário considerar que ela é percebida através de seus espaços abertos, principalmente ruas, avenidas e praças. São esses espaços que criam os cartões-postais das cidades. É nesses espaços onde toda a vida urbana se desenrola. Devem, portanto, apresentar condições que ultrapassem a simples função de canais de circulação, de pessoas e de veículos.

No entanto, é inegável que a atenção quase exclusiva, nesse setor, tem sido dada às necessidades de circulação de veículos motorizados, entre eles o automóvel. O resultado é uma paisagem agressiva, sem nenhuma amenidade, sem qualidade ambiental nem estética, sobretudo para os pedestres que todos somos em algum momento do dia...

O DESAFIO DO MEIO AMBIENTE URBANO

Sempre tive dificuldade em aceitar a denominação de "meio ambiente" como equivalente ao que, em outros idiomas, se denomina *en-*

vironment ou *environnement*. A mim parece que "meio" é sinônimo de "ambiente", havendo uma redundância na expressão comumente adotada. No entanto essa firula semântica não deve obscurecer o fato de que o palco urbano constitui um ambiente físico, hospedando elementos naturais que, na cidade, adquirem funções próprias: o ar, a água, o solo e a vegetação. Tampouco deve nos distrair do papel central que o ambiente tem na prática do planejamento em geral, e do urbano em particular.

Quais os impactos desses quatro elementos naturais sobre o palco da cidade? Quais os desafios que tais impactos impõem?

O *ar* é poluído pela emissão de gases, produzidos mormente por veículos, embora ainda exista, de forma residual, uma poluição atmosférica gerada por indústrias e equipamentos. Além de ser aquecido por fontes de energia, por excesso de radiação e pelo reflexo térmico em metais e asfalto, criando ilhas de calor, o ar também é poluído por poeira, chamado material particulado, levantado pelos 6 milhões de veículos que circulam em São Paulo.

A *água* após uso, já como esgoto poluído, contamina córregos e rios, e prejudica a saúde, devendo ser tratada e limpa. Mas a água não está apenas no subsolo e nos córregos e rios: ela também tomba do céu em chuvas de regime torrencial, inundando as baixadas, fragilizando as encostas e causando tragédias, devendo cuidar-se da drenagem da cidade de modo que se conduzam essas águas aos cursos d'água e ao lençol freático, além de poder ser parcialmente armazenada e usada.

O *solo* e o relevo de São Paulo têm peculiaridades geológicas, variação topográfica e ocos desconhecidos, preenchidos ou não por água subterrânea, dando origem a súbitos solapamentos e deslizamentos. Essa situação é agravada pela enorme proporção de vazamentos da rede de água controlada pela Sabesp: quase 30% de água custosamente tratada perde-se e empapa o solo, ocasionando solapamentos e outros riscos. Compare-se com a situação de outra metrópole, Tóquio, que concentrou tecnologia e ação nesse problema, reduzindo as perdas de 20% para 3%!

Quais as estratégias para enfrentar os desafios desses impactos?

POLUIÇÃO AMBIENTAL

Embora seja comum a queixa de poluição do ar, olhos ardendo, dificuldades de respiração, a poluição mais grave é aquela de que menos se fala: a das águas. A cidade é cruzada por córregos e alguns rios importantes, cujas águas estão todas poluídas por lançamentos de esgoto *in natura* ou por ligações clandestinas de longa data. Enquanto diminuiu a poluição de origem industrial, mais fácil de detectar e de corrigir, aquela que é causada por detritos e excrementos continua a tornar inutilizáveis todos os cursos d'água, mesmo que se destinem apenas ao lazer.

De todos os serviços públicos, os que mais tardam a ser abordados, com menor interesse dos governantes, sempre foram o esgoto e o lixo. A todo cidadão parecia que, uma vez retirados de dentro de casa, estava resolvido o problema. Na realidade, em ambos os casos, a sua acumulação em escala urbana transformou-se em problema novo, de grande dificuldade técnica e, à luz da tecnologia existente, exigindo recursos consideráveis. Recentemente, parte desses resíduos passou a ser conceituada como recursos: recicla-se o lixo apto a tal fim, mormente papéis, metais, vidros e dá-se algum uso aos aterros, produzindo gás metano. Mesmo assim, a quantidade de lixo não reciclável e de resíduos domésticos líquidos, a serem esterilizados antes de voltar aos cursos d'água, permanece como um desafio urbano.

Na escala de São Paulo, os números não permitem minimizar a questão: 15 mil toneladas de lixo são recolhidas por dia, das quais 35% passíveis de reciclagem e menos de 1% de fato reciclado. A rede de esgoto existente mede pouco mais de 15.300 km e, sendo de 4 milhões de m^3 a produção diária de esgoto, só 2,8 milhões são coletados e tratados, enquanto 1,2 milhão de m^3 de resíduos líquidos são jogados diretamente em córregos e rios. A Sabesp[16] estima concluir a rede e a coleta de esgoto em 2018.

No que tange à poluição do ar, alguns benefícios ocorreram nas últimas décadas, graças ao controle governamental, apoiado por pesquisas

---

[16] A Sabesp (Companhia de Saneamento do Estado de São Paulo), hoje privatizada, tem contrato de trinta anos firmado com o governo do estado de São Paulo.

e propostas da Companhia Ambiental do Estado de São Paulo (Cetesb). Coube aos engenheiros dessa empresa a elaboração dos indicadores de controle da poluição industrial e a condução de políticas de restrição que, por assim dizer, "limparam" o ar de São Paulo das fuligens e emissões nocivas das chaminés das fábricas. Coube-lhes também a tarefa de elaborar o Programa de Controle de Veículos (Proconve), de âmbito nacional, segundo o qual os veículos passaram a diminuir gradualmente suas emissões.

Entre essas melhoras é preciso assinalar o sucesso do uso do álcool como combustível de veículos, seja como combustível único, seja na mistura de cerca de 23% na gasolina,[17] eliminando, a partir de 1976, a necessidade de uso do chumbo e acarretando diminuição considerável do CO_2 emitido. Embora os maiores fatores de poluição do ar sejam, hoje, o material particulado (poeira) e o óleo *diesel* de má qualidade – que contém uma proporção excessiva de enxofre, extremamente nocivo para a saúde, mas que pode, no entanto, ser diminuída.[18]

O desafio da poluição não depende apenas das quantidades produzidas (que diminuiriam, se outro fosse o processo mecânico que as produz) e das deficiências quantitativas das respectivas redes. Depende também de nossos hábitos, inclusive dos de consumo, assim como da falta de invenções tecnológicas (possíveis), como veremos mais adiante, ao tratar do futuro dos veículos.

A DRENAGEM PRECÁRIA

No mês de janeiro de 2010, o mais chuvoso em setenta anos, desabaram sobre São Paulo 56,3 mm de água de chuva,[19] no curto período de sete horas. Nenhuma rede de água pluvial conseguiria acolher tal volume de chuva tropical. O resultado foi 175 km de lentidão de trânsito, aeroportos fechados, 57 pontos de enchente, 5 deslizamentos, 9 mortes

---

[17] Proporção variável, dependendo de variações na safra de cana-de-açúcar. Para contornar situações como a seca e quebra de safra do final de 2009, o governo federal anunciou, em 11 de janeiro de 2010, a redução da porcentagem de álcool anidro (etanol 96 °GL) na gasolina de 25% para 20%.
[18] Para tanto, a Petrobras e a Anfavea (Associação Nacional dos Fabricantes de Veículos Automotores) devem obedecer aos limites estabelecidos pelo Ibama.
[19] No acumulado do mês foram 316,9 mm, 33% acima da média histórica de 239 mm. Dados da Sabesp, publicados no *site* Caderno SP (www.cadernosp.com.br).

e cerca de duas centenas de desabrigados. Qual a origem desse problema e como superá-lo?

A descrição do palco natural do sítio urbano e dos palcos construídos que em "boa" medida o "desnaturaram" fornece o retrato das dificuldades e o tamanho do desafio para a drenagem paulistana. A começar pelo aspecto menos conhecido: o *subsolo*. Debaixo da fina crosta superficial, há uma infinidade de "buracos", causados ou pela pouca homogeneidade do solo, ou pelos inúmeros poços perfurados no passado e dos quais nem sequer conhecemos a localização, ou, enfim, pelo vazamento inaceitável de mais de 20% da rede de água potável e tratada da Sabesp. Esses fatores todos tornam a crosta superficial vulnerável a solapamentos súbitos, em locais imprevisíveis.

Quando a chuva é de padrão torrencial – como a de São Paulo nunca deixará de ser –, a drenagem apenas pela rede de águas pluviais e seus bueiros no meio-fio das calçadas não logra sucesso. No momento da chuva torrencial, a água também continua sendo conduzida pelas ruas que compõem o sistema viário, e fatalmente desce na direção dos vales... onde infelizmente se localiza boa parte do sistema de vias estruturais. Esta, como vimos, é uma fatalidade parcialmente construída pela imprevidência ou pela falta de imaginação de planejadores e administradores.

O desafio consiste, portanto, além das imprescindíveis medidas de defesa civil, em remediar a construção inadequada do palco urbano, em reter ao máximo a acumulação de água de chuva, em regular os cursos d'água convergentes, em liberar e desimpedir o curso d'água dos principais rios coletores, e em reforçar o sistema de informação prévia à população assim como o seu atendimento em casos de enchentes. Mas consiste também em retirar ou minimizar o número de habitantes em regiões de risco, sujeitas a inundações e deslizamentos, nas antigas várzeas e nas encostas íngremes, e em aumentar as áreas de drenagem natural através do solo – embora se deva considerar que há limites para a permeabilidade desse solo, pois a argila, quando saturada, torna-se bastante impermeável.

Os desafios da mobilidade

A MOBILIDADE PENOSA

Nas últimas décadas, tem sido comum receber em tempo real, geralmente pelo rádio (ou *on-line*, pela web), duas informações inusitadas: a situação das Bolsas de Valores (subindo ou descendo, em São Paulo ou em Nova York...) e os quilômetros de vias congestionadas na cidade de São Paulo. Difícil afirmar, para quem não joga na Bolsa, que o conhecimento, em tempo real ou *on-line*, do primeiro dado altere nossa vida cotidiana. É apenas uma sombra a acompanhar nossa vida, lembrando-nos de que vivemos globalmente e que o mundo das finanças é ameaçador... No entanto, ambas são sintomáticas, pois respondem às perguntas: "o mundo financeiro vai bem ou vai mal?"; "o trânsito está melhor ou pior?". E a resposta a esta última motiva, sim, a vida cotidiana.

As orientações radiofônicas sobre trânsito e congestionamentos locais, emitidas a partir de diversos helicópteros que constantemente sobrevoam a cidade, são convenientes. Além de orientarem sobre qual o itinerário a seguir quando já se está em um carro, elas não deixam dúvidas sobre a piora do trânsito. Em 2008, circulavam pelas ruas de São Paulo 5.804.566 veículos, dos quais 829.391 caminhões, reboques e caminhonetas, 39.280 ônibus, 4.251.685 automóveis e 681.189 motocicletas. A estes se somam cerca de 600 – chegando a 800, no primeiro trimestre de 2010, em virtude da redução de impostos, uma das medidas anticíclicas então tomadas – novos veículos a cada dia! O resultado se traduz pelos quilômetros de congestionamentos, no pico da tarde: 136 km, na média de dezembro de 2009, quando era de 117 km, na média de dezembro de 2000.

Para completar o quadro, em 2007, no que tange à circulação destinada a transporte de pessoas, das 23.519.669 viagens diárias urbanas, 16.095.793 (68,43%) eram feitas por veículo motorizado e 7.244.307 (30,80%) a pé. Comparando dois anos, 2007 e 1987, respectivamente, 36,69% e 36,35% utilizavam transporte público (ônibus, metrô e trem); 29,96% e 30,37% o automóvel (privado e táxi); e 33,35% e 33,28% circulavam a pé. Portanto, através dos anos, permanece, *grosso modo*, a divisão modal crítica: um terço viaja em transporte público, um terço em veículos privados e um terço anda a pé! Algo está muito errado... O transporte público deveria ser responsável por porcentagem muito maior das viagens, pois o espaço viário ocupado por um terço de pessoas em veículos privados é muitíssimo maior do que o ocupado por um terço daquelas em transporte público; e as viagens a pé revelam renda escassa.

A precariedade da penosa mobilidade de São Paulo tem diversos motivos:

- o *sistema viário* não pode crescer no mesmo ritmo em que aumenta a frota circulante, além de já ter atingido uma malha considerável, com escassa possibilidade para aumentar;
- o *transporte público* de massa abrange extensão muito inferior às necessidades: o metrô tem um terço da extensão e do número de estações hoje necessárias, são muito poucas as faixas exclusivas para ônibus – cujos pontos, estações e veículos são mal desenhados, ignoram a escala humana e causam grande desconforto –, os trens obedecem a trajetos antigos, nem sempre condizentes com as demandas atuais;
- a *divisão modal* do transporte privilegia o veículo particular, na maioria das vezes com um só ocupante, monopolizando espaço excessivo do sistema viário;
- a *frota privada* crescente acarreta a ocupação de parte das vias por *veículos estacionados*, espaços mortos do ponto de vista da mobilidade;
- o transporte ainda não opera como *sistema* – nem o transporte público e coletivo está projetado como *malha* –, perdendo-se a utilidade das relações bicicleta/metrô ou automóvel/trem, diminuindo a eficiência e a eficácia do conjunto;
- apesar de exigido pelo Plano Diretor Estratégico, ainda não se elaborou um *plano de transporte de carga,* desconhecendo-se, em detalhe, qual a natureza, a dimensão, a periodicidade da produção e da distribuição das mercadorias e cargas na cidade;
- embora a criação do bilhete único e do vale-transporte tenham possibilitado à população pobre utilizar-se do sistema de trans-

porte público, ainda é grande o contingente que se locomove a pé para economizar.

O desafio da mobilidade não diminui em função das novas tecnologias de comunicação, pois essas, embora permitam a descentralização dos locais de trabalho e a comunicação instantânea, também aumentam os contatos interpessoais, aceleram processos que, mais cedo ou mais tarde, além de acrescerem os contatos cibernéticos, também multiplicam os motivos de contatos pessoais, exigindo algum deslocamento físico. É indubitável que a indústria do lazer pago e a do turismo têm atraído muitos deslocamentos – haja vista os grandes *shows*, feiras, festivais, etc. –, e isso não será eliminado pela internet. Os sistemas de *delivery*, contudo, devem ter alterado os deslocamentos, e tanto o uso do correio como entregador, como as compras pela internet substituíram deslocamentos dos compradores.

A perspectiva de curto prazo é crítica: a velocidade média do trânsito em São Paulo é de 15 km/hora, equivalente à média de um corredor de maratonas. Em congestionamentos, a velocidade média diminui para 8 km/hora, equivalente à do carro de boi...

A esses desafios acrescenta-se uma questão nova, para cuja solução há resistência: o crescente número de motociclistas que realizam os serviços de entregas de cargas pequenas, de envelopes a *pizzas*. Esse serviço tornou-se indispensável, por terem se agravado os congestionamentos e diminuído a velocidade média dos demais veículos. Em 2010, estima-se em 750 mil – mais de 10% do total de veículos – o número de motocicletas circulando veloz e perigosamente por São Paulo, sendo a maior parte usada por entregadores profissionais, os "motoqueiros". E ocorrem cerca de quatrocentas mortes de motociclistas por ano. É interessante notar que essa modalidade de serviço só existe em lugares como

Quando Graham Bell (1847-1922) adquire e patenteia o telefone (1860), inventado por Antonio Meucci (1808-1889), e o coloca em uso, ele muda a estrutura de emprego, pois desaparece o menino de recados, diminui a correspondência intraurbana. Surge, porém, a telefonista. Diminuiu a necessidade de as pessoas se encontrar? Não. Aumentaram as atividades e os motivos para que as pessoas se encontrassem.

Bangcoc e aqui, no Brasil, principalmente em São Paulo. Em outros países, a motoneta e a bicicleta (em cidades menores e mais planas) são utilizadas para esse serviço.

O DESAFIO DE UM VEÍCULO DIFERENTE NO FUTURO PRÓXIMO

Segundo o escritor Luigi Pirandello (1867-1936), o automóvel é criação do diabo! Ele seduz, é objeto de desejo, alia-se ao conceito de liberdade... e seu uso indiscriminado acaba entupindo as veias da cidade. É, de fato, algo diabólico...

Entre os desafios ambientais e de mobilidade, há de considerar-se que, na *economia pós-petróleo*, a ser construída neste século XXI, tanto o combustível como os veículos deverão ser diferentes dos de hoje. É indispensável que a circulação de veículos se realize sem a emissão de gases que piorem a já afetada atmosfera, isto é, sem aumentar o CO_2 e o buraco de ozônio. Quando, em agosto de 1975, trouxe do CTA de São José dos Campos a convicção de que seria possível misturar álcool à gasolina ou usá-lo com exclusividade para alimentar os veículos, e tendo convencido o governador Paulo Egydio a tomar a atitude pioneira de obrigar todas as viaturas do estado a utilizar esse "novo" combustível, estava ainda pensando apenas em economizar petróleo importado. Estava tratando de poupar energia, de gastar menos em importações, questões que me haviam sido consignadas.

O agravamento da situação ambiental convenceu todos da vantagem de utilizar em todo o país a mistura de gasolina e álcool (até 23%) e de iniciar a fabricação de motores inteiramente dedicados a esse combustível, garantindo-se, através do Programa Proálcool, sua distribuição nacional por meio da Petrobras, encarregada de proceder à mistura e distribuição. Quando, em 1978, fui convidado pela ONU a apresentar o caso-álcool em seminário, em Paris, dedicado à indústria do automóvel, a novidade foi recebida em silêncio e com óbvio ceticismo (ou curiosidade disfarçada) pelos cerca de duzentos representantes de indústrias lá reunidos.

Hoje, com o *upgrade* (linguístico) do álcool para etanol,[20] a experiência pioneira é saudada em todo o mundo, a fim de fazer face aos desafios das mudanças climáticas e à insegurança crescente no que tange ao preço e ao fornecimento de petróleo.

Apesar do etanol e do biodiesel constituírem avanços, com vantagens no nível ambiental, venho dizendo há anos que este não é o combustível "do futuro". Pois, além de seu preço depender em boa parte da flutuação global do preço do açúcar, sua combustão em motores de explosão ainda produz alguma emissão perniciosa.

Para a emissão ser nula, os carros devem ser elétricos, com energia fornecida por pilhas de hidrogênio, limitando-se a emitir vapor d'água. Além das vantagens ambientais, a "poluição" sonora limita-se ao som dos pneumáticos em contato com o pavimento (o que provavelmente acarretará alguma sonorização adicionada e discreta, para chamar a atenção de pedestres distraídos). A mudança do atual e disseminado motor de ciclo Otto poderá acarretar mudanças formais na carroceria. Porém, o que constitui desafio, além da mudança do combustível e da fonte de energia, é a mudança de costumes, do hábito, da forma como usamos o carro privado.

Além de ser necessário estacioná-lo no imóvel em que residimos, o automóvel privado acarreta o grave problema de onde deixá-lo quando o tiramos de casa. Em São Paulo, a carência de espaço para estacionar está prestes a gerar uma crise similar à dos congestionamentos no trânsito. Ter automóvel próprio (e, para quem pode, dois ou três por família!) vai ficar extremamente caro. O uso de táxi vai aumentar, e os veículos para esse fim específico podem vir a receber melhorias no desenho e no conforto, passando a ser elétricos com o passar do tempo. Mas por que não usar (além do transporte coletivo, é claro) também um automóvel público?

Esse sistema funcionaria da seguinte forma: uma ou mais empresas colocariam automóveis enfileirados à disposição, em todos os postos de serviço; um cartão inteligente abriria sua porta e seria colocado em

---

[20] Na verdade, quase nada mudou, apenas se especifica o tipo de álcool utilizado como combustível no Brasil. O etanol ou álcool etílico (CH_3CH_2OH) é o tipo mais comum de álcool. Além de ser extraído, aqui, da cana-de-açúcar, também o milho e a beterraba o produzem.

um "autorizador de uso", permitindo acionar o veículo. A partir desse momento, e até à retirada do cartão, o tempo de uso seria cobrado e descontado diretamente da conta bancária, de forma semelhante a qualquer cartão de crédito. Após o uso, o automóvel seria entregue ao final da fila em qualquer posto de serviço (semelhante ao sistema já utilizado com bicicletas?).

O hábito de se locomover em São Paulo com carro próprio será alterado, no entanto, principalmente pelo desespero do motorista que, em sua tensão cotidiana, vai ficar imobilizado, assistindo ao decréscimo da velocidade média, à ampliação do tempo de percurso e ao crescimento insustentável do custo do estacionamento. Muito em breve, o paulistano será levado a tomar duas atitudes: passar a viver mais no bairro de sua moradia (desde que equipamentos, serviços e trabalho também se descentralizem), locomovendo-se a pé e em distâncias pequenas; e passar a usar o transporte coletivo, público ou privado. Ambos constituem desafios que mexem com o caráter individualista da cultura migrante, já mencionado.

A QUESTÃO DA QUALIDADE DE VIDA

Em livro de 1976, definia qualidade de vida (QV) como "a sensação de bem-estar" do indivíduo (Wilheim, 1976). Embora reconhecendo que tal sensação depende do próprio indivíduo, de suas necessidades e escolhas, implicando boa dose de subjetivismo, é possível distinguir alguns fatores que propiciam uma sensação de bem-estar. No quadro "Qualidade de Vida (QV) e bem-estar" distinguem-se alguns fatores que considero "direitos" inerentes à condição de cidadão: a alimentação de subsistência, a saúde básica que o capacite, a segurança proporcionada pelo emprego ou condições propícias ao trabalho, uma renda suficiente, e uma instrução suficiente para a autonomia. Trata-se de *direitos* indiscutíveis e fundamentais: eles indicam a região mínima de oportunidades do indivíduo, a partir da qual podem acrescentar-se *fatores de qualidade de vida,* cuja demanda é crescente ao longo da existência.

Os fatores de qualidade de demanda crescente interagem. Sua identificação permite associar, a cada um, os aspectos urbanos a influenciá-los, e autoriza que sejam selecionados e agrupados em duas colunas (verticais, no quadro): fatores de características físicas e fisiológicas; e fatores culturais (sociopsicológicos).

Sentir-se saudável implica manter-se com saúde física e psicológica ou recuperá-la; para a satisfação desse fator de QV contribuem os espaços adequados ao lazer e ao esporte; *ter prazer* é um fator de QV que implica aspectos inerentes à pessoa, como sentir prazer sensorial e sexual, mas também pode ser favorecido, ou prejudicado, por condições urbanas e por atividades que estimulem o prazer intelectual. Há diversos fatores associados à sensação de *conforto:* a limpeza dos espaços privados, a existência de *espaços públicos*, limpos e despoluídos; o *silêncio* (ou pelo menos a redução dos ruídos), a existência de *espaço* e de acesso a *equipamentos* para a vida privada (doméstica) assim como para usos coletivos (públicos), e a possibilidade de, isolando-se, gozar de *privacidade*.

Entre os fatores de QV de natureza mais cultural ou psicológica, um papel importante é representado pela *sensação de segurança*. Inclui a integridade física do cidadão, a posse de objetos, a noção do que é certo e do que é errado (orientação moral e ética do indivíduo), e sua orientação no espaço urbano. Há também fatores de QV associados ao *sentimento de realização* do indivíduo: sua autoestima, ser amado, ser reconhecido no grupo a que pertence ou em que trabalha. Outros fatores agrupam-se sob o título de *liberdade de opções:* a liberdade e espontaneidade de expressão e criação, a liberdade de mobilidade e de opção de percurso, de flanar* dentro da cidade, a liberdade de informar-se, e a existência de opções para ganhar a vida através de seu trabalho.

Embora a inserção no quadro possa dar a ilusão de que os fatores de QV constituem unidades estanques, sua distribuição e as linhas que os interligam permitem compreender, pelo menos, que, à medida que tais fatores existam de forma satisfatória, a qualidade de vida do indivíduo torna-se melhor.

Há outra observação pertinente: os fatores mudam de importância segundo características da cultura migrante e da ascensão social, pois os protagonistas das transformações urbanas (de São Paulo ou de outra cidade brasileira) valorizam cada fator de QV dentro do contexto cultural e econômico de sua inserção social peculiar. Contudo, a fluidez da valoração dos fatores de QV não apaga sua importância e sua relação com o palco urbano, donde sua satisfação constituir-se em desafio para o planejamento e a gestão da cidade.

A análise dos fatores de bem-estar pode auxiliar no estabelecimento de suas relações, evidenciando que o sentir-se bem em uma cidade depende da interação de fatores de natureza distinta. Estamos sempre em busca da "cidade ideal". Às vezes, essa se identifica com Paris, por ser cidade mais homogênea, mais igualitária, onde flanar pelas ruas constitui um real prazer (para os que a ela têm acesso). Porém, São Paulo lembra mais Nova York, na admirável descrição de E. B. White, que, no artigo "Aqui está Nova York", publicado no *New York Times*, em 1949, a descreve como um aglomerado de pequenas áreas distintas e compactas, cada uma com vida própria, compreendendo habitação, trabalho, abastecimento e lazer, em unidades pequenas, circunscrevendo a maior parte das atividades cotidianas dos cidadãos que nelas habitam, e conclui: "Cada área dessas é uma cidade que fica dentro de outra cidade dentro da cidade". A qualidade de vida de São Paulo deve ser buscada em um contexto urbano semelhante ao de Nova York.

---

* Do vocábulo francês *flaner*, que significa perambular lentamente pelas ruas, apreciando sua paisagem e atividades. De Charles Baudelaire a Walter Benjamin, louva-se essa apreciação gostosa, sempre possível em Paris.

QUALIDADE DE VIDA (QV) E BEM-ESTAR

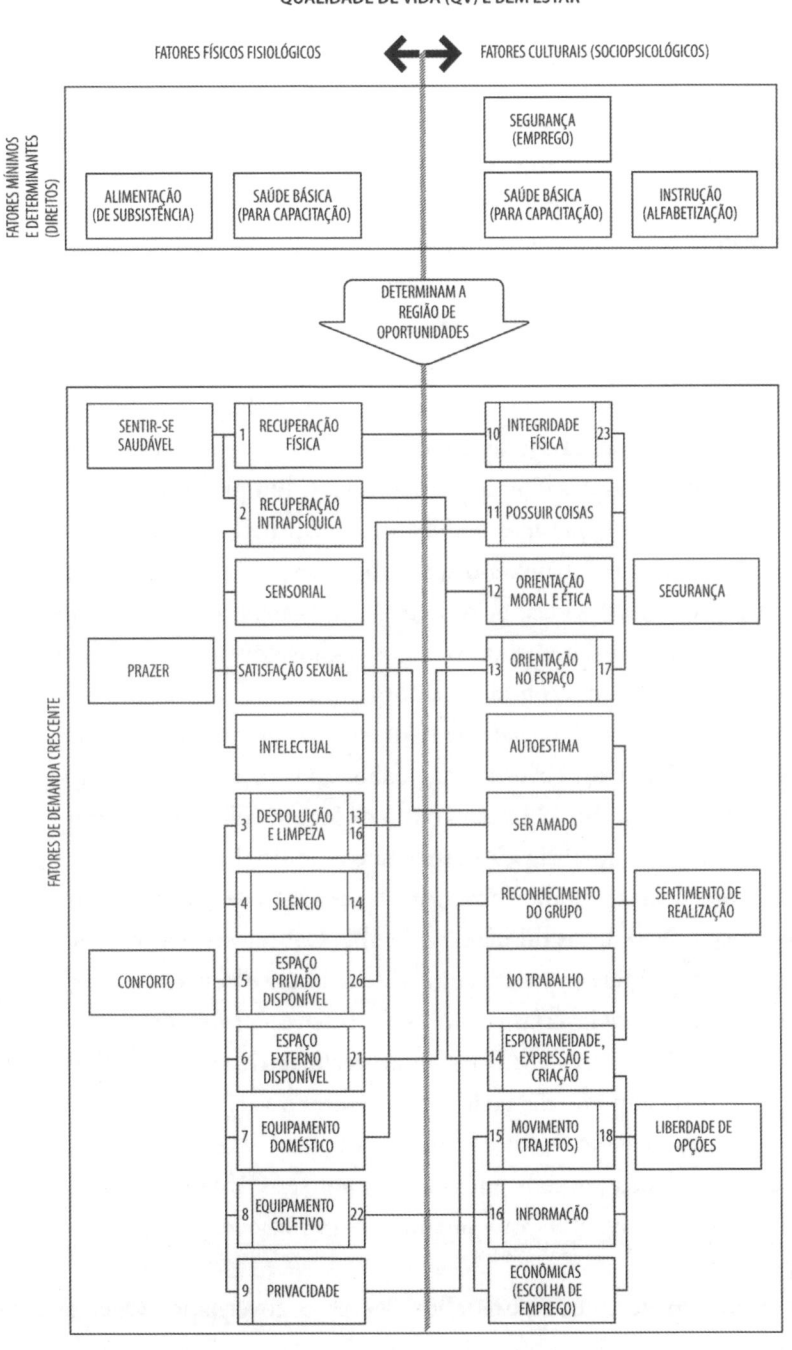

FATORES FÍSICOS FISIOLÓGICOS ↔ **FATORES CULTURAIS (SOCIOPSICOLÓGICOS)**

FATORES MÍNIMOS E DETERMINANTES (DIREITOS):
- ALIMENTAÇÃO (DE SUBSISTÊNCIA)
- SAÚDE BÁSICA (PARA CAPACITAÇÃO)
- SEGURANÇA (EMPREGO)
- SAÚDE BÁSICA (PARA CAPACITAÇÃO)
- INSTRUÇÃO (ALFABETIZAÇÃO)

DETERMINAM A REGIÃO DE OPORTUNIDADES

FATORES DE DEMANDA CRESCENTE:

- SENTIR-SE SAUDÁVEL
  - 1 RECUPERAÇÃO FÍSICA — 10 INTEGRIDADE FÍSICA 23
  - 2 RECUPERAÇÃO INTRAPSÍQUICA — 11 POSSUIR COISAS
  - SENSORIAL — 12 ORIENTAÇÃO MORAL E ÉTICA — SEGURANÇA
- PRAZER
  - SATISFAÇÃO SEXUAL — 13 ORIENTAÇÃO NO ESPAÇO 17
  - INTELECTUAL — AUTOESTIMA
  - 3 DESPOLUIÇÃO E LIMPEZA 13/16 — SER AMADO
  - 4 SILÊNCIO 14 — RECONHECIMENTO DO GRUPO — SENTIMENTO DE REALIZAÇÃO
- CONFORTO
  - 5 ESPAÇO PRIVADO DISPONÍVEL 26 — NO TRABALHO
  - 6 ESPAÇO EXTERNO DISPONÍVEL 21 — 14 ESPONTANEIDADE, EXPRESSÃO E CRIAÇÃO
  - 7 EQUIPAMENTO DOMÉSTICO — 15 MOVIMENTO (TRAJETOS) 18 — LIBERDADE DE OPÇÕES
  - 8 EQUIPAMENTO COLETIVO 22 — 16 INFORMAÇÃO
  - 9 PRIVACIDADE — ECONÔMICAS (ESCOLHA DE EMPREGO)

Planejamento e gestão

DESAFIOS PARA O PLANEJAMENTO URBANO

A necessidade e a conveniência de haver transversalidade disciplinar entre profissões são um desafio, antes de tudo, no campo da recriação e adequação das universidades. Esse desafio já era apontado em capítulo final de meu livro *Urbanismo no subdesenvolvimento*, de 1969, assim como nos textos preparatórios (escritos em 1963) para a constituição de uma nova universidade federal em São Paulo.

Agora, após a primeira década do século XXI, já se usufrui de experiências – positivas e negativas – do planejamento urbano em diversas partes do mundo, para indicar alguns desenvolvimentos metodológicos que correspondam aos desafios contemporâneos. Em primeiro lugar, é preciso afirmar que as *questões ambientais* constituem a componente física do planejamento urbano. Tal realidade esteve embaçada e embaraçada, nas décadas passadas, pelo natural entusiasmo com o sucesso e incorporação de teses ambientalistas nos órgãos governamentais em todo o mundo. Esse sucesso obtido pelas organizações da sociedade civil que o produziram, desde a década de 1970 com o movimento *hippie*, foi cooptado pelos principais governos nacionais, ao transformarem a prevista reunião temática, em 1992, para o Rio de Janeiro, em cúpula governamental temática, com obrigação de participação de chefes de estado.

Em decorrência da Conferência Rio-92, criaram-se por toda parte ministérios e secretarias do meio ambiente. Cansei-me, em vão, em diversos foros nacionais e internacionais, de apontar o equívoco: os órgãos de planejamento deveriam incorporar o tema "ambiente", pois a institucionalização de um *outro* órgão acarretaria diversos conflitos, ou seja, ou o planejamento deixaria de considerar a variável ambiental, ou gerar-se-iam áreas de conflito conceitual entre "desenvolvimentistas" e "ambientalistas", ambos encastelados em seus órgãos paralelos, ficando o órgão ambiental com orçamento mínimo e peso político correspondente.

Por ironia do destino, alguns anos depois o governador Quércia (PMDB) convidou-me a assumir a Secretaria do Meio Ambiente... Aceitei o encargo e estruturei a Secretaria, sabedor de que, nesse período, o órgão de Planejamento não estaria preocupado com o componente físico do planejamento. Por isso pude dedicar-me, sem grandes conflitos, ao planejamento físico (portanto ambiental) do litoral sul do estado, à criação de reservas na Serra do Mar, à despoluição de Cubatão, ao planejamento de ações de controle da poluição causada por veículos; etc.

A última atividade naquele posto foi a de tentar inserir a variável ambiental no orçamento do estado. Para tanto, foram feitos estudos, e participei de importante reunião internacional sobre o tema, em Wilton Park, Inglaterra. Verificou-se, então, que a poluição sempre comparece de forma positiva nos orçamentos públicos! Pois o PIB é aumentado pela fabricação de equipamentos antipoluidores, e aumentam os empregos destinados a controles ambientais e até mesmo para cuidados de saúde. E ainda não existia o IDH – Indicador de Desenvolvimento Humano... A conclusão coletiva foi, então, a recomendação de sempre subsidiar a formulação de orçamentos públicos com um *relatório independente,* que evidenciasse a cobertura necessária para tarefas governamentais de natureza *ambiental.*

Esses *relatórios ambientais,* que até hoje não são elaborados de forma sistemática e compulsória por ocasião do estabelecimento do orçamento plurianual e das metas do programa de governo, devem constituir um dos desafios a serem superados pelo planejamento público, durante a elaboração da peça orçamentária. Outro desafio é constituído pela necessidade de uma *coordenação sinérgica,* se não a própria integração, dos setores de planejamento e do ambiente.

O terceiro desafio diz respeito à compreensão das realidades que o planejamento abarca. Não é suficiente que as equipes de planejamento incluam arquitetos, urbanistas, administradores e economistas. É preciso que exista uma verdadeira *imersão antropológica,* para a compreensão dos moventes e das potencialidades da sociedade local.[21]

---

[21] Em São Paulo, iniciei essa experiência em 1983, ao convidar duas antropólogas de renome (Ruth Cardoso e Eunice Durham) para se reunirem com os urbanistas da Secretaria de Planejamento que dirigia, no governo do prefeito Mário Covas (PMDB). As reuniões romperam barreiras de ambos os lados: os urbanistas apreendendo o mundo dos costumes, da cultura da sociedade urbana; e as antropólogas saindo da esfera acadêmica para o enfrentamento de realidades cotidianas.

O quarto desafio é de ordem político-administrativa. Os principais instrumentos normativos do planejamento são o Plano Diretor e a Lei de Uso do Solo, que devem dar segurança jurídica aos cidadãos e às empresas e não podem ser alterados com frequência. O Plano Diretor Estratégico vigente (Lei nº 13.430, de 2002) e a subsequente Lei de Uso do Solo e os Planos de cada subprefeitura (Lei nº 13.385, de 2004), após terem passado por centenas de reuniões públicas de discussão, resultando no "consenso possível" entre os interesses dos diversos protagonistas que agem sobre o palco urbano, conferem tal segurança, mormente em virtude do aspecto metodológico inovador: (a) trata-se de planos abrangentes, que procuram lidar com os diversos aspectos da vida urbana (e não apenas com o uso do solo e o sistema viário); (b) seus artigos se distribuem em dois grupos de horizontes diversos: as *diretrizes* de longo prazo (dez anos) e as *ações estratégicas* de curto prazo, passíveis de serem revistas ou substituídas depois de quatro anos de aplicação e avaliação. O desafio consiste em *manter essas inovações* – já reproduzidas em diversos planos diretores recentes para outras cidades –, cuja modificação sempre está nos objetivos do mercado imobiliário.

Há, porém, outro desafio de natureza político-administrativa: a unidade de *planejamento da Região Urbanizada de São Paulo*; uma vez enfraquecida a Emplasa (unidade que planejava a Região Metropolitana) e cancelada a unidade administrativa que funcionou somente durante o governo de Paulo Egydio Martins (1975-1979), criou-se uma situação caótica e de baixa sinergia, a ser remediada. A escala macrometropolitana antes descrita exige o seu planejamento!

O quinto desafio é de ordem política. Um dos mais importantes protagonistas em cena é o mercado imobiliário, cuja lógica interna e mecanismos de atuação já foram descritos. Seu poder econômico, colocado a serviço de sua lógica intrínseca (frequentemente em desacordo com o interesse público), torna necessário criar instituições normativas de *controle* e estimular o *monitoramento público* das atividades do mercado imobiliário e de sua influência sobre a Câmara Municipal e sobre a própria Prefeitura.

OS DESAFIOS DE GESTÃO E GOVERNANÇA

No regime democrático em que, afortunada e merecidamente, vive o povo brasileiro, boa parte dos desafios a enfrentar, para que todos vivam com melhor qualidade de vida, reside nas características político-administrativas e na gestão das instituições republicanas e, dentro delas, do poder executivo. Ecoando velhos hábitos, verifica-se que o controle do Estado como um objeto de conquista leva a um conluio entre políticos de carreira e elites econômicas. Os governos municipais não fogem à regra. A consequência disso é enxergar a sociedade como mera massa de eleitores, uma clientela, um meio para a conquista do poder. O diálogo político é substituído pela retórica e pela demagogia. E, apesar de diversas experiências de orçamento participativo e de conselhos de representantes, permanece estagnado o debate entre democracia representativa, em que o cidadão delega, e democracia participativa, em que o cidadão também participa.

Embora aqui e acolá modernizações tenham atualizado a tecnologia burocrática, a estrutura da Prefeitura repete a conveniência partidária da divisão de secretarias, concebidas como feudos, a acolher companheiros de partido, pois a distribuição de cargos passou a ser um dos acordos para se ganhar uma eleição. Vereadores recém-eleitos são oferecidos para ter seu *status* elevado para uma função executiva, considerada mais importante e mais proveitosa para a carreira política da pessoa do que a função legislativa. No Brasil, tal confusão entre poderes (legislativo e executivo) não parece ofender os pruridos republicanos, excessivamente tolerantes e flexíveis em virtude das características aqui descritas anteriormente (em "Os protagonistas").

Por outro lado, a era da informação[22] permite estabelecermos novas formas de organização, no trabalho e na obtenção do conhecimento. Em lugar da estrutura piramidal e *hierárquica*, esquematicamente representada por uma árvore invertida, comum às formações militares ou à hierarquia burocrática, o trabalho pode ser organizado sob forma de redes ou malhas, em que os integrantes são assimétricos quanto ao

---

[22] Manuel Castells propõe trabalharmos para que o século XXI venha a ser uma era do *conhecimento* e não uma banal era da *informação*...

poder que exercem – porém integrados, interagentes e focalizados na área a que, em conjunto, se dedicam –, e sua participação limitada ao tempo necessário à conclusão da tarefa a que cada rede se dedica. Ora, o trabalho *em rede* tem normas, ética e programação diferentes daquelas existentes na atuação hierárquica. Para mencionar apenas uma diferença: em lugar de obediência à hierarquia, a rede impõe uma disciplina de autoadesão e compromisso voluntário, expressos em um protocolo próprio.

Para implantar uma estrutura em rede, é preciso um ingente esforço de coordenação do prefeito e/ou uma adequação da gestão a essa necessidade. Ainda não se experimentou o trabalho em rede como substituto integral da estrutura hierárquica de trabalho. A figura ao lado permite evidenciar a diferença entre a estrutura tradicional, hierárquica, concebida originariamente para o comando militar de qualquer exército, e a estrutura em rede, mais moderna, sempre atacando um único projeto de cada vez e contendo, com atuação sinérgica, membros de dimensão e poder diferentes, porém todos dedicados à concretização do projeto proposto.

Ao trabalhar em estrutura hierárquica, a Prefeitura pode até ver obedecidas com rapidez as ordens vindas de cima, sem interferência de órgãos paralelos e, muito menos, de representantes da sociedade civil, mas tal eficiência não significa eficácia, pois, sem a participação de setores interessados, corre o risco de equivocar-se, sendo lenta e penosa a sua correção.

Por outro lado, como observa Dowbor, a tecnologia da informação nos permite novas formas de armazenamento e tratamento de dados: "estamos na era da cabeça *bem feita* e não na da cabeça *bem cheia*" (Dowbor, 2009).

ESTRUTURAS DE TRABALHO

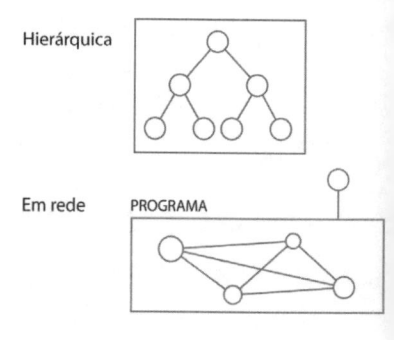

Hierárquica

Em rede   PROGRAMA

O hábito de colocar todas as secretarias no mesmo patamar decorre da exigência dos partidos coligados, pois todos os seus representantes no Executivo desejam estar, no mínimo, à mesma distância do prefeito. Mas isso obriga a um nem sempre fácil exercício diplomático. Na realidade da gestão, há funções que, por serem genéricas ou básicas, subordinam estrategicamente as decisões das demais. Penso que são básicas a função de condução da *gestão* bem como a função do *planejamento*, devendo corresponder a órgãos diferençados. Por outro lado, o planejamento deve compor-se de setores físicos (como o ambiental e o viário) e de setores sociais (como as políticas de trabalho e as de transferência de renda).

Outro desafio de gestão consiste em sistematizar, necessariamente, a relação entre governo municipal (executivo e legislativo) e a sociedade civil. Em São Paulo, a sociedade civil tem demonstrado extraordinária vitalidade e capacidade de se organizar, além de, no sadio ambiente de liberdade em que vivemos, apresentar propostas, reivindicações, produtos e desencadear ações independentes. Para que exista uma relação fecunda entre governantes e governados, deve existir, em primeiro lugar, uma total transparência na gestão dos governantes. Isso permite o monitoramento por parte da sociedade, revertendo em aplauso ou crítica, ambos importantes para o aperfeiçoamento da gestão e da democracia.

Dois exemplos demonstram esse processo de aperfeiçoamento das instituições republicanas: a prática do orçamento participativo e a aprovação da Emenda nº 30, da Lei Orgânica do Município de São Paulo, proposta pelo Movimento Nossa São Paulo e que obriga um Prefeito recém-eleito a apresentar, noventa dias após sua posse, o rol de metas quantificadas para os principais setores de atividades, permitindo destarte que o cumprimento delas seja acompanhado pela sociedade. Essas metas, diz a Emenda, devem obedecer ao prescrito no Plano Diretor vigente e refletir os compromissos da campanha eleitoral. Uma das consequências imediatas foi a adequação das próprias tarefas administrativas internas à Prefeitura, a fim de se capacitar a obedecer à Emenda.

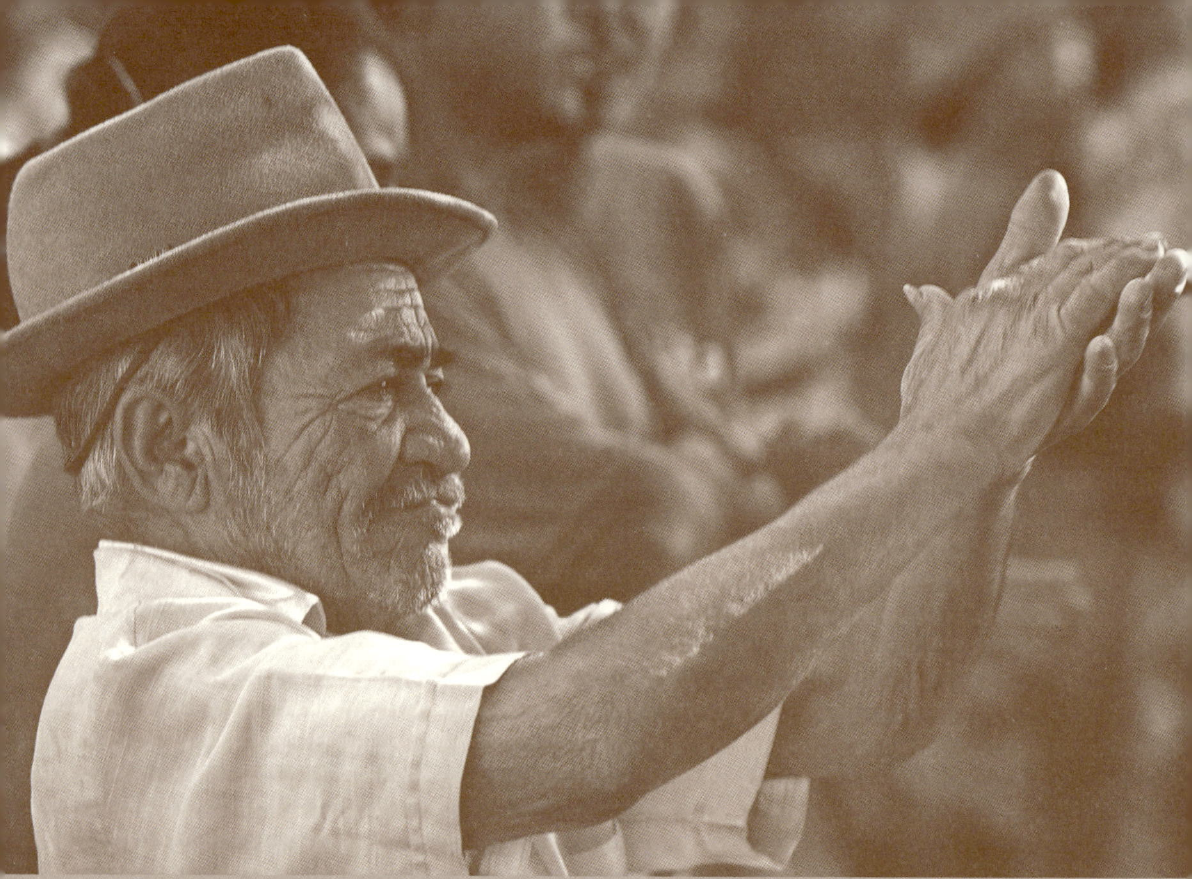

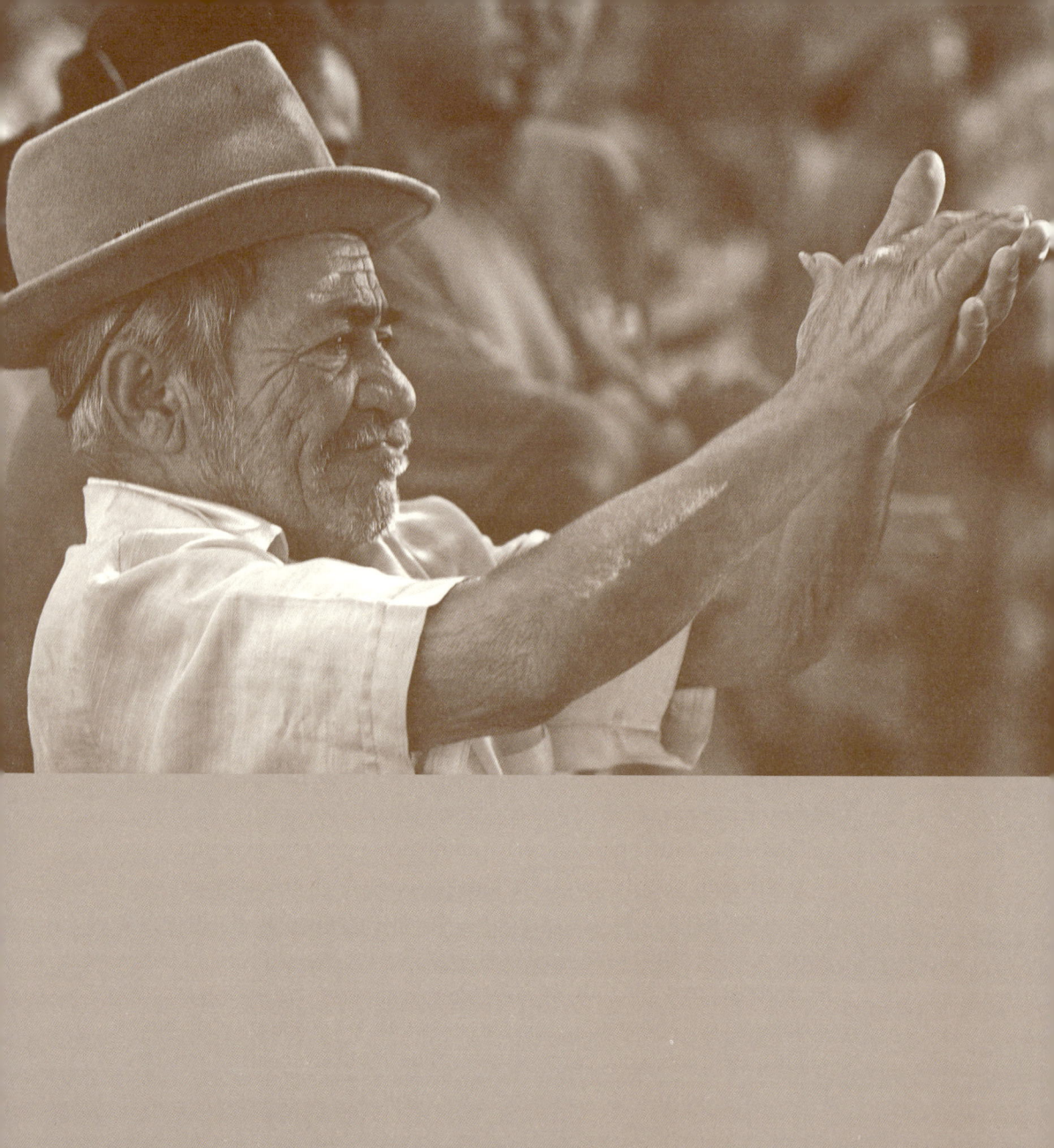

4
PROPOSTAS GERAIS QUE RESPONDAM AOS DESAFIOS

Propostas gerais que respondam aos desafios

Como faço parte de uma plateia que observa as realidades espaciais que constituem o palco da cidade – e os protagonistas e autores que sobre ele vivem atuando, alterando cenários, reescrevendo roteiros, com o objetivo de sempre melhorar sua própria qualidade de vida –, creio sentir-me forçado a opinar sobre como montaria meu próprio "espetáculo". Em outros termos – e admito meu viés profissional, pois usualmente sou chamado a *propor soluções para resolver problemas emergentes* –, conviria concluir este livro indicando algumas propostas que possam responder aos desafios atuais, para, ao final, conferir melhor qualidade de vida para todos os que habitam e trabalham nesta cidade global, e para aqueles que a visitam.

A tarefa de criar cenários ideais, utopias, para o futuro de São Paulo (ou outra localização qualquer) faz parte das tarefas do planejador urbano. E avançar na direção apontada somente vale a pena se a meta de longo prazo for generosa, ampla, política e moralmente justificada. Em seus bem-humorados novos Dez Mandamentos – elaborados sem a anuência de seu Altíssimo Autor original –, Ignacy Sachs, Ladislau Dowbor e Carlos Lopes, participantes da plataforma de discussão Crises e Oportunidades, propõem cenários e atuações abrangentes e adequados à dimensão dos desafios atuais (Dowbor, 2010b). Dirigidos para essa meta, o planejamento organiza tarefas intermediárias, mesmo sabendo que, no decorrer do tempo, outras metas intermediárias serão fixadas, ultrapassadas, atualizadas.

Inicio, aqui, apresentando propostas genéricas e fundamentais, adequadas a territórios mais amplos, porém básicos também para São Paulo. Em seguida, a

"Os Dez Mandamentos, revistos e atualizados:
I - Não comprarás o Estado / II - Não farás contas erradas / III - Não reduzirás o próximo à miséria / IV - Não privarás ninguém do direito de ganhar o seu pão / V - Não trabalharás mais de 40 horas / VI - Não organizarás a tua vida em função do dinheiro / VII - Não ganharás dinheiro com o dinheiro dos outros / VIII - Não tributarás as ações que mais nos ajudam / IX - Não privarás o próximo do direito ao conhecimento / X - Não controlarás a palavra do próximo." (Dowbor, 2010b)

fim de atender ao que disse no Prefácio deste livro, reexamino as Propostas que haviam sido publicadas em 1982. E, finalmente, retomo a lista de propostas que formulei para um programa municipal de governo, em 2008, acrescentando-lhe algumas atualizações e adequando-o à seleção dos principais desafios expostos no capítulo precedente.

AMPLIAR E ACELERAR AS POLÍTICAS DE TRANSFERÊNCIA DE RENDA E DE CORREÇÃO DA DESIGUALDADE

Em 2006, em artigo inédito (Wilheim, 2006), já afirmava haver, por parte dos que mandam, permissão para que novos membros a eles se aliem. Tal porosidade lhes garante a preservação e ampliação de seus privilégios. Essa elasticidade da elite é uma das causas da manutenção do abismo existente entre "ricos" e "pobres", da injustiça na distribuição de renda e de oportunidades. O Brasil, embora tenha na última década melhorado e diminuído a diferença, medida pelo indicador ou coeficiente de Gini[1] – tendo transferido cerca de 20 milhões de pessoas da pobreza para uma espécie de classe média, denominada Classe C –, ainda é expoente representativo de injustiça social no mundo e com ela convive, em que pese o crescente número de organizações da sociedade que trabalham com denodo para diminuí-la. Porém, o aumento da consciência de que tal situação deve ser alterada vai resultar em transformações básicas só no momento em que governos estabelecerem *um conjunto de políticas públicas e leis* que ultrapassem as meritórias ações da sociedade civil e dos atuais programas estatais assistenciais, de renda mínima subsidiada, ou daqueles programas que, acertadamente, induzem um avanço por méritos próprios, geralmente via educação, especialização ou empreendedorismo.

---

[1] O coeficiente de Gini é uma medida da distribuição de renda, desenvolvida pelo estatístico italiano Corrado Gini. Trata-se de uma *razão*, entre população e renda, representada por um número entre 0 e 1, onde 0 corresponde à completa igualdade de renda (todos têm a mesma renda) e 1 corresponde à completa desigualdade (uma pessoa tem toda a renda, e as demais nada têm). O coeficiente de Gini pode ser calculado pela Fórmula de Brown, que relaciona as variáveis de renda às de população.

Para fazer face à característica básica do desenvolvimento injusto e incompleto, penso ser imprescindível viver duas "paixões" nacionais: a da *geração do conhecimento* (como ocorreu na Coreia do Sul) e a da *transferência de renda e igualdade de oportunidades*. Uso o termo "paixão" para indicar o envolvimento sinérgico e compulsivo, racional e emocional, da sociedade e dos governos para incessantemente perseguir as metas estabelecidas nesses dois campos. Ainda existe carência de *políticas* amplas focalizando ambos os temas, permitindo o desempenho de programas consistentes e contínuos. No presente capítulo, não trato da geração do conhecimento, a fim de concentrar-me na necessidade de produzir transferências diretas de renda.

Propugno que tais políticas constituam um *conjunto* de medidas que objetivam a transferência parcial, porém direta, de renda – dos setores privilegiados para os demais – e o estabelecimento de "desigualdades" de oportunidades, isto é, a *discriminação afirmativa*, em favor dos afrodescendentes e dos demais prejudicados na escala social, a fim de democratizar as oportunidades. Não se trata de idealização, revolução ou retórica. Já existem bons exemplos de medidas desse tipo, e uma primeira avaliação positiva de resultados: em São Paulo, a criação da outorga onerosa de aumento da área construível e sua vinculação a investimentos habitacionais; em Nova Lima (MG), a criação (que propusemos no bojo de seu novo Plano Diretor) de contribuição compulsória à construção de habitações de interesse social, decorrente de novos loteamentos. A recente aprovação (após nove anos...) pela Câmara Municipal de São Paulo, do Imposto Territorial progressivo, destinado a impedir a retenção especulativa de terrenos e imóveis sem uso. E, em outras cidades, a elaboração de proposta de contribuição financeira com destino certo, onerando grandes áreas urbanas ociosas. Trata-se de exemplos que poderiam multiplicar-se, inclusive, através de planos diretores que estão sendo elaborados.

Contudo, embora municípios e estados não necessitem aguardar decisões superiores para estabelecer suas próprias leis, seria oportuna a elaboração de uma *política federal* dedicada à transferência compulsória e direta de renda, sempre vinculando receitas obtidas a seu destino social, passíveis de serem monitoradas pela sociedade e pelos interessados, e retirando recursos dos setores que hoje concentram, de fato, renda e recursos. O que impede, por exemplo, de compulsoriamente conduzir parte dos lucros de bancos para programas compensatórios da desigualdade social? E por que não vincular desde já parte dos lucros do pré-sal à educação e à pesquisa ? E por que não instituir e regulamentar a Renda Básica dos Cidadãos?

A RENDA BÁSICA DA CIDADANIA

A Renda Básica da Cidadania, hoje debatida em países como Estados Unidos, Canadá, Argentina, China, Reino Unido, já é realidade em operação no Alasca desde 1984; e no pequeno município paulista de Santo Antônio do Pinhal! Trata-se, de forma geral, de distribuir indiscriminadamente, a todo cidadão, uma parcela de uma riqueza produzida localmente. É uma prova concreta de que tal riqueza pertence a todos os cidadãos daquele território. No caso do Alasca, a riqueza distribuída igualmente a seus pouco mais de 300 mil habitantes corresponde a 6% de seu PIB e provém da exploração do petróleo naquele estado americano. No caso do município citado, a riqueza é constituída pelos rendimentos locais do turismo.

A renda básica apresenta aspectos polêmicos. Embora haja consenso sobre a redistribuição de renda e seus efeitos homogeneizadores na sociedade, resta estabelecer qual o fato gerador da riqueza que se pretende distribuir. Penso que ele deva basear-se na riqueza natural, isto é, naquilo que, no território, a natureza legou a todos os seus cidadãos: a riqueza mineral (incluindo a petrolífera), a riqueza vegetal (o potencial da floresta em pé), e a riqueza energética produzida pelas condições de água, sol e vento. Entende-se que, embora constituam patrimônio de todos, para serem revertidas em capital, essas riquezas legadas pela natureza dependam de investimentos, organização, trabalho. Porém, é possível um cálculo para determinar qual o indicador e o potencial de riqueza a ser distribuída, assim como qual o procedimento a adotar (geralmente um fundo) para concretizar a distribuição.

No Alasca, o efeito dessa distribuição é patente: enquanto as famílias 20% mais ricas dos Estados Unidos tiveram, entre 1989 e 1999, um aumento de sua renda média de 26%, e as 20% mais pobres, de 12%, no estado do Alasca, as mais ricas tiveram um crescimento de sua renda média de 7%, e as mais pobres, de 28%! A distribuição da Renda Básica propicia uma homogeneização mais efetiva da distribuição da renda.

No Brasil, a Lei nº 10.835, sancionada em 2004, de autoria do senador Eduardo Suplicy, já institui a Renda Básica da Cidadania, devendo sua aplicação ser gradual e de acordo com alterações nas normas do Bolsa Família. Por que não fixar por lei, desde já, que uma porcentagem da renda propiciada pelo petróleo do pré-sal integre o fundo de suporte dessa Renda Básica da Cidadania?

Construir o novo pacto social

Neste começo do século XXI, em todo o mundo, delineia-se com mais precisão quais seriam as características de um novo pacto social. Há duas décadas, diversos autores escreveram sobre as rupturas provocadas pelas novas tecnologias eletrônicas, pelo desemprego planejado, pelo encolhimento do espaço mundial, pelo crescimento das grandes metrópoles, pela gravidade não só das constantes perdas de recursos naturais mas também das mudanças climáticas provocadas, pela aceleração de todos os processos de mudança, pelo agravamento da concentração de renda, pela relativa autonomia adquirida pelo mundo das finanças, em detrimento, até, do desenvolvimento econômico. A crise financeira construída durante uma década, vindo à tona com a queda da primeira pedra do dominó em 2008, desnudou o que tais autores vinham denunciando e evidenciou ser imprescindível rever não apenas "o que fazer" mas também "para quem e como fazer". Em outros termos, é hora de rever o contrato social que, a partir da Revolução Francesa (1789), permitiu a ascensão da burguesia, a produção de uma revolução industrial, a cristalização dos estados nacionais, a ascensão e queda do colonialismo, o fortalecimento das políticas de mercado, mormente após o fracasso final da inicialmente esperançosa experiência soviética (hoje denotada como "socialismo real"...).

A atual discussão sobre esses temas afunila-se para o tema da revisão da relação entre *Estado* e *mercado*. Compreende-se tal reducionismo: as teses do chamado neoliberalismo posterior à queda do Muro de Berlim (1981) clamavam pela redução do poder do Estado, a fim de que a força econômica do mercado tivesse plena vitalidade. Segundo essa tese, o Estado é que devia ser regulado, a fim de ser mantido mínimo;[2] não sendo o mercado que necessitaria de regulação para limitar seus efeitos, ilusoriamente sempre considerados positivos. A realidade dos fatos comprovou o contrário: o mercado sem regulação causou o desastre, enquanto o Estado, quando enfraquecido, encontrava dificuldades, embora sendo chamado, ao final, para salvar o mercado e superar a crise.

A constatação de que há, sobre os palcos da vida urbana, protagonistas diversos, motivados, ativos, sugere que, se quisermos que ele seja eficaz e produtivo, o novo pacto social deve envolver diversos participantes. Autores vários, entre eles Ignacy Sachs e Ladislau Dowbor, afirmam que os participantes básicos de qualquer pacto destinado a enfrentar crises e a conduzir um desenvolvimento que se sustente são *o Estado*, as forças econômicas que representam o *Mercado*, os *Trabalhadores* e as organizações que representam a *Sociedade civil*.

Não estou me referindo apenas à dimensão global. Este pacto – concordância, ação sinérgica – deve ser empreendido, inclusive, para as escalas nacional e regional, e, por conseguinte, para a escala da metrópole de São Paulo. O novo pacto não precisa ser um documento firmado em cerimônia pomposa – basta ser representado pela política da participação democrática, pelo reconhecimento mútuo das representatividades de diversas organizações da sociedade, pelo trabalho em rede integrando setores público e privado, pelo respeito à autonomia dos integrantes de redes, seu pensamento e exigências, aos quais conviria que os partidos políticos, em seus parlamentos, atentassem. O novo pacto implica um processo político de construção.

É inevitável observar o que ocorreu, no mundo, no Brasil, especialmente em São Paulo, com os partidos políticos de esquerda que, de

---

[2] Estado mínimo é aquele cuja intervenção na economia e na sociedade é reduzida, não tendo, assim, por exemplo, poder para promover o bem-estar social (nem obrigação disso...).

forma vaga ou precisa, propugnavam por maior justiça social e por novo pacto social. Os partidos da classe proletária sofrem com o desaparecimento gradual das indústrias, dos trabalhadores manuais, ampliando e tornando menos focalizadas suas reivindicações. Quando assumem o poder e se tornam governo, passam a representar uma população muito mais diversificada do que o núcleo que lhes deu origem; as metas e as políticas tendem para o centro do leque político-partidário a fim de constituírem "um governo de todos". Cabe-lhes, então, praticar políticas socializantes, porém já menos precisas do que as bandeiras socialistas (quando não estritamente sindicalistas) de quando representavam apenas o proletariado industrial.

No caso de São Paulo, a esse deslocamento do partido que nasceu da classe operária industrial e de suas lideranças sindicais,[3] há que acrescentar o aumento proporcional da classe média, graças às políticas compensatórias em boa parte implantadas pelo mesmo partido no governo federal. Seu relativo "aburguesamento" (*gentryfication*, diriam os anglo-saxões), principalmente em São Paulo, acarreta um deslocamento das reivindicações que, no contexto da cultura migrante e dos hábitos de porosidade social, antes mencionados, definem uma pauta excessivamente consumista, por vezes egoísta, com reflexos políticos e eleitorais. Afortunadamente, tal processo é acompanhado, porém de forma paralela, por um aumento da responsabilidade social de empresas e pela politização das organizações não governamentais, que, de forma crescente, se organizam no seio da sociedade civil em São Paulo.

> *"Enquanto existirem homens cujo empenho político seja movido por um profundo sentimento de insatisfação e de sofrimento perante as iniquidades das sociedades contemporâneas, o termo* esquerda *fará sentido."* (Bobbio)

---

[3] O Partido dos Trabalhadores (PT).

Proceder a uma reforma política

Em 1996, quando se realizou a Conferência Habitat 2, da ONU, cujo projeto ficara a meu cargo, tentei proceder a uma experiência: as 20 mil pessoas que foram a Istambul para dela participar receberiam um cartão "inteligente", que lhes permitisse, em seu hotel, responder sim ou não a uma pergunta que diariamente seria formulada. E, diariamente, anunciaríamos o resultado dessa enquete relâmpago. O governo turco e meus superiores na ONU ficaram preocupados, temendo a provocação das perguntas, de modo que a experiência não pôde ser realizada. Na realidade, as perguntas seriam as mais inocentes: o que interessava, na experiência, vinha impresso no verso do cartão – "Consult the people"!...Tratava-se de uma demonstração de quão fácil é essa consulta plebiscitária...

Consultas públicas – preferivelmente após períodos de debates, plebiscitos, audiências públicas – constituem aperfeiçoamentos do regime democrático, passíveis de serem implantados em qualquer cidade. As formas de democracia direta, como as praticadas nas pequenas cidades suíças, são inviáveis em uma sociedade de massas, em cidades de grande população. Podem, porém, ser adotadas em âmbitos urbanos pequenos, em bairros, para dirimir dúvidas sobre questões pontuais. A experiência dos *acordos de convivência*,[4] inserida na lei do Plano Diretor de São Paulo, destinada a superar impasses entre interesses conflitantes referentes a uso do solo, está sendo positiva.

Parece-me crucial, aqui, distinguir sistemas de *informação* pública – uma obrigação governamental e um direito dos cidadãos – de sistemas de *comunicação* entre governo e sociedade, em que ambos possam dialogar: comunicação implica duas mãos de direção.

Já mencionei o alcance e as limitações da prática do orçamento participativo. Após reflexão autocrítica, os municípios seriam o âmbito adequado à sua prática. E a montagem, em subprefeituras, de Conselhos de Representantes, mesmo mantendo-lhes um caráter consultivo,

---

[4] O Plano prevê, no caso de divergências sobre uso do solo em local determinado, que as partes em conflito, sob a arbitragem do subprefeito, em apenas duas reuniões, cheguem a um acordo de convivência que passa a ser normativo.

permitiria adequar decisões governamentais a expectativas, aumentando o grau de bom senso e diminuindo o risco de erros graves.

Um dos entraves à comunicação governo-sociedade é a ausência de transparência em medidas tomadas pelos governos, herança dos muitos períodos de governos autoritários presentes na história do Brasil e, também, herança da arrogância medieval de "filhos d'algo"[5] e da prepotência do caráter de migrante que impregna nossa cultura política. Superar tal atraso é fundamental para uma reforma política.

Por fim, reforma política implica corrigir os vícios de estrutura e sistema partidários. O excesso de personalismo acabou gerando um sistema perverso, de compadrio, em que a sociedade é vista como mera clientela ocasional ou pontual. Além da injustiça de tal situação, ela também impede uma governabilidade decente, ao exigir concessões e compadrio nos parlamentos.

As generalidades referentes a um novo contrato social e as observações acima traduzem-se por reformas políticas fundamentais e possíveis. Os tópicos a seguir as sintetizam:

- Fortalecimento da democracia direta, complementar à democracia representativa existente;
- Fortalecimento das práticas de democracia participativa;
- Aprimoramento dos procedimentos que caracterizam a democracia representativa, com consequente adequação das estruturas partidárias e normas eleitorais;
- Democratização dos sistemas de informação e de comunicação governamental;
- Ampliação da transparência de órgãos de governo e do Poder Judiciário.

Essa pauta alcança o país todo, porém nada impede que ele se inicie em ações limitadas a um município, como São Paulo.

---

[5] Expressão que deu origem à palavra fidalgo, e que inicialmente, segundo Houaiss, se referia a "homem de dinheiro, pessoa acomodada na vida".

Garantir a sustentabilidade ambiental do desenvolvimento

São Paulo é pobre em áreas verdes. Não se trata apenas de serem insuficientes os metros quadrados de verde por habitante. A distribuição dessas áreas é injusta, pois se acrescenta a essa carência a da arborização em suas vias, resultando em bairros inteiros sem sequer uma árvore nas ruas, que dirá uma praça ajardinada.

Percebe-se, como dizia em 2000, que a qualidade da paisagem urbana penetra na vida das pessoas de múltiplas formas, melhorando ou piorando a qualidade de vida. Ora, se melhorar a qualidade da paisagem urbana – da rua em que se vive, daquelas percorridas em trajetos cotidianos, dos espaços públicos destinados a acolher encontros –, seguramente a qualidade de vida dos cidadãos vai ser melhor. E, raciocinando em sentido inverso, vai haver interesse dos cidadãos de que o espaço público tenha mais qualidade, a fim de melhorar, pela melhoria da paisagem urbana, os fatores de sua qualidade de vida. A melhoria da paisagem urbana é, pois, um forte motivador para a mobilização dos cidadãos em favor de sua cidade. Como proceder?

Em primeiro lugar, como Lester Brown expõe de forma dramática, é preciso produzir, no mundo todo, transformações de ordem climática, a fim de garantir a produção de água potável e de alimentos suficientes para todos (Brown, 2009). Na realidade, a produção de alimentos em si já seria suficiente, porém sua distribuição está longe de ser igualitária.

Em segundo lugar há que adequar a produção, em todos os países, a uma clara e definitiva perspectiva de *economia pós-petróleo*. Não se trata mais de mera especulação: as reservas de hidrocarbonetos de origem fóssil não vão ultrapassar o presente século, e sua crescente raridade torna estúpida sua queima como combustível. A estupidez das decisões humanas não constituem fato novo: Bárbara W. Tuchmann, em memorável livro, lembra dos troianos introduzindo o cavalo de madeira, dos Papas da Renascença provocando a cisão protestante, dos britânicos pondo a perder a América, dos Estados Unidos atraiçoando-se com a Guerra do Vietnã (Tuchmann, 1989). No caso do petróleo, contudo, não se trata de mera estupidez e, sim, dos interesses de curto prazo de grandes empresas, querendo adiar o momento em que os lucros vão diminuir e cessar. Não reduzamos a questão a um desaparecimento completo do petróleo. Avanços tecnológicos já em curso, reduzindo sua nocividade ambiental, vão permitir que possamos contar com esse produto, de forma residual, durante o resto do século. E, na realidade, o petróleo virá a ser, por muito mais tempo, o produto básico para a petroquímica: razão a mais para não queimá-lo sob forma de combustível. No entanto, a perspectiva de relativa escassez, associada aos efeitos profundamente negativos de sua combustão, vai alterar o papel preponderante que o petróleo teve durante o século passado, obrigando a cogitar de estratégias de transição para uma economia pós-petróleo.

Já no que se refere ao "desenvolvimento sustentável", há que se reconhecer um discurso ambíguo: qual o peso relativo dos dois termos da expressão? Para que desenvolvimento de fato ocorra, é preciso que recursos naturais e trabalho permaneçam, a fim de sustentá-lo. Mas, sob o nome de "desenvolvimento", frequentemente se escamoteia a perda desses recursos naturais ou, por motivos tecnológicos, a diminuição do trabalho. Há, aí, também um certo conservadorismo conceitual, reduzindo desenvolvimento a crescimento da economia. É preciso olhar para o futuro, para as oportunidades latentes, para o papel da pesquisa, da tecnologia, da inovação, na abertura de frentes econômicas novas, como as que se encontram latentes na Amazônia e no cerrado, em lugar de cogitar aplicar, nesses territórios, uma economia atrasada.

O paradigma petrolífero – também, e principalmente – deve ser substituído com urgência, por motivos de saúde pública e de recuperação da "saúde" do planeta. Em outros termos: a interrupção da poluição atmosférica e do aquecimento global. É agora, portanto, que se devem iniciar a discussão e os debates, a fim de decidir qual a melhor alocação do uso desse recurso finito.

Rever as propostas sobre segurança feitas em 1982

Mencionei, no Prefácio, que o presente livro se originou da solicitação de editores para reproduzir o muito pragmático *Projeto São Paulo*, de 1982. Voltei muitas vezes às propostas lá expostas, ao produzir outros textos destinados a programar transformações a partir do setor público. Grande parte das propostas de 1982 foi superada pelas mudanças temporais de contexto. A ênfase nos problemas do abastecimento, do desemprego, da ausência de participação da população foi superada, à medida que se efetivou a redemocratização das décadas de 1980 e 1990. E, enquanto a sociedade civil gerou um enorme número de organizações representativas e reivindicatórias, o próprio setor público gerou instâncias, órgãos e políticas novas.

No entanto, há algumas propostas de 1982 que ainda se revelam atuais e foram reproduzidas, de forma atualizada, em documentos posteriores. Eis alguns exemplos: continua conveniente uma descentralização do Procon (o serviço de Proteção ao Consumidor, que tive a tarefa de implantar no estado, durante a gestão Paulo Egydio Martins, 1975-1979) pelas diversas subprefeituras, além de tornar-se acessível por meios eletrônicos, podendo hoje integrar também os serviços oferecidos pelo Poupa Tempo. Continuam em aberto as diversas formas de participação da população propostas em 1982: ainda não foram criados os Conselhos de Representantes em cada subprefeitura; e encontram-se suspensos os debates do orçamento participativo, limitados no escopo, porém amplos em seu poder de concientização. O cadastramento de árvores significativas, visando a sua proteção, tarefa que tive a oportunidade de dirigir na Sempla, em 1985, foi abandonado. E mesmo as árvores que então haviam sido catalogadas e sinalizadas mediante uma placa aos pés acabaram sendo abandonadas, as placas roubadas, e o cadastro não atualizado. O esporte e a cultura das periferias nem sempre receberam o suporte público nem o necessário espaço, com exceção dos recentes Jogos da Cidade e das Viradas Culturais; e, principalmente, graças ao advento do CEU (Centro Educacional Unificado), que, entre

2001 e 2004, unificaram sinergicamente a educação, o esporte e a cultura, e inseriram-se em bairros extremamente pobres e desassistidos.

As propostas de 1982 referentes a informações e transparência foram superadas pelas consideráveis melhorias de práticas democráticas ocorridas desde então. Mas o atual papel das subprefeituras, criadas em 2002, e suas possibilidades no avanço do planejamento, criando os planos de bairro, propiciariam de forma objetiva a identificação dos elementos de paisagem e edificações de importância icônica, os pontos de encontro a adequar, as áreas demandando a colocação de cabines de polícia comunitária, assim como uma participação popular no planejamento do entorno de uso cotidiano.

Discutia-se, em 1982, a necessidade de manter a barragem Edgard de Sousa, no rio Tietê,[6] e penso que tal discussão merece ser retomada. Do mesmo modo, reclamava-se o adiamento da construção das lagoas destinadas à retenção de água excessiva, prevista no projeto de Burle-Marx e Ruy Othake para o Parque Ecológico. Ambas essas questões têm relevância no controle de enchentes. A questão da criação de um Corpo Municipal de Salvamento, então levantada, foi superada pelo desenvolvimento das unidades de resgate do Corpo de Bombeiros e pelo Serviço de Atendimento Móvel de Urgência (Samu), mantendo-se a sugestão então feita de estacionar ambulâncias e veículos de resgate em diversas regiões, a fim de diminuir o tempo necessário para alcançar um acidentado. O atendimento a pessoas com dificuldades de deslocamento está sendo hoje praticado por serviços municipais, como o Serviço de Atendimento Especial (Atende).

Continua presente a necessidade de implantar abrigos em todos os pontos de embarque de ônibus, pois é patente o desconforto na periferia. Em 1982, propunha dois mecanismos, que já se efetivaram: o passe do trabalhador (proposto em 1976) que adotou o nome de vale--transporte; e o passe do idoso, proposta formalizada quando ocupei a Sempla, na gestão do prefeito Mário Covas, iniciativa pioneira no país.

Diversas propostas referentes ao desenho de vias, de calçadas, como o do meu projeto "Uma árvore, quatro vilas" (1982), continuam a de-

---

[6] Localizada em Santana de Parnaíba, primeira hidrelétrica a abastecer a cidade de São Paulo, inaugurada em 1901 por Rodrigues Alves, então presidente do estado.

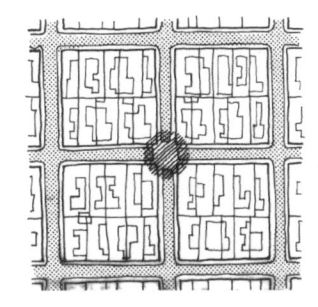

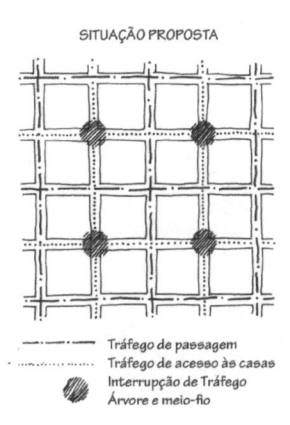

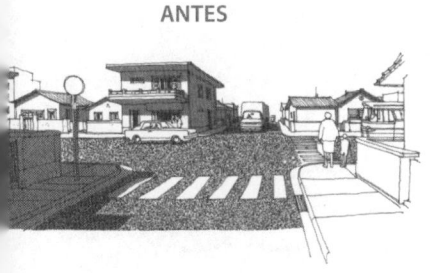

safiar governantes. No caso, trata-se da interrupção do tráfego de passagem mediante o plantio de uma árvore (ou mais!) no meio de um cruzamento. Desse "obstáculo" à passagem de veículos resultam quatro ruas sem saída, quatro "vilas" residenciais e uma pracinha, cujo uso poderá ser decidido pelos moradores das vilas: um jardim com bancos, uma quadra de vôlei, um teatrinho, etc. O ambiente residencial seria assim reforçado, as crianças voltariam a brincar nas calçadas e na pracinha, e descobrir-se-ia que os vizinhos existem... Também seria possível realizar tal transformação apenas nos fins de semana, equipando-se as ruas com sinalização adequada e mobiliário móvel.

Por fim, havia, em 1982, uma proposta cuja implantação foi iniciada, sendo conveniente sua aceleração, e que responde, parcialmente, ao desafio da insegurança. Trata-se da inserção comunitária de uma polícia voltada para a defesa dos cidadãos.

Detalho, a seguir, como descrevia, em 1982, a introdução da Guarda de Bairro. O sistema transformou-se na Base Comunitária da Polícia Militar (PM) paulista, mas também na Polícia de Pacificação, do Rio de Janeiro, e em diversas outras experiências em outras cidades, vinculando a comunidade de bairros e os responsáveis pela segurança dos cidadãos.

A Guarda do Bairro, dedicada à segurança do cidadão, objetivaria protegê-lo e orientá-lo à semelhança da respeitada Guarda Civil paulistana que existiu até 1970. Para tal deveria sediar-se, em cada bairro, em cabines nunca distantes mais de 500 m de qualquer domicílio. A cabine da Guarda poderia ser guarnecida por três membros (dois homens e uma mulher), de modo que estivesse ocupada mesmo quando dois membros estivessem circulando juntos, de bicicleta, pela área de sua competência (100 quarteirões, isto é 1 km², com raio de 500 m da cabine).

Trajados com uniforme de caráter civil, adequado ao clima e a funções rudes, os guardas de bairro não portariam necessariamente arma de fogo ou, eventualmente, apenas revólver de pequeno calibre para sua defesa. Por outro lado, possuiriam sofisticado instrumental de comunicação, para informar constantemente sua localização a uma central de polícia (delegacia). Esse mesmo instrumental portátil poderia lançar alarmes e comunicações codificadas de eventos, a fim de produzir a necessária mobilização de outros contingentes policiais.

A cabine, ou base comunitária da PM, teria espaço para pendurar as bicicletas dos guardas, maca e material de pronto-socorro de emergência, pequena dependência sanitária e cela temporária. Complementarmente, estaria equipada com todas as informações sobre serviços, transporte e endereços no bairro. Se a cabine coincidisse com um ponto de encontro ou de embarque, possuiria um terminal do computador central, acumulando as funções de posto informativo para o cidadão.

O guarda do bairro, além de suas tarefas de policiamento ostensivo, deveria estar habilitado para prestar serviços de emergência, aliviando, em certas ocasiões, o Corpo de Bombeiros: por exemplo, acudir a um desabamento de barraco, ajudar em súbitas inundações localizadas, orientar cidadãos da vizinhança e, até, auxiliar em casos de acidentes de trânsito, enquanto o DSV não chega.

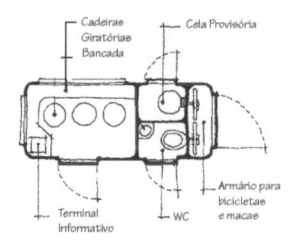

Para merecer a confiança da população, além da eficiência na prestação dessas tarefas, conviria que a guarnição de cada cabine fosse mantida inalterada por longo período, para criar uma relação mais pessoal entre ela e os cidadãos do bairro, malgrado os riscos inerentes a quaisquer contatos humanos permanentes.

A fim de garantir um bom desempenho dessas tarefas, um curso de formação deveria preparar o guarda de bairro para ser um servidor público, portanto um servidor da população, e seria conveniente que ouvisse e debatesse com as Associações de Moradores quais as expectativas da população com relação à nova guarda. Para poder montar um efetivo adequadamente remunerado e voltado para o amparo dos cidadãos, conviria testar as condições psicológicas dos candidatos para as tarefas previstas.

Quando alcançada uma cobertura desejável (uma cabine a 500 m de cada casa, com um total de cerca de 2 mil cabines), necessitar-se-ia de cerca de 20 mil guardas de bairro. Considerando que talvez 5 mil possam vir da corporação existente, isto significa a ampliação da PM para mais 15 mil pessoas. O encargo seria estadual, mas a Prefeitura poderia contribuir com a construção das cabines e a manutenção diária, induzindo destarte a rápida implantação da rede.

A formação do novo destacamento abriria uma oportunidade à PM de readquirir o respeito e a simpatia da população, hoje reservados apenas ao seu Corpo de Bombeiros, podendo vir a influir no próprio espírito da corporação. Isso, no entanto, não pode ser garantido e vai depender, e muito, dos homens que a comandarem e do grau de participação da população no governo.

Substituir o medo e a violência pela solidariedade

Mas, além da criação da Guarda de Bairro, que mais se poderia fazer no bairro, para substituir, pela solidariedade, o medo da violência?
- em primeiro lugar assinalo que as propostas, já feitas, de estímulo ao esporte e à cultura entre adolescentes, canalizando suas energias e ocupando seu tempo ocioso, constituem um meio de resguardar a agressividade dos riscos de degenerar em violência;

- em segundo lugar, na medida em que se implantarem alterações nas formas de representação democrática e, portanto, na participação direta das Associações de Moradores e demais organizações civis, criar-se-á uma política de diálogo de negociação, para a superação de conflitos localizados, diminuindo a violência que, como nos "quebra-quebras", decorre da sensação de impotência dos cidadãos;
- em terceiro lugar, conviria desenvolver o papel da educação na tarefa de substituir violência por solidariedade. E educação não é apenas ensino: refiro-me tanto ao que se passa nas escolas como à educação que ocorre fora delas. Boa parte da segurança do cidadão resulta do conhecimento e compreensão do mundo que o rodeia, pois o desconhecido e a incompreensão geram insegurança. É importante, por isso, estimular as múltiplas formas de aprendizado: os educadores populares, a informação, os pontos de encontro adequados a conversas ou, mesmo, a discursos, a representação dramatizada de problemas cotidianos, o teatro e o cinema;
- em quarto lugar, seria oportuno se a televisão divulgasse as experiências criativas realizadas em bairros, contribuindo destarte para a criação de um sentimento de solidariedade e identificação com o bairro;
- e, por fim, conviria que se valorizassem, no mais elevado grau, aqueles cidadãos que dedicassem parte de seu tempo ensinando algo a outrem – educadores populares –, e os elementos de maior destaque o Estado poderia homenagear e premiar.

Além das propostas acima, objetivando a contenção da violência, é também importante focalizar o que se passa nas escolas. O reforço de valores construtivos depende não só do conteúdo, mas também da forma como nelas se procede. No que diz respeito ao conteúdo, a adequação dos temas aos problemas do cotidiano, a inserção dos problemas em um quadro referencial mais amplo e explicativo do mundo, e um maior desnudamento e compreensão das tensões psicológicas da criança e do adolescente seriam, segundo conhecedores do assunto, formas adequadas de diminuir a hostilidade do indivíduo para com seu semelhante, levando-o a valorizar a construção e a solidariedade.

Quanto à forma, alcançar o conhecimento a partir do debate do cotidiano e proceder ao aprendizado por meio do diálogo constituiriam orientações de bom senso, ricas em desdobramentos.

A segurança do cidadão depende de realizações correlatas, tais como a Guarda de Bairro, mas também depende dos valores positivos a serviço dos quais se colocam tais realizações, como, por exemplo, a solidariedade, em vez da violência, e o espírito público em lugar da "ação entre amigos".

Essas transformações comportamentais, para que o individualismo de nossa cultura migrante se impregne do senso de responsabilidade da cidadania, vão exigir, portanto, iniciativas governamentais e da sociedade civil, dos órgãos de pesquisa que geram conhecimentos e da mídia que difunde experiências. Transformações são processos: é necessário focalizar com precisão os seus objetivos e metas, assim como ser persistente e transparente, pois mudanças, mesmo nos dias de hoje, requerem tempo.

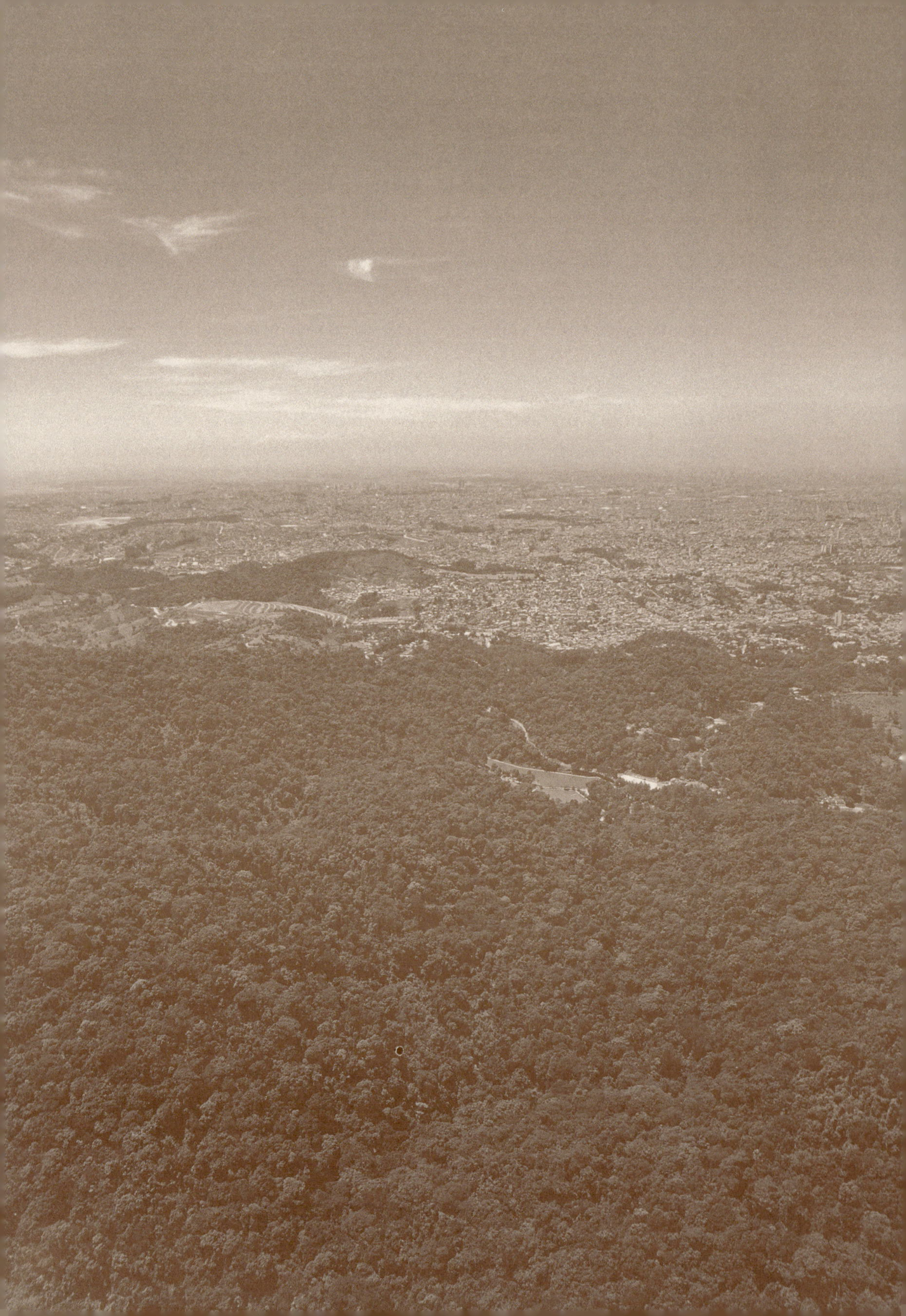

5
PROPOSTAS PONTUAIS PARA SÃO PAULO

Propostas pontuais para São Paulo

Após clicar o rol de compras, ela pegou sua bicicleta para ir à mais próxima estação do TAV, em Jundiaí, e, dez minutos depois, descia no Campo de Marte para ir à consulta médica no ambulatório do SUS, situado no anexo da estação, antes de voltar a embarcar para chegar, em outros dez minutos, a Guarulhos onde trabalhava. Durante os breves trechos ferroviários comprou, pelo celular, entradas para ir ao cinema (em São Paulo) e aproveitou para conversar com duas amigas.

A essa hora, após sua corrida matutina no parque do bairro, o marido certamente havia tomado um silencioso carro elétrico, no posto de serviço, para visitar a exposição permanente, constantemente renovada, dos melhores espaços públicos. Ligou para sua filha adolescente, que começara a cursar a popular "plataforma", curso que se realizava país afora, destinado a criar uma base cultural e informativa comum para que futuros especialistas universitários pudessem dialogar: biólogo com engenheiro, arquiteto com médico, fisioterapeuta com filósofo. Uma iniciativa "humanista e cidadã", dizia a filha. Muito de acordo com o Programa Leonardo, da Organização das Nações Unidas, que estimulava atividades de cunho humanista.

Esse pedacinho de vida cotidiana pode tornar-se típico da vida na Região Urbanizada de São Paulo lá pela década de 2020. Uma década em que o IDH da cidade terá alcançado 0,95, o coeficiente Gini estará em nível próximo ao da França, e as instituições republicanas terão se fortalecido com a participação da sociedade civil e o aperfeiçoamento da gestão pública.

Mas não temos certeza de que este será de fato o futuro. Por quê? Porque temos de lidar com os tais protagonistas já citados e com o contexto cultural em que eles agem. O futuro até pode ter esse formato, porém ele é uma construção: depende de *projeto* e *processo* para tornar-se realidade.

Nos capítulos anteriores, busquei e interpretei algumas raízes da formação da cultura do povo brasileiro, apenas para explicar, porém, de que modo elas atuaram sobre o sítio natural em que se implantou a cidade de São Paulo. Minha intenção, ao fazê-lo, foi a de *compreender a dinâmica das transformações* por que passaram os palcos construídos desta cidade. Mas, devido ao viés profissional, foi também para medir até que ponto há condições para se enfrentar uma série de desafios contemporâneos e para estabelecer as estratégias a serem aplicadas – se o desejo for o de realizar os itens que podem compor um programa de melhoria da qualidade de vida, para todos e no menor tempo possível. Quem sabe para alcançar a utopia expressa nos parágrafos iniciais.

Tanto as propostas de 1982, atualizadas, como os itens do programa de governo proposto em 2003 exigiriam, para ser concretizados:
- um debate público que resultasse em seu aperfeiçoamento;
- muita vontade política para enfrentar interesses insatisfeitos;
- considerável sinergia entre os diversos órgãos governamentais;
- manter mobilizada a opinião pública, tornando operacional o diálogo entre governo municipal e sociedade;
- estabelecimento de um diálogo sistêmico com organizações da sociedade civil.

É oportuno repetir aqui a frase de Jean Jacques Rousseau (1712-1778): "O interesse público não é o mesmo que o interesse de todos". Quando se propõe a discussão pública do orçamento, haverá quem tema a inútil perda de eficiência e de tempo, pois não há nada mais eficiente (e mais vulnerável ao erro) do que o comando e a obediência cegos. Quando se propõe criar e dar força a conselhos de representantes em cada subprefeitura, haverá quem se insurja contra a diminuição do eficiente poder centralizador. Quando se propõe maior atenção para o atendimento de carências de periferias populares, haverá, nos bairros de classe média, quem se insurja contra tal prioridade. Quando se tentar determinar o espaço disponível para construções privadas, e a altura de edifícios, a partir das conveniências ambientais (insolação, permeabilidade, sombreamento vegetal, etc.), haverá quem proteste pela diminuição de amplitude dos negócios imobiliários. Quando se insistir em que adensamentos estejam sujeitos a projetos urbanísticos prévios, haverá quem proteste, alegando retardamento de transformações urbanas. Quando se propõe redividir a faixa carroçável de vias, a fim de determinar uma faixa para ônibus e outra para os motoqueiros, haverá inúmeros protestos e pressões da parte de quem dirige seu próprio automóvel. Quando se propõe sujeitar o adensamento residencial à limitação do adensamento de veículos, e este, à disponibilidade do sistema viário adjacente, haverá enorme pressão contrária por parte da indústria automobilística e do voraz mercado imobiliário. E tal mercado também se rebelará contra qualquer outra proposta que, beneficiando a comunidade de moradores, diminua a área construída passível de ser vendida em cada lote de seu empreendimento.

Tais dificuldades não devem causar estranhamento. Elas apenas demonstram que a sociedade é plural, e que Rousseau tinha razão! Elas também refletem características culturais construídas ao longo do tempo, suas virtudes e seus vícios. Superar as contradições entre interesses – geralmente compreensíveis e legítimos, porém frequentemente conflitantes com o interesse público – depende, em primeiro lugar, de que o governante eleito (e seu partido ou coligação de partidos) explicite o que entende por "interesse público", assumindo compromissos consistentes.

Quando abordamos o tema do planejamento urbano, não há como fugir da política, afinal, o próprio termo "política" tem suas raízes na urbe, a *polis* grega. Porém, ao mesmo tempo, não há como ignorar o vasto campo do contexto social, desde as reivindicações urgentes e diversificadas de moradores até as pressões e atividades econômicas do mercado imobiliário, das idiossincrasias partidárias ao sentimento de classe, da pressa de setores governamentais ao individualismo enraizado na cultura migrante.

No entanto, é preciso assinalar que o individualismo da classe média emergente existe na medida em que seus membros permanecem despolitizados, com baixa consciência social, satisfeitos com a conquista pessoal do *status* de consumidor moderno. A autossatisfação se compreende: ele é um conquistador que "deu certo". O elã, tão típico da cultura migrante, poderá ser matizado por meio de experiências comunitárias, da educação, ou mesmo por pressão de filhos e por convencimento político, tornando-o um cidadão com direitos e deveres, e tendo atuação pública que vá além do mero consumo. Ao falar de classe média emergente, não se pode olvidar que ela também se caracteriza por sua criatividade, impulsos de generosidade, capacidade empreendedora, potencialidade de mobilização e de geração de transformações políticas.

Na medida em que as negociações implícitas à gestão democrática forem satisfatórias, levando o tempo que levar, São Paulo poderá vir a se tornar, lá pelo ano de 2022 (quando se festeja o bicentenário da independência e o centenário da antropofágica Semana de Arte Moderna), uma macrometrópole global com a seguinte configuração: na vasta área que inclui as regiões de Campinas, Sorocaba, São Paulo, Baixada Santista e São José dos Campos, vão habitar cerca de 26 milhões de pessoas, correspondendo a uma densidade média de 1.529 hab/km². Enquanto o Trem de Alta Velocidade (TAV) garantir, a cada dez minutos, composições ligando Campinas, Viracopos, Jundiaí, São Paulo, Guarulhos e São José dos Campos, a malha estendida do metrô paulista e da Companhia Paulista de Trens Metropolitanos (CPTM) vai alcançar os municípios vizinhos de Guarulhos, Osasco, Taboão, Santo André, São Bernardo, Diadema e Mogi das Cruzes. O Rodoanel estará concluído, e também o Ferroanel, permitindo a implantação de um retroporto, seja no planalto, seja na Baixada. Um dimensionamento, a ser revisto, pode indicar a necessidade de quatro aeroportos, com um novo – além dos de Congonhas, de Guarulhos e de Viracopos (o mais distante) – a ser localizado de modo que se integre na rede de comunicações intramacrometropolitana.

A macrometrópole será claramente polinucleada, com diversos núcleos de centralidade (muitos já existentes, alguns incipientes), todos dotados dos serviços públicos essenciais. A comunicação entre os diversos núcleos que a compõem vai ser garantida pelos trilhos e, integradas a eles, as linhas de transporte público coletivo sobre rodas, além do sistema viário, já agora bastante denso nessa região. A polinucleação de São Paulo não significa um preenchimento de todos os vazios hoje existentes, criando uma extensa conurbação. Ao contrário, o planejamento deve prever grande número de lagos, parques macrometropolitanos, como o da serra do Japi, o do vale do Paraíba, o da Cantareira, as reservas de Campinas, assim como a Serra do Mar.

A integração regional cibernética será garantida pela universalização regional do uso da banda larga. O próprio trabalho e o ensino podem ser descentralizados, aumentando também a produção descentralizada, seja ela intelectual, seja paraindustrial. Haverá considerável crescimento da economia associada à criatividade, seja da moda, das artes gráficas, seja do *design*. Tal descentralização, contudo, não deve prescindir das facilidades de intercambiar ideias e de encontrar pessoas. Por isso, todos os núcleos da macrometrópole vão ser dotados de locais e eventos convidativos para trocas e congraçamentos pessoais. O mundo digital não exclui (nem substitui) o mundo onde pessoas se encontram.

O equilíbrio metabólico será garantido pelo planejamento e criação de serviços destinados à reciclagem de resíduos, ao reúso da água, à produção de energia por fontes diversas. A disponibilidade de água será considerada para o conjunto da macrometrópole, porém sem importação de água de outras regiões. Os resíduos sólidos serão todos produtivos, inclusive os resíduos de demolições, transformados em novos produtos para a construção.

Essa visão de São Paulo (em 2022?) não vai realizar-se tão logo. É necessário, inclusive, que sejam produzidas alterações na gestão político-administrativa, e isso significa mexer com pequenos e encardidos poderes. Por vezes me pergunto o que aconteceria, caso aprovada, com uma lei obrigando eleitos e ocupantes de cargos públicos de primeiro escalão a: ir para o trabalho usando transporte público, utilizar somente serviços médicos do SUS, matricular seus filhos na escola pública próxima à sua casa... Em outros termos, por que não começar a demolir o conceito de *privilégio,* substituindo-o pelo de *responsabilidade* civil? O "senso" de privilégio dos membros da elite é o resquício mais antigo, medieval, um ranço a persistir em nossa formação cultural. Contudo, para alterar coisas tão encardidas, é conveniente manter acesa a chama da indignação e eleger governantes compromissados, com vontade política lúcida e decidida, apoiados por importantes setores da sociedade civil (cada vez mais organizada e politizada), e movimentar os meios de comunicação de massa. Tal atitude pode resultar nas necessárias, e desejadas, transformações de gestão.

Por vezes me pergunto o que aconteceria, caso aprovada, com uma lei obrigando eleitos e ocupantes de cargos públicos de primeiro escalão a ir para o trabalho usando transporte público, utilizar somente serviços médicos do SUS, a matricular seus filhos na escola pública próxima à sua casa...

Para que se realize um cenário tão amplo, é necessário, contudo, proceder aos passos sucessivos do processo de contínua transformação chamado desenvolvimento. Como fazer avançar esse processo? Além das necessárias diretrizes e metas de longo prazo, cuide-se do "aqui e agora", pois sem ele se torna difícil mobilizar e angariar apoio público capaz de transformar palco e cenários; e é preciso ir escrevendo o roteiro das transformações...

Com essa finalidade, apresento a seguir um conjunto de propostas tópicas que, somadas às propostas mais gerais do capítulo anterior, respondam aos desafios e permitam mobilizar, bem como propiciar, melhorias de qualidade de vida, fazendo avançar o processo de transformação urbana.

Alerto, contudo, o (a) leitor(a) de que a listagem a seguir – de propostas pontuais, emergenciais ou estruturais, que encaminham transformações sucessivas na cidade de São Paulo – pode parecer-se a um cardápio posto à disposição de futuros governantes. Que assim seja! Mas, se o texto até aqui lido for considerado suficiente para compreender a dinâmica de transformação do palco urbano e as características dos protagonistas que sobre ele atuam, assim como os desafios a encarar, termine por ora a leitura, tendo em mente a ideia, expressa a seguir, inspirada em Mário de Andrade (Macunaíma, 1929).

Macunaíma, herói da nossa gente, escreveu, "na laje que já fora um jaboti", em seu último recado aos terrestres antes de virar estrela:

"NÃO VIM NO MUNDO PARA SER PEDRA"

Transformações são obtidas a partir de sonhos e projetos, da consciência e da ação. Não desperdicemos a atual crise e seus desafios, afinal, a criação brota do Caos. Que a crise seja fecunda!

Mesmo assim, se quiser prosseguir e examinar o cardápio de propostas pontuais para São Paulo, siga em frente...

A seguir, as propostas pontuais que podem responder aos desafios em São Paulo:

Interpretadas as raízes que resultaram na cidade de São Paulo de hoje – seja no desenho de seus múltiplos palcos, seja na tentativa de desenhar o caráter e os traços culturais dos protagonistas que atuaram e atuam sobre esses palcos –, apontei alguns dos desafios a enfrentar neste século XXI, e, condicionado pelo viés profissional de "buscar soluções para problemas", chegou o momento de, além de revisitar as propostas de 1982, oferecer algumas outras que, respondendo aos desafios atuais, contribuam para a melhoria da qualidade de vida de todos os paulistanos.

As possibilidades de essas propostas virem a ser debatidas, aceitas, transformadas e, finalmente, implementadas passam pelo túnel criado pelas instituições governamentais, e pelo conjunto de atores que "protagonizam" (no cenário e nas coxias) em São Paulo. O jogo político dos interesses, baseado no longo histórico antes apontado, vai continuar a ser "político" e a refletir "interesses", já que, desde Aristóteles (384 a.C.-322 a.C.), "o homem é, por natureza, um animal político", e a *polis* é seu ambiente.[1] O que se pretende fazer – e o que se consiga fazer –, assim como o ritmo das transformações implícitas, sempre vai estar vinculado ao jogo livre entre os protagonistas, revelando traços culturais, impregnados ou não de ideais e ideologias (e preconceitos...), movidos, individual e coletivamente, seja por esses, seja por seus sonhos, seja por seus interesses imediatos. É esse fascinante jogo, a ser mantido democrático, que chamamos o exercício da política.

---

[1] Aqui o trecho completo: "Essas considerações tornam evidente que a cidade é uma realidade natural e que o homem é, por natureza, um animal político [*politikón zôon*]. E aquele que, por natureza e não por mero acidente, não faz parte de uma cidade é ou um ser degradado ou um ser superior ao homem; ele é como aquele a quem Homero censura por ser sem clã, sem lei e sem lar" (Aristóteles, *Política*, Livro I, cap. 2, §9 [1253a]).

"O que fazer" é um tema que numerosas vezes me vi convidado a abordar. Assim como tratei dele no mencionado livro de 1982, mais recentemente (2008), Marta Suplicy, candidata, na época, à eleição para prefeito de São Paulo, convidou-me a preparar um documento que seria utilizado, total ou parcialmente, para elaborar um Programa de Governo.[2]

Parece-me que a proximidade do ano e o caráter autoral com que tais proposições foram elaboradas, somados ao esforço em agrupar problemas e propostas em cinco grandes grupos, tornam tal texto (apenas parcialmente utilizado nos documentos de campanha) pertinente ao presente livro. Retomo-o, adequando-o, contudo, ao presente espírito e objetivo, e busco completá-lo com o que aprendi durante os debates que têm ocorrido no seio do grupo de trabalho do Movimento Nossa São Paulo, em que estamos preparando um livro, um filme e outros documentos, sob o título genérico de "São Paulo em 2022".

A proposta a seguir já não é idêntica à elaborada em 2008. Mantive, no entanto, os cinco títulos, porque ainda os considero adequados para sintetizar um programa de transformações que, fatalmente, seria composto de grande número de projetos e programas.

Em síntese, as propostas têm o seguinte sumário:

Propostas para uma cidade onde todos possam habitar de forma justa, solidária e segura
Habitação • Segurança • Emancipação social, juventude e terceira idade • Civilidade e Direitos humanos
Neste conjunto procuro respostas aos desafios subordinados ao subtítulo Desigualdade.

---

[2] Colaboraram, na elaboração deste Programa, principalmente, Roberto Garibe e Ubiratan de Pádua Santos. Diversas propostas, nos diferentes setores abordados, originaram-se de debates com profissionais de áreas variadas, que apoiavam a candidata à prefeitura, entre eles Maria Aparecida Zarattini e, principalmente, o doutor Gonçalo Vecina.

PROPOSTAS PARA UMA CIDADE PRODUTIVA ONDE IDEIAS, PESSOAS E MERCADORIAS POSSAM CIRCULAR SEM CONSTRANGIMENTOS.
Trânsito, transporte, infraestrutura e serviços ▪ Ativação da economia urbana
Neste conjunto procuro responder aos desafios subordinados ao título Mobilidade.

PROPOSTAS PARA UMA CIDADE COM SAÚDE PARA TODAS AS PESSOAS, FAMÍLIAS E O MEIO AMBIENTE
Saúde ▪ Meio ambiente ▪ Infraestrutura e serviços
Neste conjunto procuro responder aos desafios subordinados ao título Meio ambiente.

PROPOSTAS PARA UMA CIDADE ONDE TODOS APRENDAM, UMA CAPITAL DO CONHECIMENTO
Educação ▪ Cultura ▪ Pesquisa
Neste conjunto procuro responder aos desafios subordinados ao título Desafios da construção do conhecimento.

PROPOSTAS PARA UMA CIDADE CUJA GESTÃO SEJA EFICIENTE, MODERNA E PARTICIPATIVA
Descentralização e participação ▪ Gestão administrativa ▪ Relações institucionais.
Neste conjunto procuro responder aos desafios subordinados ao título Planejamento e gestão, *superando os malefícios do patrimonialismo e compadrio entranhados nos hábitos políticos.*

Esse conjunto de propostas sinérgicas fundamenta-se em uma visão objetiva do que São Paulo significa para sua população, com seus palcos e os atores que sobre eles atuam. E o que a cidade significa para o país e para o mundo: foco de atividades cotidianas que abrangem um território mais vasto do que os seus limites político-administrativos – não há como não incorporar uma visão territorial metropolitana.

E, considerando que o mundo atual "encolheu" para uma situação em que há constante interação de alcance global, São Paulo também deve ser compreendida como uma importante cidade global, capaz de exemplificar uma gestão mais solidária e sustentável da globalização.

Em outros termos: deve ela ser conceituada em sua verdadeira dimensão política, econômica e humana – há que pensar grande, com ousadia! É preciso ter essa atitude e afirmar com clareza que, embora marcada por desigualdades sociais e regionais, São Paulo não se define meramente como um conjunto de problemas, mas sim como um conjunto de oportunidades, tendo recursos para encontrar soluções.

É por isso que esse conjunto de propostas encara os desafios, antes mencionados, de ir construindo uma vida mais justa e solidária, mais segura, uma metrópole produtiva em que se circule com mais liberdade e conforto, uma São Paulo de pessoas e ambientes saudáveis, uma cidade bonita, educadora e culta, onde todos aprendem, e que também pode ser, em todos os sentidos, uma capital do conhecimento.

Procurei reunir as propostas em cinco grupos sinérgicos, evidenciando que as questões substantivas do desenvolvimento implicam quase sempre a intervenção de esferas diversas do conhecimento, assim como a participação de unidades governamentais diversas.

Sob cada um dos cinco títulos, reuni ações e intervenções urbanas dos diversos setores político-administrativos – como os de educação, transporte, saúde, habitação, emancipação social, desenvolvimento da economia, saneamento, meio ambiente –, evidenciando que, para serem eficazes, as ações quase sempre vão depender do trabalho conjunto de órgãos e entidades diversas, sejam públicos ou da sociedade civil, além de ocasionalmente pactuar a esfera municipal com a estadual e com a federal, juntando todas essas energias em prol da consecução de programas definidos.

O crescimento da atuação de organizações não governamentais e de movimentos, em São Paulo, sugere um decidido protagonismo da sociedade civil, com um idealismo que talvez produza correções nalgumas das características excessivamente individualistas de nossa cultura migrante.

Propostas para uma cidade onde todos possam habitar de forma justa, solidária e segura

Além de promover ações que favoreçam a obtenção de moradia para todos, utilizando amplamente as novas linhas de crédito e os novos procedimentos federais e parcerias com órgãos estaduais, a cidade será mais justa se as políticas de transferência de renda, antes apontadas, puderem diminuir o distanciamento entre as classes sociais, tornando a sociedade mais solidária.

A redução da desigualdade social, tarefa básica e essencial para o desenvolvimento do país, não necessita aguardar determinações federais ou estaduais, embora essas, por sua amplitude, possam ser as mais adequadas para gerar as transformações definitivas, a saber:

- aumentar gradualmente o salário-mínimo (com proibição de ser ele um indexador geral);
- implementar a progressividade da tributação territorial;
- criar e implantar a renda básica da cidadania;
- ampliar as políticas de transferência de renda;
- criar imposto sobre grandes fortunas;
- criar imposto progressivo sobre heranças;
- resgatar o poder regulador do estado;
- implantar políticas de discriminação afirmativa, para resgatar a dívida social;
- utilizar o Indicador de Desenvolvimento Humano (IDH) como indicador de desenvolvimento, distinto e complementar aos indicadores econômicos;
- fazer com que os orçamentos públicos sejam acompanhados de Relatórios de Impactos Econômicos sobre o meio ambiente;
- ponderar financiamentos públicos segundo postos de trabalho oferecidos;
- regular a intermediação financeira, capturando recursos para fins sociais;
- na tributação, privilegiar a produção, assim como a criação de conhecimento.

Entre essas proposições, quais aquelas que podem ser usadas pelo município de São Paulo, sem aguardar que sejam institucionalizadas e regulamentadas pelos níveis superiores de governo?

Certamente uma maior solidariedade objetiva – além de construir uma sociedade mais homogênea, aumentar a segurança e diminuir a violência. Nesse sentido, diversas propostas são feitas para melhor cuidar dos espaços públicos, ruas e praças, a serem iluminados e equipados, a fim de torná-los pontos de encontro seguros, vibrantes e agradáveis. Evita-se, assim, transformar a cidade em uma mera sucessão de espaços segregados, representando (e ensejando) uma cultura do medo. Ao contrário, propõe-se bem cuidar, com segurança, dos espaços de todos, construindo assim uma cultura de paz. Se forem diminuídas as causas sociais da criminalidade, a tarefa do sistema policial será mais fácil.

Algumas premissas parecem-me importantes para a consolidação de uma política habitacional macrometropolitana. A *primeira* é afirmar que o *habitat* vai além da existência da habitação, isto é, do abrigo familiar. Habitar em uma cidade significa ser dela cidadão; ter a oportunidade de, na vizinhança e de forma acessível, poder contar com educação, esporte, lazer, cultura, espaços associativos, saneamento, abastecimento e emprego. A integração racional da moradia no espaço da cidade deve ser uma premissa básica, que por vezes exigirá perseverança do poder público para combater a superexploração, pelo mercado, da escassa disponibilidade desse espaço.

A *segunda* diz respeito à mobilidade. Os cidadãos da macrometrópole devem poder circular com eficiência e comodidade pelo vasto território que abrange as Regiões Metropolitanas de Campinas, São Paulo, Baixada Santista e, também, Sorocaba e São José dos Campos. Há hoje mais de 1 milhão de pessoas que diariamente circulam entre essas regiões, e esse número tende a crescer. Os sistemas de transporte público intramacrometropolitanos devem ser criados e aperfeiçoados, mesmo que nossa vida se enriqueça com a conectividade propiciada pelo mundo virtual, pois os fluxos imateriais sempre acabam "aportando" a um território.

Assim, é possível que a política habitacional dessa região urbanizada proveja, em um município, unidades habitacionais para demandas que surgem em outro, desde que o território seja planejado em sua totalidade. Surgem assim, novamente, a importância e a conveniência de existirem instrumentos que viabilizem, com ampla participação dos interessados, a oportunidade do planejamento regional, que, aliás, já existiu outrora. A elaboração e a implementação das políticas habitacionais para a macrometrópole podem ser o gatilho a conduzir para formas novas de enfrentamento da questão habitacional.

A seguir, as propostas que compõem o primeiro conjunto de ações sinérgicas, cobrindo as áreas de habitação, promoção social e trabalho, assistência, justiça, direitos e segurança, sempre buscando uma recuperação do convívio e um aumento de qualidade de vida.

HABITAÇÃO

- Regulamentar os artigos da Lei do Plano Diretor Estratégico (Lei nº 13.430, de 2002) que determinam a elaboração dos Planos de Urbanização das Zonas Especiais de Interesse Social (Zeis), estabelecendo a devida dotação de equipamento mínimo para essas zonas;
- Elaborar os Planos de Bairros, através das subprefeituras, identificando suas peculiaridades e implantando os equipamentos sociais e de lazer demandados;
- Evitar a privatização dos já escassos espaços públicos e premiar a abertura, a usos públicos, dos que são de propriedade privada;
- Estabelecer incentivos para a melhoria da qualidade arquitetônica do setor habitacional, criando bons exemplos e evitando a paisagem massificada das unidades;
- Rejuvenescer o centro, elaborando, nele e em bairros centrais, um programa de habitação estudantil;
- Propiciar a habitação em edifícios do centro para moradores de terceira idade, com apoio ambulatorial em cada unidade;
- Retomar a política habitacional para o centro e para bairros centrais ao seu redor (Barra Funda, Pari, Brás, Mooca, Cambuci, Liberdade);
- Elaborar os planos urbanísticos e leis das Operações Urbanas Diagonal Sul (Ipiranga, Mooca, Pari, Brás) e Diagonal Norte (Barra

Funda, Pirituba), verdadeiros "caminhos de volta ao Centro", cujo eixo é a estrada de ferro – que poderá ser remodelada, a fim de gerar uma operação semelhante à do metrô, com composições a cada quatro minutos –, determinando neles as reservas destinadas à habitação de interesse social, bem como a espaços públicos;
- Dar prosseguimento à transformação, em bairros, das favelas de Paraisópolis e Heliópolis, assim como iniciar tal transformação na da Vila Prudente e nas demais favelas, buscando a colaboração de entidades públicas e privadas, governos estadual e federal, assim como da comunidade residente em cada uma, atendendo assim às Metas do Milênio, de "cidades sem favelas".

E mais...
- Licitar a concessão para a construção de garagens no centro, como medida auxiliar para o repovoamento, com diversidade social, dessa área;
- Recuperar as condições de atuação da Cohab-SP como agente financeiro e promotor, em condições de receber recursos do FGTS;
- Retomar o Programa de Bolsa-aluguel para moradia no Centro.

SEGURANÇA

- Restabelecer a lei que criou a Secretaria Municipal responsável pelas políticas municipais de prevenção da segurança cidadã;
- Instalar novas Bases Comunitárias de Segurança, de funcionamento ininterrupto – em local estabelecido de comum acordo com a comunidade (quando de sua participação para elaborar os Planos de Bairro), mormente em praças e nas cercanias de escolas – e dotadas de moderno sistema de comunicação; neste sentido, iniciou-se, no Rio de Janeiro, a implantação de política semelhante, denominada Polícia de Pacificação;
- Iluminar áreas descampadas e potencialmente perigosas, permitindo o seu uso como áreas de convívio seguro;
- Implantar um *observatório de segurança*, recebendo informações das escolas, dos conselhos tutelares, do sistema de saúde

e dos grupos que monitoram a violência contra mulheres e homossexuais, a fim de observar e atender, com sistema eletrônico de mapeamento, áreas de maior incidência de práticas violentas, objetivando eliminar a violência em áreas críticas, assim como diminuir a ocorrência de crimes em toda a cidade, em colaboração com as polícias civil e militar.

E mais...

- Completar a iluminação pública de vias e de espaços públicos, inclusive nas áreas próximas de divisas municipais, pouco seguras à noite;
- Criar a figura do "mediador de conflitos", mormente em áreas violentas da cidade, identificando lideranças locais e dando-lhes apoio, inclusive mediante parcerias com organizações da sociedade que se dedicam a essa tarefa.

EMANCIPAÇÃO SOCIAL, JUVENTUDE E TERCEIRA IDADE

- Implantar, em cada subprefeitura, um balcão de trabalho, destinado a oferecer trabalho diário remunerado a qualquer cidadão desempregado, para tarefas de manutenção do bairro;
- Retomar e ampliar estratégias para, em cada bairro, propiciar à juventude a aproximação às escolas e aos demais equipamentos culturais municipais, estimulando o sentido de "pertencimento" da comunidade em relação a esses equipamentos;
- Estudar a criação, em cada subprefeitura, de uma Ouvidoria para problemas relacionados com crianças e adolescentes;
- Criar programas focalizando a juventude (dos 16 aos 24 anos), mediante cursos que atendam às demandas atuais, com atividades culturais contínuas, de seu interesse específico, eventos culturais e esportivos descentralizados;
- Criar Pontos de Cultura (conceito criado pelo Ministério de Cultura) em todos os bairros, identificando interesses locais específicos, em torno dos Telecentros, dos Centros Educacionais Unificados (CEUs) e de centros de eventos culturais e desportivos, criando, sobre estes pontos, "nuvens digitais" (banda lar-

ga) que permitam a ligação gratuita, com a rede da internet, de aparelhos sem fio e celulares (Wireless Local Area Network – WLAN, usualmente denominado *wireless*);
- Retomar os programas de emancipação social, associados ao Programa Bolsa Família (PBF) federal, assim como os programas de inclusão e capacitação básica dos mais pobres;
- Assumir a iniciativa da construção adequada das calçadas, com recursos alocados nas subprefeituras, exceto no caso de calçadas já adequadamente construídas;
- Ampliar o número de Centros de Atenção à Saúde do Idoso.

E mais...
- Estimular práticas de esporte, cultura e lazer, organizando festivais, jogos esportivos e olimpíadas regionais e municipais, adequados a cada subprefeitura e região, com equidade de gêneros, valorizando a convivência e o exercício da tolerância;
- Implementar o Sistema Único de Assistência Social (Suas);
- Estimular a identidade própria das subprefeituras, mediante a criação, de acordo com a lei, de estações de rádio locais, programas de cinema e de vídeos (para a internet ou para projeção local), operados e criados por sua comunidade, jornais de bairro, iluminação de monumentos, de edificações ou de árvores, etc.;
- Implantar ações de apoio a pessoas com deficiências e a seus familiares, com Programas Baseados na Comunidade, incentivando sempre que possível a participação comunitária e social desses cidadãos;
- Ampliar o Serviço Atende, de atendimento especial em transporte, e apoiar programas culturais e sociais que permitam maior deslocamento por parte de idosos e portadores de dificuldades de locomoção.

CIVILIDADE E DIREITOS HUMANOS
- Campanhas civilizatórias – utilizando a TV pública, os canais privados, as radioemissoras, imprensa, assim como os meios eletrônicos –, dedicadas à educação no trânsito, defesa dos pe-

destres, contra a violência doméstica, pela participação na vida pública, em defesa das ruas e dos espaços públicos, divulgando ações comunitárias nas áreas da criatividade, da solidariedade entre cidadãos, e da economia solidária;
- Avaliar a possibilidade de criar creches ou parques infantis com serviço temporário, para que mães possam deixar seus filhos, por períodos curtos, enquanto se ausentam para resolver problemas urgentes;
- Dar validade ao bilhete único e gratuidade de transporte para estudantes, nos fins de semana e feriados, e mantê-lo no período das férias escolares, a fim de permitir o seu deslocamento para fins culturais e de lazer.

E mais...
- Reconhecer os direitos dos pedestres em todas as ações referentes a mobilidade e meio ambiente;
- Criar programas de atendimento à saúde indígena, com maternidade de referência;
- Implantar banheiros públicos de uso gratuito.

Propostas para uma cidade produtiva, onde ideias, pessoas e mercadorias possam circular sem constrangimentos

São Paulo cresceu, gerando e atraindo investimentos produtivos nos mais diversos setores, com base em seu potencial de consumo, sua infraestrutura, sua criatividade e sua mão de obra qualificada. Cabe agora reforçar, com equilíbrio social e ambiental, os fatores dinâmicos da economia paulistana e tomar as iniciativas que compensem aquelas regiões em que ainda há carências de trabalho e de geração de renda, assim como apoiar a emancipação da classe média emergente e seu esforço empreendedor.

Por um lado, a cidade é um organismo vivo, alimentado por fluxos, e suas "veias" são representadas por um sistema de vias, reais e virtuais, e por veículos que transportam pessoas, mercadorias e ideias. A vida social e econômica da cidade e de toda a sua região metropolitana depende da estrutura, fluidez e eficácia de funcionamento desse sistema. O Plano Diretor Estratégico de 2002 baseia o próprio uso do solo sobre a estrutura e funcionamento desse sistema de vias e transporte; e, no zoneamento de 2004, foram criadas facilidades para aproximar domicílios e locais de trabalho, a fim de diminuir a necessidade de transporte em longas distâncias. O Plano de Transporte, elaborado com o Plano Diretor, fornece uma diretriz para o transporte de pessoas, porém deve ser completado com um Plano de Transporte de Cargas.

Contudo, o ritmo de crescimento da frota de veículos, tendo alcançado cerca de oitocentas unidades por dia no período de isenção anticíclica de impostos, com uma frota total de quase 6 milhões, assim como o crescimento imobiliário, com elevada taxa de motorização, adensando o trânsito em vias de capacidade insuficiente, está levando a cidade a uma paralisação, pelo congestionamento de suas vias. A crise dos congestionamentos é acompanhada pela crise do estacionamento, uma vez que não há espaços públicos suficientes para acolher veículos parados. Se toda a faixa carroçável for dedicada a veículos que circulam, os parados deveriam estar alhures... Mas onde? Como me parece altamente inconveniente utilizar, para estacionamentos, o solo no nível das calçadas, esses devem ser construídos abaixo do solo ou acima dele. Fica patente o atraso da implantação de um sistema de transporte de massas (trem e metrô) e a gravidade da interrupção da implantação de corredores de ônibus planejada e iniciada em 2002.

Por outro lado, a descentralização político-administrativa iniciada em 2002 tem de ser acompanhada por medidas fiscais que estimulem a criação de postos de trabalho nas regiões leste, norte e sul, onde eles escasseiam. Tais medidas também vão influir positivamente na questão do trânsito e do transporte, diminuindo trajetos de deslocamentos de pessoas e diversificando destinos no transporte de mercadorias.

É preciso agir, distinguindo as *medidas emergenciais* das *medidas estruturais* definitivas, ambas necessárias. No bom momento vivido hoje pela economia nacional, ultrapassada em nosso país a grave crise econômica global, os investimentos previstos pelos orçamentos do estado e do município, somados aos financiamentos e programas do

Programa de Aceleração do Crescimento (PAC), além da disposição de trabalho conjunto das três esferas de governo, constituem oportunidades para estabelecer em São Paulo uma programação de longo prazo, com compromisso de continuidade, dentro da qual vão situar-se as medidas emergenciais e o estabelecimento de prioridades.

A seguir, as propostas que cobrem as áreas de infraestrutura, serviços públicos e transporte, assim como a dos estímulos à produtividade econômica.

TRÂNSITO, TRANSPORTE, INFRAESTRUTURA E SERVIÇOS

Medidas emergenciais
- Manter integrados os planejamentos e ações estratégicas da São Paulo Transporte (SPTrans) e da Companhia de Engenharia de Tráfego (CET), em torno do objetivo de aumento da fluidez do trânsito e do transporte público;
- Elaborar o Plano de Transporte de Mercadorias, prevendo áreas de logística e transbordo, zonas preferenciais para armazéns destinados à distribuição de mercadorias, e regulamentando a restrição de horários e a circulação diurna e noturna de veículos de carga, inclusive nas marginais do Tietê e do Pinheiros;
- Dotar toda estação de embarque (terminal de ônibus, estação de metrô e de trem) de áreas vigiadas para estacionamento de bicicletas, motos e carros;
- Regulamentar a Lei nº 14.491, referente ao serviço de motofrete, a fim de eliminar a clandestinidade de empresas e estabelecer relações de trabalho que garantam a segurança do motociclista; criar faixas dedicadas à circulação de motociclistas em todas as vias estruturais da cidade;
- Melhorar o funcionamento de corredores de ônibus, criando baias para ultrapassagem, e modernizar os pontos de embarque, dotando-os de informações e de catracas, preparando-as para uma operação de embarque/desembarque mais rápida;
- Redesenhar a carroceria de ônibus, dotando-os de muitas portas, à semelhança dos vagões de metrô, a fim de garantir a rapidez na operação de desembarque/embarque.

E mais...
- Rever a definição, a regulamentação e a fiscalização dos *polos geradores* de tráfego; incluir nessa categoria os edifícios comerciais e residenciais que ultrapassem determinado número de veículos em suas garagens;
- Estudar a conveniência de permitir temporariamente a táxis prestarem o serviço de *autolotações*, regulamentando tal serviço;
- Estudar a implantação de serviço temporário de *ônibus especiais*, em que só se viaja sentado;
- Regulamentar a circulação, o estacionamento e o uso de ônibus fretados por empresas e escolas;
- Alargar calçadas a fim de acolher, nas vias estruturais, faixas para *ciclistas*, *patinadores* e *skatistas*;
- Regulamentar, nas vias estruturais e coletoras, o estacionamento ao longo do meio-fio, reduzindo-o para um lado só, alternado, a fim de recuperar uma faixa de trânsito;
- Avaliar, por subprefeitura, as vantagens de alterar horários escolares, a fim de, diluindo os horários de pico, melhorar o trânsito.

Medidas estruturais
- Implantar 300 km de 31 novos *corredores exclusivos de ônibus*, alcançando um total de 416 km de corredores exclusivos; entre esses novos corredores, serão prioritários os de Vila Prudente à Cidade Tiradentes, o trecho entre a 23 de Maio e o Grajaú, e aquele entre Celso Garcia e São Miguel;
- Implantar oito *novos terminais de ônibus* nos seguintes pontos: Vila Prudente, Itaim Paulista, Campo Limpo, Pinheiros, Raposo Tavares, Vila Sônia, Água Espraiada e Jardim Miriam;
- Declarar, como "uso desconforme do solo", os estacionamentos públicos no nível da calçada, incentivando a construção de estacionamentos em subsolos e em pavimentos superiores, destinando o térreo para comércio, serviços e entradas de prédios;
- Proibir a colocação de caçambas na via pública, concedendo um prazo para que todos os edifícios que prevejam seu uso estabe-

leçam o espaço necessário dentro do lote, com fácil acesso para sua retirada;
- Programar e implantar, nos principais cruzamentos, semáforos com fase de "travessia de pedestres";
- Programar e implantar, em todas as esquinas, rebaixamentos adequados a pessoas com dificuldade de mobilidade;
- Estabelecer, através do trabalho conjunto dos três níveis de governo, a rede definitiva do metrô e a rede de ônibus, para o ano 2022, a fim de estabelecer uma malha de transporte público que cubra toda a cidade e estenda-se aos municípios vizinhos;
- Defender a tese de malha aberta, do metrô, semelhante ao já estudado no documento, do metrô, Plano Integrado de Transportes Urbanos (Pitu) para 2020, acrescentando, no sentido norte-sul, duas linhas perimetrais que interliguem bairros e cruzem as demais linhas: de Cachoeirinha até Nova Conceição (atendendo ao aeroporto de Congonhas); e de Vila Maria até Vila Prudente, com extensão até São Bernardo;
- Estender o metrô de Barra Funda até Freguesia do Ó; de Vila Madalena até Cerro Corá; de Capão Redondo para M'Boi; e de Ipiranga até Vila Prudente; a primeira extensão sugerida está sendo substituída por uma nova linha ligando Frequesia do Ó à estação São Joaquim (linha norte-sul), passando pela Barra Funda, Pacaembu, Higienópolis;
- Implantar o trem do aeroporto, entre São Paulo e Guarulhos.
- Localizar no Campo de Marte a estação do Trem de Alta Velocidade (TAV) e ligar essa estação diretamente à linha 1 do metrô, bem como criar uma ligação de metrô aéreo entre as estações rodoviárias do Tietê e da Barra Funda, com uma única parada intermediária: Parque Anhembi/TAV;
- Reexaminar e adequar os prazos para, de forma pactuada entre os três níveis de governo, alcançar as seguintes metas: construção de mais 41,6 km de linhas de metrô e trem (incluindo as extensões propostas) até 2012, implantar mais 37,1 km até 2014 – ano em que se realizará, no Brasil, a Copa de Futebol da Fifa –, alcançando-se assim cerca de 140 km de metrô, devendo-se,

contudo, prosseguir na construção da malha completa que sirva à macrometrópole;
- Implantar, após a aprovação da respectiva lei, as três Operações Urbanas seguintes, cujos projetos estavam prontos em 2004: Vila Sônia / Butantã / Faria Lima; Vila Leopoldina / Jaguaré; Vila Maria / Santana / Parque Anhembi; a implantação vai implicar sistema viário ampliado, uso de solo diversificado, estacionamentos sob as vias públicas, localização de estações de metrô, fixação de uma estação rodoviária, na Vila Sônia, ao lado da estação de metrô, para os ônibus intermunicipais que vêm do sul do país;
- Elaborar o projeto urbanístico e projeto de lei da Operação Urbana Diagonal Sul, do Ipiranga ao Pari, passando pela Mooca e Brás, tendo por eixo os trilhos do trem da Companhia Paulista de Trens Metropolitanos (CPTM), a ser transformado em metrô de superfície;
- Elaborar o projeto urbanístico e projeto de lei da Operação Urbana Diagonal Norte, passando pela Barra Funda e alcançando Pirituba e Perus; avaliar com urgência a viabilidade do rebaixamento da via férrea, permitindo a abertura de nova via de sentido leste-oeste sobre a via férrea enterrada;
- Elaborar o projeto urbanístico (e projeto de lei) da Operação Urbana Rio Verde-Jacu Pêssego, na zona leste, já previsto pelo Programa de Desenvolvimento Econômico (PDE), incluindo nele as iniciativas de ativação da economia;
- Evitar a criação de novas operações urbanas, a fim de evitar que os recursos decorrentes das respectivas outorgas onerosas sejam capturados dentro dos limites do Fundurb, diminuindo destarte seus recursos, sendo que estes só podem ser empregados para transporte público, melhorias ambientais e habitação de interesse social;
- Implantar as obras dos trechos do sistema viário apontados como prioritários no Plano Diretor, por sua função estrutural: a avenida de apoio, ao norte da Marginal do Tietê, ligando a Dutra à Bandeirantes, passando por Santana; o corredor da Celso

Garcia; a ligação da avenida Roberto Marinho (antiga Água Espraiada) até à Rodovia dos Imigrantes; a ligação da Jacu Pêssego até São Mateus e Mauá; o corredor leste-oeste sobre o leito da ferrovia, a ser afundada.

E mais...

- Elaborar um programa e respectiva normatização, de caráter permanente, para os serviços de manutenção da cidade;
- Solicitar à Dersa a elaboração imediata dos projetos executivos dos trechos leste e norte do *Rodoanel* e, ao estado, a elaboração do projeto e implantação do Ferroanel, a leste do município, solicitando ao Banco Nacional de Desenvolvimento Econômico e Social (BNDES) que priorize o financiamento dessas obras, de interesse para a circulação no município de São Paulo.

ATIVAÇÃO MUNICIPAL DA ECONOMIA URBANA

Por fim, para estimular a economia urbana, além das medidas destinadas a melhorar a circulação das mercadorias, propõe-se:

- Ação afirmativa para adequação legal, que crie normas e procedimentos permitindo que compras públicas, até determinado valor, sejam feitas exclusivamente de micro e pequenas empresas;
- Implantar projetos específicos de desenvolvimento econômico para as regiões leste, norte e sul, criando condições e focos para criação de emprego e renda local, utilizando para tal a flexibilização fiscal;
- Rever normas fiscais e burocráticas, e amparar os novos empresários, a fim de apoiar o seu empreendedorismo e afirmar a ascensão social de suas famílias, consolidando essa nova classe média, inserindo-a nas políticas de inclusão e emancipação socioeconômica;
- Incentivar o turismo de compras, de negócios, de lazer, e o cultural, mediante programas e intervenções urbanas específicas;
- Incentivar e apoiar as iniciativas da chamada "economia criativa", a ser entendida como "a criatividade que contém valor econômico", maximizando o talento existente no campo da moda,

do *design*, das artes gráficas, da publicidade, do desenho de novos produtos;
- Incentivar a ponte entre pesquisas científicas, tecnológicas e as atividades economicamente produtivas.

E mais...
- Criar, em subprefeituras, centros de referência em desenvolvimento local e em economia solidária, como espaços de capacitação e de estímulo ao empreendedorismo, com atendimento específico em praças para esse fim;
- Estimular, nos jovens, o interesse pela economia criativa e apoiar o seu empreendedorismo, fazendo pleno uso das linhas de financiamento do BNDES e apoiando a criação de centros de prototipagem e *design*;
- Apoiar, incentivar e formar parcerias para o crescimento das diversas formas de economia solidária;
- Ampliar, gradualmente e em parceria, o programa de revitalização de ruas comerciais para todas as subprefeituras e bairros;
- Utilizar a disposição de jovens para *games* eletrônicos, a fim de atraí-los para o aprendizado de novos ofícios no campo da criação de *softwares*.

Propostas para uma cidade com saúde para todas as pessoas, famílias e o meio ambiente

O bem-estar físico e psicológico dos cidadãos depende de sua saúde e da criação e manutenção de um meio ambiente urbano igualmente saudável. Trata-se, antes de tudo, de prevenir e, depois, de sanar, recuperar ou corrigir situações patológicas. É inegável que, para obter resultados, é preciso convergir ações de natureza distinta, geradas por entidades diversas, donde a necessidade de planejamento, programação, pactuação. O setor público desempenha um papel crucial, seja na montagem e operação de um sistema de saúde, absolutamente vital para a qualidade de vida, seja no planejamento e implementação de medidas que garantam a criação, preservação, recuperação de um meio ambiente e de uma paisagem urbana bonita e saudável.

O fato de parte da população ter recursos próprios para, mediante planos de saúde privados, cuidar de sua saúde esconde o fato de que o Sistema Único de Saúde (SUS) cobre com recursos públicos muitas das intervenções dos próprios planos privados. É igualmente importante assinalar que, para bem cuidar da saúde, é preciso melhorar tanto o SUS quanto o desempenho e controle social das organizações sociais envolvidas, e que se deve observar a continuidade dos serviços, para não haver interrupções, traumáticas por se refletirem em prejuízos para a saúde de pessoas.

Há uma forte relação entre qualidade do meio ambiente urbano – frequentemente prejudicado, como já vimos, por poluição das águas e do ar, assim como pelo ruído – e o nível de *stress* (tensão) das pessoas, com as consequentes doenças psicológicas, mentais, cardiológicas, respiratórias e neurológicas. No lado oposto, a qualidade do meio ambiente, com parques, jardins, áreas para encontros informais distendidos, paisagem urbana ordenada e com qualidade estética e a constituem fatores que aumentam o bem-estar psicológico. É também importante cuidar da qualidade estética da paisagem urbana, objetivando uma cidade que seja bonita.

Desequilíbrio ou equilíbrio emocional (psicológico) resulta também em menor ou maior produtividade. O desequilíbrio gera uma cadeia de tensões, levando à agressividade exacerbada, donde a importância de agir positivamente no campo do meio ambiente, além de cuidar da saúde individual das pessoas e de suas famílias.

A seguir, as propostas apresentadas para esse conjunto de ações sinérgicas e que cobrem as áreas de saúde, meio ambiente, infraestrutura.

SAÚDE

- Continuar com o desempenho existente das equipes do Programa de Saúde da Família (PSF) e integrar a elas as equipes do programa nacional Núcleo de Apoio à Saúde da Família (Nasf), com suas treze especialidades;
- Manter e integrar os serviços de acolhimento e pronto atendimento da Assistência Médica Ambulatorial (AMA) e integrá-los

aos serviços de Unidade Básica de Saúde (UBS) e aos ambulatórios policlínicos e hospitais mantidos pelo SUS, de modo que se obtenha a necessária complementaridade;
- Criar uma rede de policlínicas, pelo menos uma em cada subprefeitura, atentando para o fato de que diversas subprefeituras não contam com um leito hospitalar sequer, capaz de servir de hospital-dia e oferecendo especialidades médicas;
- Criar uma rede de Centros de Atendimento Psicossocial (Caps), com funcionamento ininterrupto e capacidade de internação;
- Reintegrar gradualmente os equipamentos e serviços de saúde pública juntamente com as organizações sociais parceiras, nas diretrizes de gestão do SUS, garantindo a transparência de seu desempenho;
- Retomar o diálogo com a população, mediante o Conselho Municipal de Saúde, os Conselhos gestores de saúde e a Mesa de negociação de trabalhadores;
- Implantar o Cartão SUS, contendo prontuário e servindo como porta de acesso a todos os serviços do SUS (agendamento, internação, etc.);
- Construir três novos hospitais: em Vila Brasilândia, Jaçanã-Tremembé e Parelheiros-Marsilac;
- Desenvolver programas em parceria com instituições universitárias, para o controle de qualidade dos serviços de média e alta complexidade, bem como para o financiamento de bolsas de residência médica em áreas carentes.

E mais...
- Aprimorar e revitalizar a Ouvidoria de Saúde do município;
- Descentralizar e restabelecer, nas subprefeituras, as Coordenadorias de Saúde, reconhecendo características locais diferençadas, com a atribuição de acompanhar a gestão dos equipamentos de saúde existentes nos distritos;
- Incentivar financeiramente os profissionais da saúde pública que desenvolvam atividades nos distritos mais distantes, inclusive mediante *bolsas de residência médica*;

- Desenvolver políticas de incentivo ao estudo e à atualização, mormente com o objetivo de aumentar a *capacidade de diagnóstico* dos profissionais, eliminando exames supérfluos e diminuindo tempo e custos;
- Criar, com os municípios da região macrometropolitana, um Fórum da Saúde, para busca de soluções dos problemas comuns.

MEIO AMBIENTE

- Dotar todos os distritos e bairros de área verde pública de lazer vicinal;
- Criar o sistema público das Academias de Bairro, em parques ou não, com eventuais parcerias, equipando as áreas de lazer com salão e aparelhos apropriados, destinadas a atividades físicas orientadas, para os moradores, idosos ou não, de cada bairro;
- Regulamentar os artigos do PDE que determinam o reúso de água em edifícios, assim como a conservação temporária da água de chuva em imóveis com grandes áreas impermeabilizadas;
- Implementar a arborização adequada de ruas, mormente em bairros carentes de verde, programando essa tarefa de modo que permita o preparo de viveiros públicos e privados para a produção de mudas na escala da demanda;
- Proceder a estudos e mapeamento do subsolo urbano e do lençol freático a fim de avaliar as condições de poluição e limites seguros para o adensamento construtivo e construção de obras públicas;
- Criar um concurso "Rua Boa" para a premiação anual da melhor paisagem e ambiente urbano local, incentivando a criação e manutenção de ruas e espaços bonitos, atraentes, bem mantidos e bem usados, premiando a subprefeitura vencedora com um aumento nos recursos alocados para os serviços de manutenção.

E mais...

- Estender a coleta de lixo às favelas e implantar o programa de coleta, reciclagem e disposição final que se encontra incompleto;
- Implantar a praia artificial de Guarapiranga;
- Estabelecer e implantar mobiliário urbano de conforto ao cidadão;

- Implementar estímulos e sanções, objetivando a restauração e limpeza das fachadas de edifícios públicos e privados;
- Ampliar o número e extensão de ciclovias de lazer e dotar todos os parques de bicicletários, estimulando também a locação pública e privada de bicicletas;
- Implantar uma política de ocupação de espaços, públicos ou privados, com celebração de convênios, para seu uso recreativo e cultural em fins de semana e feriados.

INFRAESTRUTURA E SERVIÇOS

- Exigir da Sabesp a diminuição radical dos 28% de vazamentos de água de sua rede, aplicando programação rígida e tecnologia adequada, como a praticada em Tóquio;
- Rever e ampliar o serviço de coleta, para fins de reciclagem de resíduos, e fazer pleno uso dos novos financiamentos federais referentes a saneamento;
- Melhorar o padrão arquitetônico dos edifícios, públicos e privados, premiando edificações por sua excelência estética, capaz de contribuir para a beleza da paisagem urbana, e contratando os melhores arquitetos para projetos públicos de relevância;
- Conclamar cientistas e tecnólogos, em colaboração com a Fundação de Amparo à Pesquisa do Estado de São Paulo (Fapesp), para inventar um sistema alternativo de tratamento de esgoto, de modo que interrompa a tecnologia da *cloaca maxima* da Roma antiga, e vir a testar e implantar sistemas biológicos de tratamento do esgoto no próprio imóvel em que é produzido, de modo que prescinda de redes de grandes proporções para coleta e tratamento final de resíduos.

E mais...

- Instalar espaços destinados ao descarte de móveis e bagulhos, e dar-lhes um destino, se possível, de reutilização;
- Aproveitar inteiramente os recursos do Ministério das Cidades para avançar na despoluição das águas e na coleta e tratamento do esgoto;

- Fiscalizar o desempenho de veículos velhos, diminuindo sua emissão de gases e ruídos;
- Exigir a produção de óleo *diesel* de melhor qualidade, com menor teor de enxofre, de acordo com determinações do Ibama, a fim de diminuir a poluição atual;
- Iluminar campos de futebol de bairro, praças e jardins, permitindo o seu uso noturno seguro;
- Contratar, implantar e manter obras de arte nos espaços abertos e em edifícios públicos;
- Implantar um sistema de iluminação especial para monumentos e edifícios de interesse histórico e cultural.

Propostas para uma cidade onde todos aprendam, uma capital do conhecimento

O presente conjunto de propostas sinérgicas responde aos desafios anteriormente descritos e às exigências impostas neste século XXI, caracterizado pela ampliação dos conhecimentos e sua aplicação à tecnologia, que transformam a vida urbana, as relações sociais e o inter-relacionamento em escala global.

São Paulo, no campo do conhecimento, ainda sofre de carências e especialmente de desigualdades, tendo-se observado que, *embora se ensine bastante, pouco se aprende*. Há necessidade de despertar em toda a cidade uma verdadeira paixão pelo aprendizado, formal e informal! As propostas buscam estimular todas as formas de obter conhecimentos, desde as vinculadas ao ensino formal básico, até o desenvolvimento de pesquisas de vanguarda no campo das tecnologias urbanas, e chegando às mais variadas formas de passar conhecimentos.

Maior ênfase deve ser dada à *qualidade do ensino* e às condições que permitam um real aprendizado. Para tal, buscar estratégia que se concentre na autonomia das escolas; na qualificação do professorado, sempre que possível na própria escola; na universalização do sistema CEU, isto é, convergência de educação, cultura e esporte, e sua abertura para a comunidade; e no debate de todos os interessados sobre a pauta de conhecimentos e condutas pedagógicas mais necessários e interessantes nos dias de hoje.

Além dos órgãos federais de ensino superior e de pesquisa (ITA, UFSCar, Unifesp, Finep, CNPq), há, no estado e na cidade de São Paulo, um forte sistema acadêmico, baseado em três grandes universidades públicas estaduais (USP, Unicamp e Unesp) complementadas por faculdades e centros de pesquisa públicos, a que se juntam grande número de órgãos confessionais (PUC e Mackenzie) e privados, cerca de dezenove institutos públicos de pesquisa e uma importante fundação dedicada ao amparo à pesquisa (Fapesp).

Há, portanto, grande potencial para parcerias que resultem em um salto à frente no campo de tecnologias de ponta, dedicadas ao desenvolvimento da cidade. Por isso, do ensino básico ao técnico, da motivação da juventude ao aprendizado informal, da criatividade popular e erudita às atividades das instituições culturais, do ensino superior à pesquisa de ponta, tudo justifica que se proponha transformar São Paulo em uma *capital do conhecimento!*

A seguir, as propostas que compõem o presente conjunto, cobrindo as áreas de educação, cultura e pesquisa.

EDUCAÇÃO
- Implantar gradualmente o conceito de educação de tempo integral, mediante parceria com instituições públicas ou privadas e ONGs educativas e culturais existentes no bairro;
- Criar a categoria de "mestre cidadão(ã)" valorizando, por diplomas de reconhecimento e outros meios, toda pessoa que se disponha a *ensinar algo a outrem*, de forma sistemática;
- Concentrar esforços na modernização e adequação do Ensino Médio, hoje considerado pelos alunos pouco interessante e ambíguo em seus objetivos; promover amplo debate entre professores, alunos e pais de alunos, com o objetivo de atualizar os cursos, adequando-os aos interesses e meios contemporâneos;

- Integrar os Centros de Educação Infantil (CEIs) e as Escolas Municipais de Educação Infantil (Emeis) em uma única escola para atender à primeira infância;
- Ampliar o funcionamento das Emei e das Escolas Municipais de Ensino Fundamental (Emefs) para seis horas;
- Diminuir o déficit de creches, programando essa tarefa para diversas administrações, até sua cobertura total;
- Dar autonomia às escolas, a fim de que cada uma adote as estratégias adequadas à região em que se situam, realizando transformações e melhorias "a partir dos mestres em suas escolas";
- Distribuir a jornada de 40 horas, dos professores, em 25 dentro da sala de aula e 15 horas em outras atividades, inclusive nas de capacitação, a ser realizada principalmente na própria escola;
- Construir mais vinte CEUs, irradiadores de educação e cultura para as comunidades em que estão inseridos, acolhendo neles cursos de formação profissional; voltar a integrar, neles, atividades de educação, esporte e cultura.

E mais...

- Criar Parques Infantis em que as mães possam deixar seus filhos por um período curto, se assim for necessário;
- Criar uma escola de aperfeiçoamento dos profissionais da educação, com núcleos locais nas escolas;
- Incentivar inovações no Ensino Médio, ensejando a participação ativa do aluno no processo de sua formação e aprendizagem;
- Retomar o critério de abertura dos CEUs, abertos para a comunidade, otimizando os espaços disponíveis para atividades culturais e de lazer;
- Articular escolas aos seus bairros, em uma rede local, envolvendo poder público, iniciativa privada, sociedade civil e fortalecendo as Coordenadorias de Educação das subprefeituras;
- Ampliar a implementação da lei do aprendiz e adequá-la a situações locais.

CULTURA

- Implementar e divulgar a Lei nº 13.540/03, que dá acesso a financiamento municipal para atividades culturais de jovens;

- Criar minibibliotecas em todos os bairros, em postos de embarque, lojas de conveniência, supermercados, fazendo parceria com empresas e com organizações da comunidade, estimulando a doação de livros e a sua circulação, e dotá-las de jovens do bairro que se disponham a ser "orientadores de leitura";
- Criar, entre adolescentes, a figura do "mediador cultural", objetivando dar orientação para que outros jovens aproveitem melhor o que a cidade oferece;
- Prosseguir com o evento anual de "Virada Cultural", reprogramando-o para incluir circuitos culturais nos bairros da periferia;
- Em cada subprefeitura, ao proceder ao planejamento de seus bairros, identificar os espaços, edificações e monumentos que conferem identidade ao bairro;
- Instalar *Pontos de Cultura*, conceito criado pelo Ministério de Cultura, em todos os bairros, identificando interesses locais específicos, em torno dos Telecentros, dos CEUs, e em centros de eventos culturais e desportivos, sempre conectados com a *banda larga* da internet, criando, no espaço desses pontos, "nuvens digitais" que permitam a conexão gratuita, com a rede da internet, de aparelhos e celulares sem fio (*wireless*).

E mais...

- Elaborar programas de atividades e animação em todas as bibliotecas municipais, atendendo ao real interesse de jovens e adultos;
- Retomar o serviço dos ônibus-biblioteca e das bicicletas-biblioteca;
- Em parceria com a TV pública, produzir, em subprefeituras, vídeos e filmes que valorizem a cultura produzida pela comunidade;
- Estimular, em todas as subprefeituras, a criação de cineclubes, grupos teatrais de jovens amadores, ateliês de gravura e demais artes visuais, bandas e pequenos conjuntos musicais;
- Utilizar a disposição de jovens para *games* eletrônicos a fim de atraí-los para o aprendizado de novos ofícios no campo da criação de *softwares*;

- Criar exposições periódicas e circulantes, em espaços públicos nas subprefeituras, de caráter científico e cultural, e facilitar que escolas as visitem.

PESQUISA

- Em parceria com Fapesp, CNPq, Finep, Ipea, BNDES e outras entidades congêneres, montar um sistema de apoio a pesquisas de vanguarda, focalizando *tecnologias urbanas*, constituindo São Paulo em um centro mundial de referência;
- Criar incubadoras de base tecnológica, como estímulo às ações de empreendedorismo social que fortalecem iniciativas de economia solidária;
- Preparar e incentivar pesquisas e estudos referentes ao desenvolvimento urbano da fase pós-petróleo da civilização.

E mais...
- Criar um fundo específico para pesquisas de ciência e tecnologia vinculadas ao desenvolvimento urbano, à semelhança dos fundos setoriais do Ministério de Ciência e Tecnologia;
- Firmar parcerias com entidades dedicadas à popularização da ciência, e desenvolver, no sistema CEU, atividades nesse campo cultural.

Propostas para uma cidade cuja gestão seja eficiente, moderna e participativa

A maior parte das propostas acima só pode alcançar êxito se, além da vontade política do governante e da continuidade de programas bem avaliados, houver a *soma de energias* de mais de um órgão público. Por vezes, para atuar com eficácia, é necessário haver um conjunto de órgãos, até de níveis governamentais diferentes, além da participação de organizações da sociedade e de empresas privadas. Não se pode seguir trabalhando, no século XXI, com estruturas e métodos obsoletos do século XIX...

Atualmente a *informação pública* teve um bom desenvolvimento, e o Portal da Prefeitura já oferece dados e informações que dizem respeito à cidade, podendo estas ser gradualmente georreferenciadas por subprefeitura e, gradualmente, por distrito. Enquanto a informação vai da Prefeitura para os cidadãos, a *comunicação*, ainda inexistente, pode permitir a troca comunicativa em ambos os sentidos: do governo aos cidadãos e dos cidadãos ao governo.

A seguir, o conjunto de propostas sinérgicas que cobrem os setores de participação e descentralização, a gestão administrativa central, informação pública e comunicação social, e as relações institucionais.

DESCENTRALIZAÇÃO E PARTICIPAÇÃO

- Retomar o conceito de descentralização do poder, dando maior autonomia às subprefeituras;
- Proceder, em cada subprefeitura, à realização de Planos de Bairros e eventual avaliação e revisão dos Planos Diretores de cada subprefeitura;
- Implementar a constituição e atuação de conselhos, de modo especial os Conselhos de Representantes, revendo a melhor forma de ver a sociedade sendo representada, em cada subprefeitura, fortalecendo assim a legitimidade da política de descentralização;
- Implantar novas formas eletrônicas de expressão e participação cidadã, e fazer, sem hesitação, uso das formas constitucionais de consulta popular;
- Iniciar estudos, levantamentos e debates destinados a reunir subsídios para o próximo Plano Diretor Estratégico, com vigência de 2012 a 2022.

E mais...

- Rever as relações entre diversos conselhos e coordenadorias, a fim de evitar redundâncias e respeitar territorialidades, fortalecendo assim essa forma de organização representativa e suprapartidária;
- Encontrar mecanismos que deem consistência entre limites territoriais, zonas eleitorais, e políticas públicas de educação

e saúde, e adequar gradualmente a execução orçamentária a essa subdivisão, à luz da Lei nº 10.932, de 1991, que criou os 96 distritos.

GESTÃO ADMINISTRATIVA

- Vincular fortemente a área ambiental e a elaboração de orçamento municipal à área de planejamento;
- Criar procedimentos para a montagem de trabalho em rede, focalizando um programa para cada rede;
- Montar, na sede de governo, uma sala de situação, que facilite a visualização em conjunto dos cronogramas de ações, serviços e obras, subsidiando debates e decisões internas;
- Separar o setor de informações públicas do setor de comunicação, este com duas mãos de direção, a fim de estabelecer um diálogo permanente entre governo local e sociedade.

E mais...

- Atualização do Código de Edificações, elaborando sua implantação em meio digital, permitindo sua consulta a distância;
- Implementação da Lei nº 14.173/06, que estabelece indicadores de desempenho para serviços públicos.

RELAÇÕES INSTITUCIONAIS

- Propor um fórum metropolitano de municípios, para discutir a pauta mínima de assuntos comuns e elaborar, em conjunto, um *Programa Mínimo de Articulação Macrometropolitana*, convidando União e estado a participar;
- Manter e desenvolver o relacionamento com os demais municípios da Região Metropolitana, mormente com os vizinhos, a fim de otimizar empreendimentos, infraestrutura, preservação ambiental e de bacias, transporte intermunicipal, preservação da saúde, habitação de interesse social, e melhoria da urbanização nas áreas periféricas, ao longo das divisas entre esses municípios;
- Recriar e ampliar a rede de relações nacionais e internacionais com outros municípios no país e no exterior, assim como com

órgãos públicos e privados relacionados com desenvolvimento urbano, meio ambiente urbano e melhoria de qualidade de vida;
- Manter relacionamento e participar de conclaves e programas internacionais tendo por tema equidade social, inovações em tecnologia urbana e desenvolvimento;
- Organizar, em São Paulo, um importante conclave internacional dedicado à equidade social, às inovações tecnológicas vinculadas ao *habitat*, e ao desenvolvimento urbano.

E mais...
- Manter e desenvolver o relacionamento com governos e entidades federais e estaduais, para consecução conjunta de obras e serviços de interesse do município.

Assim, com essa série de propostas pontuais, inseridas em um contexto global aberto para as mudanças que certamente vão ocorrer no século XXI, completo essa interpretação sobre as transformações que, sob a ação de protagonistas diversos, ocorreram no palco físico de São Paulo. A compreensão do passado deveria auxiliar a entender também as potencialidades presentes, ensejando a mobilização social que permita acompanhar tais mudanças e transformar São Paulo na cidade que todos nós, que a habitamos e visitamos, merecemos.

Bibliografia

AB'SÁBER, Aziz Nacib. *São Paulo: ensaios entreveros*. São Paulo: Edusp/Imprensa Oficial, 2004.

ANDRADE, Mário de. *Macunaíma: um herói sem nenhum caráter*. 5ª ed. São Paulo: Martins, 1969.

ARISTÓTELES. *Política, I*. Trad. José Oscar de Almeida Marques. Disponível em http://www.unicamp.br/~jmarques/cursos/1998-hg-022/politica.doc. Acessado em 7-9-2010.

BARBOSA, Francisco de Assis. "Pedro II e a queda da Monarquia: vacilações e indecisões do imperador". Em *Revista do Brasil*, 4 (8), Rio de Janeiro, 1989.

BAUMAN, Zygmunt. *Tempos líquidos*. Trad. Carlos Alberto Medeiros. Rio de Janeiro: Jorge Zahar, 2007.

_____. *Confiança e medo na cidade*. Trad. Eliana Aguiar. Rio de Janeiro: Jorge Zahar, 2009.

_____. "Vivir con extranjeros". Em *Carajillo de la Ciudad*, nº 6, Barcelona, 2010. Disponível em http://www.cafedelasciudades.com.ar/carajillo/6_art1.htm. Acessado em 6-8-2010.

BECK, Ulrich; GIDDENS, Anthony & LASH, Scott. *Reflexive Modernization: Politics, Tradition and Aesthetics in the Modern Social Order*. Stanford: Stanford University Press, 1994.

BOBBIO, Noberto. *O tempo de memória*: De senectute *e outros escritos autobiográficos*. Trad. Daniela Versiani. Rio de Janeiro: Campus, 1997.

BOLAFFI, Gabriel. *A casa das ilusões perdidas: aspectos socioeconômicos do Plano Nacional da Habitação*. Cadernos Cebrap. São Paulo: Brasiliense, 1977.

BORJA, Jordi. "Miedos urbanos y demandas de seguridad: la represión preventiva". Em *Carajillo de la ciudad*, nº 6, Barcelona, 2010. Disponível em http://www.cafedelasciudades.com.ar/carajillo/6_art4.htm. Acessado em 6-8-2010.

BROWN, Lester R. *Plan B 4.0, Mobilizing to Save Civilization*. New York: W.W. Norton, 2009.

CABANEL, Émilie & CORRE, Lucie Le. *Dreamlands: des parcs d'attractions aux cités du futur. L'exposition*. Paris: Centre Pompidou, 2010.

CALDEIRA, Jorge. *História do Brasil com empreendedores*. São Paulo: Mameluco, 2009.

CALDEIRA, Tereza P. R. *Cidade de muros: crime, segregação e cidadania em São Paulo*. São Paulo: Edusp/Editora 34, 2003.

CAMPOS, C. M.; GAMA, L. H. & SACCHETTA, V. *São Paulo: metrópole em trânsito. Percursos urbanos e culturais*. São Paulo: Editora Senac São Paulo, 2004.

CANDIDO, Antonio. *Os parceiros do rio Bonito*. Coleção Documentos Brasileiros. Rio de Janeiro: José Olympio, 1964.

CARTA CAPITAL, nº 591, São Paulo, abril de 2010.

CASTELLS, Manuel. *A sociedade em rede*. 2ª ed. São Paulo: Paz e Terra, 1999.

CENNI, Franco. *Italianos no Brasil*. 3ª ed. São Paulo: Edusp, 2003.

CURBET, Jaume. "La inseguridad ciudadana ha cambiado nuestras vidas". Em *Carajillo de la ciudad*, nº 6, Barcelona, 2010. Disponível em http://www.cafedelasciudades.com.ar/carajillo/6_art2.htm. Acessado em 6-8-2010.

CURY, Maria Zilda Ferreira. *Navio de imigrantes, identidades negociadas*. Coleção Memo. São Paulo: Fundação Memorial da América Latina, 2002.

DAVIS, Mike. *Au-delà de Blade Runner*. Trad. Arnaud Pouillot. Paris: Allia, 2010.

_____. *Le stade Dubaï du capitalisme*. Trad. Hugues Jallon & Marc Saint--Upéry. Paris: Les Prairies Ordinaires, 2007.

_____. *Planet of Slums*. Londres: Verso, 2006.

DIEESE. "O mercado de trabalho brasileiro: evolução recente e desafios". Nota à Imprensa. Disponível em http://www.dieese.org.br/ped/mercadoTrabalhoEvolucaoDesafiostexto2010.pdf. Acessado em 5-9-2010.

DOWBOR, Ladislau. *A formação do capitalismo no Brasil*. 2ª ed. rev. São Paulo: Brasiliense, 2009.

_____. "Brasil: um novo patamar". Em *Mercado Ético*, São Paulo, 2010*a*. Disponível em http://mercadoetico.terra.com.br/arquivo/brasil-um-novo-patamar-parte-1/. Acessado em 11-8-2010.

_____. "Os Dez Mandamentos revistos e atualizados". Em *Le Monde Diplomatique Brasil*, 3 (33), 2010*b*. Disponível em http://diplomatique.uol.com.br/artigo.php?id=660&PHPSESSID=b30900dc103e99b773d207dc3e3021be. Acessado em 11-9-2010.

DRUCKER, Peter. *A sociedade pós-capitalista*. Trad. Nivaldo Montingelli Jr. Coleção Novos Umbrais. São Paulo: Pioneira, 1993.

EMURB. *Caminhos para o centro: estratégias de desenvolvimento para a região central de São Paulo*. Fot. Cristiano Mascaro. São Paulo, Emurb--PMSP/Cebrap/CEM, 2004.

FAORO, Raymundo. *Os donos do poder: formação do patronato político brasileiro*. Rio de Janeiro: Globo, 1958.

FLORIDA, Richard. *Who's Your City? How the Creative Economy is Making Where to Live the Most Important Decision of Your Life*. New York: Basic Books, 2008.

FRIEDMAN, Yona. *Utopies réalisables*. 10ª ed. Paris: L'Éclat, 2000.

FUNDAÇÃO SEADE. *Sistema Seade de projeções populacionais*. Disponível em http://www.seade.gov.br/produtos/projpop/. Acessado em 11-8-2010.

GERODETTI, João Emilio & CORNEJO, Carlos. *Lembranças de São Paulo: a capital paulista nos cartões-postais e álbuns de lembranças*. 4ª ed. São Paulo: Studio Flash, 1999.

GOMES, Laurentino. *1822*. Rio de Janeiro: Nova Fronteira, 2010.

GORENSTEIN, Lina. *A inquisição contra as mulheres: Rio de Janeiro, séculos XVII e XVIII*. Coleção Histórias da Intolerância. São Paulo: Humanitas/Fapesp, 2005.

GROSBAUM, Marcia. *O espaço público na urbanização de favelas*. Dissertação de mestrado. São Paulo: FAU-USP, 2008.

GUGLER, Joseph. *Cities in Developing World: Issues, Theory and Policy*. Oxford: Oxford University Press, 1997.

HABITAT. *The Right to the City. Bridging the Urban Divide: The Fifth Session of the World Urban Forum*. Documento de apoio. Nairóbi: United Nations, 2010.

HOLANDA, Sérgio Buarque de. *Raízes do Brasil*. Rio de Janeiro: José Olympio, 1969.

KEATING, Vallandro & MARANHÃO, Ricardo. *Caminhos da conquista: a formação do espaço brasileiro*. São Paulo: Terceiro Nome, 2008.

KURZ, Robert. *O colapso da modernização: da derrocada do socialismo de caserna à crise da economia mundial*. Trad. Karen Elsabe Barbosa. Rio de Janeiro: Paz e Terra, 1992.

LIMA, Oliveira. *Dom João VI no Brasil*. 3ª ed. Rio de Janeiro: Topbooks, 1996.

LOPES, Juliana. "Cultura, o elo perdido da sustentabilidade". Em *Ideia Socioambiental*, 28-7-2010. Disponível em http://www.ideiasocioambiental.com.br/pagina.php?s=40&t=3&id=838. Acessado em 6-8-2010.

LUNA, Francisco Vidal & KLEIN, Herbert S. "Características da população em São Paulo no início do século XIX". Em *População e Família*, nº 3, São Paulo, 2000.

LYNCH, Kevin. *What Time Is this Place?* Cambridge: MIT Press, 1972.

MACIEL, Lizete & SHIGUNOV, Alexandre. "A educação brasileira no período pombalino: uma análise histórica das reformas pombalinas no ensino. Em *Educação e Pesquisa*, 32 (3), set.-dez. de 2006.

MAGLIO, Ivan Carlos. *A sustentabilidade ambiental no planejamento urbano do município de São Paulo: 1971-2004*. Tese de doutorado. São Paulo: Faculdade de Saúde Pública, Departamento de Saúde Ambiental da Universidade de São Paulo, 2005.

MARAM, Sheldon Leslie. *Anarquistas, imigrantes e o movimento operário brasileiro 1890-1920*. Rio de Janeiro: Paz e Terra, 1979.

MAXWELL, Kenneth. *Marquês de Pombal: paradoxo do Iluminismo*. Trad. Antônio de Pádua Danesi. 2ª ed. Rio de Janeiro: Paz e Terra, 1997.

MELLO, Evaldo Cabral de (org.). *Essencial Joaquim Nabuco*. São Paulo: Penguin/Companhia das Letras, 2010.

MEYER, Regina Prosperi; GROSTEIN, Marta & BIDERMAN, Ciro. *São Paulo Metrópole*. São Paulo: Edusp/Imprensa Oficial, 2004.

MNSP. *Indicadores básicos da cidade de São Paulo*. São Paulo: Movimento Nossa São Paulo, janeiro de 2009. Disponível em http://www.nossasaopaulo.org.br/portal/node/2375. Acessado em 1º-9-2010.

MODERNELL, Renato. *Sonata da última cidade: o romance de São Paulo*. São Paulo: A Girafa, 2003.

MONBEIG, Pierre. *Pionniers et cultivateurs dans l'état de São Paulo*. Paris: Armand Colin, 1952.

MONGIN, Olivier. *A condição urbana: a cidade na era da globalização*. Trad. Letícia Martins de Andrade. São Paulo: Estação Liberdade, 2009.

NAZÁRIO, Luiz. *Autos de fé como espetáculos de massa*. Coleção Histórias da Intolerância. São Paulo: Humanitas/Fapesp, 2005.

NOVAES, Adauto (org.). *O esquecimento da política*. Rio de Janeiro: Agir, 2007.

NOVINSKY, Anita. *A inquisição*. São Paulo: Brasiliense, 1983.

OLIVEIRA, Maria Luiza Ferreira de. *Entre a casa e o armazém: relações sociais e experiência da urbanização*. São Paulo: Alameda, 2005.

OLIVEIRA, Rosiska Darcy de. *Elogio da diferença: o feminino emergente*. São Paulo: Brasiliense, 1991.

ONU. *The Inequality Predicament: Report on the World Social Situation 2005*. Genebra/Nova York: Nações Unidas, 2005. Disponível em http://www.sustainable-design.ie/sustain/un2005_ReportWorldSocialSystem.pdf. Acessado em 1º-9-2010.

POCHMANN, Marcio (org.). *Outra cidade é possível: alternativas de inclusão social em São Paulo*. São Paulo: Cortez, 2003.

POLÍTICA EXTERNA, *América do Sul: bicentenário das independências*, 18 (3), São Paulo, 2009-2010.

SACHS, Ignacy. *Desenvolvimento humano, trabalho decente e o futuro dos empreendedores de pequeno porte no Brasil*. Brasília: Sebrae, 2002.

_____. "Do mau uso de bons conceitos". Em *Rumos*, 34 (247), Brasília, set.-out. de 2009.

SAFATLE, Amália. "Democracia em três atos". Em *Página 22*, nº 40, São Paulo, abril de 2010. Disponível em http://pagina22.com.br/index.php/2010/04/democracia-em-tres-atos. Acessado em 6-8-2010.

SAMPAIO, Maria Ruth A. *Heliópolis: o percurso de uma invasão*. Tese de livre-docência. São Paulo: FAU-USP, 1991.

SÃO PAULO (Estado). *Planejando para o desenvolvimento: pronunciamentos de Jorge Wilheim, secretário de Economia e Planejamento*. São Paulo: Secretaria de Economia e Planejamento, 1978.

_____. *Problemas emergentes do estado de São Paulo: subsídios à elaboração de uma estratégia*. São Paulo: Secretaria de Economia e Planejamento, 1976.

SÃO PAULO METRÓPOLE. Disponível em http://www.spmetropole.com/. Acessado em 6-8-2010

SASSEN, Saskia. *Globalization and Its Discontents: Essays on the New Mobility of People and Money*. Nova York: The New Press, 1990.

SEN, Amartya. *The Idea of Justice*. Cambridge: Harvard University Press, 2009.

SENNETT, Richard. *O declínio do homem público: as tiranias da intimidade*. São Paulo: Companhia das Letras, 1998.

SCHWARCZ, Lilia Moritz. *As barbas do imperador: D. Pedro II, um monarca nos trópicos*. 2ª ed. São Paulo: Companhia das Letras, 1998.

SILVEIRA, Daniel Barile da. "Patrimonialismo e a formação do Estado brasileiro: uma releitura do pensamento de Sérgio Buarque de Holanda, Raymundo Faoro e Oliveira Vianna". Em *Anais do XIV Congresso Nacional* da *Pós-graduação em Direito* (Conpedi, Fortaleza, 2005). Florianópolis: Boiteux, 2005.

TOLEDO, Benedito Lima de. *Prestes Maia e as origens do urbanismo moderno em São Paulo.* São Paulo: Empresa das Artes, 1996.

TOLEDO, Roberto Pompeu de. *A capital da solidão: uma história de São Paulo das origens a 1900.* Rio de Janeiro: Objetiva, 2003.

TUCHMAN, Bárbara W. *A marcha da insensatez: de Troia ao Vietnã.* Trad. Carlos de Oliveira Gomes. Rio de Janeiro: José Olympio, 1989.

UNCTAD. *The Challenge of Assessing the Creative Economy: towards Informed Policy-making.* Relatório 2008. Genebra/Nova York: Nações Unidas, 2008.

VIANNA, Oliveira. *Populações meridionais do Brasil e instituições políticas brasileiras.* Biblioteca do Pensamento Republicano. Brasília: Câmara dos Deputados, 1982.

WEBER, Max. *Economia e sociedade: fundamentos da sociologia compreensiva.* Trad. Regis Barbosa & Karen Elsabe Barbosa. São Paulo: Imprensa Oficial, 1999.

WEFFORT, Francisco. "As escritas de Deus e as profanas: notas para uma história das ideias no Brasil". Em *Revista Brasileira de Ciências Sociais*, 20 (57), São Paulo, fevereiro de 2005.

WILHEIM, Jorge. *São Paulo metrópole 65: subsídios para seu plano diretor.* Coleção Corpo e Alma do Brasil. São Paulo: Difusão Europeia do Livro, 1965.

_____. *Urbanismo no subdesenvolvimento.* Coleção Imagem do Brasil. Rio de Janeiro: Saga, 1969.

_____. *Universidade: uma rede para o aprendizado constante.* Brasília: Instituto de Artes e Arquitetura da Universidade de Brasília/Ceplan, 1971.

_____. *Problemas emergentes do estado de São Paulo.* São Paulo: Secretaria Estadual de Economia e Planejamento, 1976.

_____. *Cidades: o substantivo e o adjetivo.* Coleção Debates. São Paulo: Perspectiva, 1976.

_____. *Projeto São Paulo: propostas para a melhoria da vida urbana.* 2ª ed. Coleção Estudos Brasileiros. Rio de Janeiro: Paz e Terra, 1982.

_____. *Fax: mensagens de um futuro próximo.* Rio de Janeiro: Paz e Terra, 1994.

_____. *O Caminho de Istambul: memórias de uma conferência da ONU.* Rio de Janeiro: Paz e Terra, 1998.

_____. *Intervenções na paisagem urbana de São Paulo*. São Paulo: Instituto Florestan Fernandes/Jorge Wilheim Consultores Associados, 2000.

_____. *Tênue esperança no vasto caos: questões do protorrenascimento do século XXI*. São Paulo: Paz e Terra, 2001.

_____. *A obra pública de Jorge Wilheim*. Fot. Nelson Kon. São Paulo: DBA, 2003.

_____. "Políticas de Transferência de renda". Artigo inédito. São Paulo, 2006.

_____. *Cidades: o substantivo e o adjetivo*. 3ª ed. Coleção Debates. São Paulo: Perspectiva, 2008.

Créditos iconográficos

pp. 28, 30 e 31 – Vallandro Keating

p. 29 – Delfim Martins/Pulsar Imagens

p. 66 – Memorial do Imigrante, São Paulo

p. 67 – Emerson Basso

p. 118 – Maurício Simonetti/Pulsar Imagens

p. 119 – Maurício Lima/AFP/Getty Images

p. 170 – Antonio Scorza/AFP/Getty Images

p. 171 – Maurício Simonetti/Getty Images

p. 190 – Maurício Simonetti/Pulsar Imagens

Capa e contra-capa: Vera Severo